JN302411

都市と建築のパブリックスペース
ヘルツベルハーの建築講義録

ヘルマン・ヘルツベルハー 著
森島清太 訳

LESSONS FOR STUDENTS
IN ARCHITECTURE

本書は、1973年以来のデルフト工科大学での、ヘルツベルハーの建築講義で語られた素材に基づいている。また、『公共の領域 (PUBLIC DOMAIN)』(1982)、『空間をつくること、残すこと (MAKING SPACE, LEAVING SPACE)』(1984)、『心を誘う形態 (INVITING FORM)』(1988) としてまとめられている既刊の講義録からの推敲がその内容となっている。

LESSONS FOR STUDENTS IN ARCHITECTURE
by HERMAN HERTZBERGER
Copyright ©1991 by original edition Uitgeverij 010 Publishers, www.010.nl
All rights reserved including the right of reproduction in whole or in part in any form.
Published 2011 in Japan by Kajima Institute publishing Co.,Ltd.
Japanese edition published by arrangement through The Sakai Agency.

まえがき

「物事をなすことは難しくはない。それをなすような状態にもってゆくことこそ難しい」（ブランクーシ）

建築家にとって「教える」という行為は，どうしてもその建築家としての仕事が出発点となる。そしてそこで言わねばならない事を最も良く説明するには実際の体験に基づくことだ。これが本書を貫く基本的姿勢である。本書では各々の作品を個別に紹介してその特質を解説するのではなく，さまざまに異なる素材が全体として理論的な筋道で提供されるように，言い換えれば，実践が理論を形成してゆくように構成されている。

作品を自己分析する時，誰から何を学んできたかを自問せざるを得ないことがある。すべての発見にはその由来があるのである。その由来とは自分自身のものではなく，自分が身を置く文化が提供するものだ。本書のなかで，他人の作品をかくも明らかに紹介しているのはこの理由による。本書では，ブラマンテ，セルダ，シャロウン，ル・コルビュジエ，ダウカーとバイフォート，ファン・アイク，ガウディとジュジョール，オルタ，ラブルースト，パラディオ，ペルッツィ，リートフェルト，ファン・デル・フルーフト，ブリンクマンをはじめとして，多かれ少なかれ私が物事を観察し，作品を更に一歩深めるためにその人の眼力を貸りた大勢の先達のレッスンが含まれている。建築家には，何も建築家に限らないかもしれないが，発想の源を隠したがる傾向がある。しかしそれこそ，デザインのプロセスを不透明にしてしまうのではないか。そうではなく，何に心を動かされ何に刺激を受けたかを言明することが，自分自身のことや自分の判断の動機などを初めて本当に上手に説明することになるのだと思う。

本書に豊富に掲載されている事例は，各々の建築家が働く文化的環境を示しており，建築家の道具となるべきコンセプトやイメージを幅広く示している（人間とは，授けられたものより大きな発想をもち得るものだろうか）。ここで心の中に吸収し刻み込まれた事柄は，すべてアイデアとして記憶され，それが問題を解く時には頼りになる，いわば図書館のようなものになり得る。

要するに，より多くのものを見て経験して吸収するということは，どの方向へ進むのかを決断しなくてはならない時に，助けとなる参考材料をより多くもつということであり，参照の幅を広げることになるのである。問題解決に際して，基本的に異なる解釈を導く能力，例えば新たな「機構（メカニズム）」の創造などは，まったくのところ経験が豊かどうかにかかっている。それは適切な単語を知らなければ表現豊かに言葉がしゃべれないのと同じようなものであろう。

誰もが心得ているように，設計のための処方箋などは書けるものでないし，本書の試みではない。いかにしたら設計ができるようになるかということも本書の内容ではない。本書のねらいは，学校の授業がそうであるように，ひとりで仕事ができるようになるために建築的思考の幅を広げるような刺激を与えようということなのである。

ヘルマン・ヘルツベルハー

contents
目次

第 1 部
公共の領域

1　パブリックとプライベート　10
2　領域の要求　12
3　領域の差異化　18
4　領域のゾーニング　20
5　利用者から住まい手へ　26
6　中間的領域　30
7　公共の空間における私的な要求　38
8　公共事業のコンセプト　42
9　街路　46
10　公共の領域　62
11　屋内化された公共の空間　66
12　私的空間への一般の人の近づきやすさ　72

第2部
空間をつくること，
つくり込み過ぎないで残しておくこと

第3部
心を誘う形態

1　ストラクチュアと解釈　90
2　形態と解釈　92
3　生成の基軸としてのストラクチュア：
　　縦糸と横糸　106
4　グリダイアン　120
5　ビルディング・オーダー　124
6　機能性，柔軟性，多義性　144
7　形態と利用者：形態としての空間　148
8　空間をつくること，
　　つくり込み過ぎないで残しておくこと　150
9　気をそそるもの　162
10　形態，それは楽器のようなもの　168

1　ふとした佇みの場　174
2　場とアーティキュレーション　188
3　視界 I　200
4　視界 II　214
5　視界 III　224
6　両義性　244

著者経歴　作品　参考文献　266
訳者あとがき　270

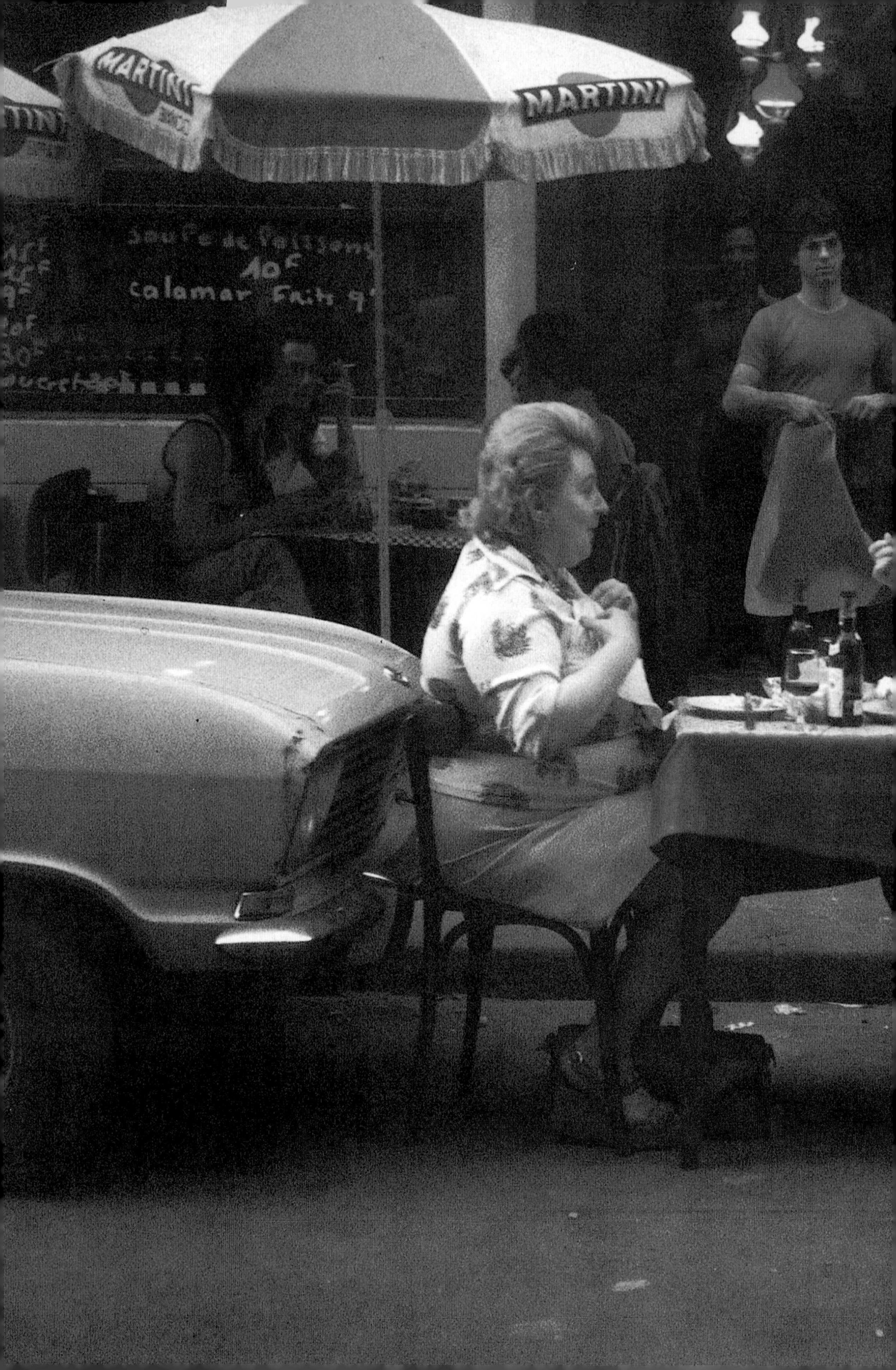
MARTINI
MARTINI

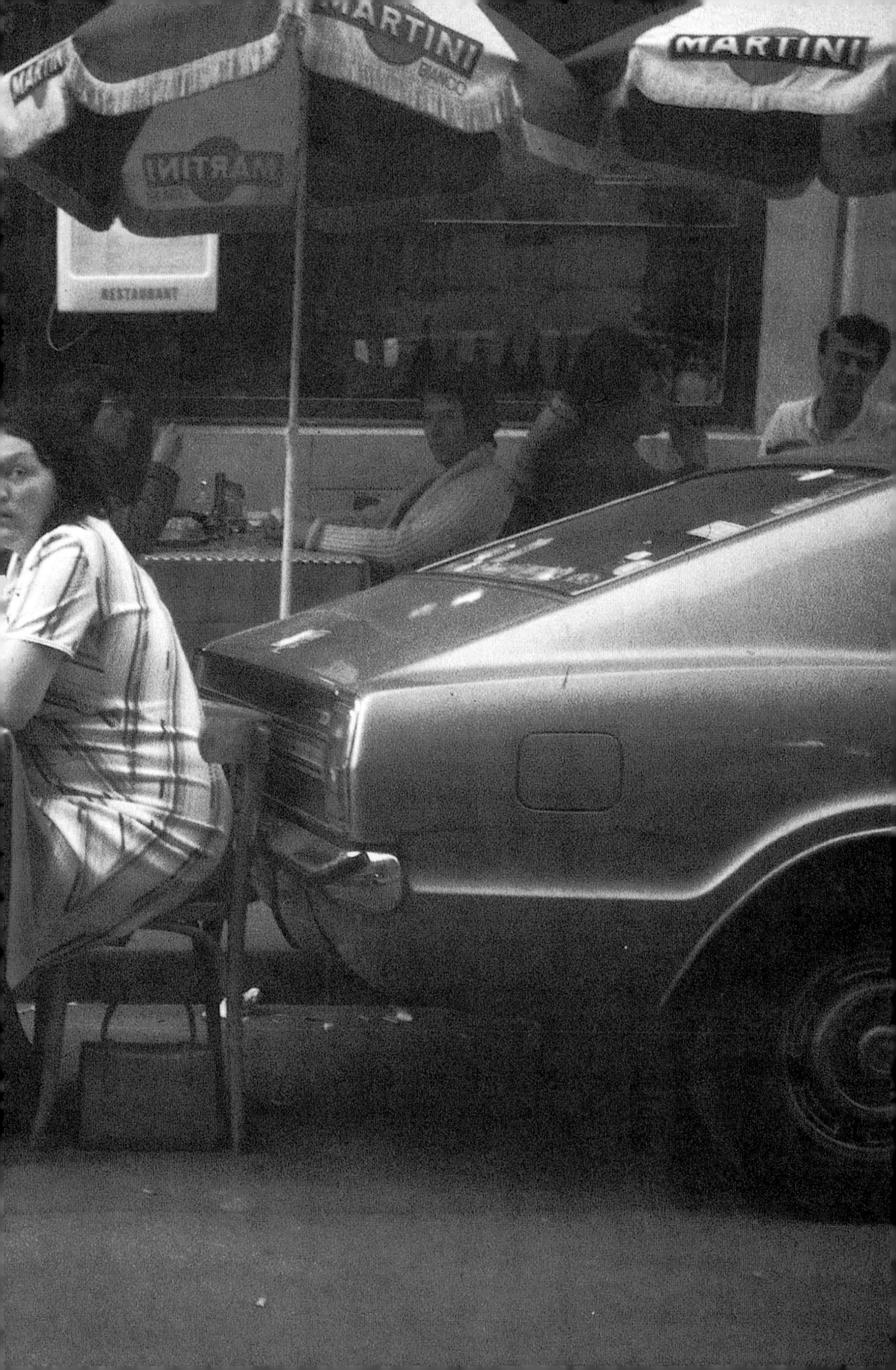
MARTINI
MARTINI

第1部 公共の領域
public domain

1 パブリックとプライベート 10
2 領域の要求 12
   バリ島の街路と住居
   公共施設
   メルビッシュ村，オーストリア
   国立図書館，パリ／H. ラブルースト
   セントラール・ビヘーア・オフィスビル，アペルドールン
3 領域の差異化 18
4 領域のゾーニング 20
   セントラール・ビヘーア・オフィスビル，アペルドールン
   MIT 建築学部，ケンブリッジ，米国
   モンテッソーリ・スクール，デルフト
   フレーデンブルフ音楽センター，ユトレヒト
5 利用者から住まい手へ 26
   モンテッソーリ・スクール，デルフト
   アポロ・スクール，アムステルダム
6 中間的領域 30
   モンテッソーリ・スクール，デルフト
   デ・オーファーロープ，老人ホーム，アルメール
   デ・ドリー・ホーフェン，老人ホーム，アムステルダム
   ドキュメンタ・ウルバナ集合住宅，カッセル，ドイツ
   ナポレオン集合住宅，パリ／M. H. ヴューニー
7 公共の空間における私的な要求 38
   デ・ドリー・ホーフェン，老人ホーム，アムステルダム
   ディアホーン集合住宅，デルフト
   リマ集合住宅，ベルリン
8 公共事業のコンセプト 42
   フルゥーセンラーン集合住宅，ロッテルダム／J. H. ファン・デン・ブルーク
   デ・ドリー・ホーフェン，老人ホーム，アムステルダム
9 街路 46
   ハールレム・ハウトタウンネン集合住宅，アムステルダム
   スパンゲン集合住宅，ロッテルダム／M. ブリンクマン
   ヴィースパー通りの学生会館，アムステルダム
   配置の原則
   ロイヤル・クレッセンツ，バース，イギリス／J. ウッド，J. ナッシュ
   レーマーシュタット，フランクフルト，ドイツ／E. マイ
   ヘット・ヘイン，集合住宅，アメルスフォールト
   中層集合住宅のアクセシビリティ
   ファミリステール，ギース，フランス
   デ・ドリー・ホーフェン，老人ホーム，アムステルダム
   モンテッソーリ・スクール，デルフト
   カスバ，ヘンヘロ／P. ブロム
10 公共の領域 62
   パレ・ロワイアル，パリ／J. V. ルイ
   市民広場，ヴァンス，フランス
   ロックフェラープラザ，ニューヨーク
   カンポ広場，シエナ，イタリア
   マヨール広場，チンチョン，スペイン
   ディオンヌの泉，トネール，フランス
11 屋内化された公共の空間 66
   ヴィシー，フランス
   レ・アール，パリ／V. バルタール
   コミュニティセンター／F. ファン・クリンヘーレン
   エッフェル塔，パリ／G. エッフェル
   展示パビリオン
   パリのデパート
   鉄道の駅
   地下鉄の駅
12 私的空間への一般の人の近づきやすさ 72
   パッサージュ・ドゥ・ケール，パリ
   ショッピングアーケード
   教育保健省，リオデジャネイロ／ル・コルビュジエ
   セントラール・ビヘーア・オフィスビル，アペルドールン
   フレーデンブルフ音楽センター，ユトレヒト
   シネアック映画館，アムステルダム／J. ダウカー
   ソルヴェイ邸，ブリュッセル／V. オルタ
   パッサージュ・ポムレ，ナント，フランス
   「書簡」，ピーター・デ・ホーホ

public and private
1 パブリックとプライベート

　パブリックとプライベートという概念を空間の言葉にすれば，「集団的な（collective）」と「個人的な（individual）」と言い換えられる。より厳密には，パブリックとは集団的に維持管理され誰でもがいつでも立ち入れる領域であり，プライベートとはそこの維持管理に責任ある人や小さなグループによって立入りの可否が決められる領域であるといえる。

　パブリックとプライベートを対立概念とする考えは，集団と個人という概念と同じく，陳腐な決まり文句のようになっているが，一般と特殊，客観と主観が対立概念であると考えられていたように，大雑把で誤った認識なのである。そんな対立こそ，最も大切な人間関係を崩壊させるものであるといえる。誰でもが受け入れられたいと思っているし，どこかに帰属したいと思っているし，自分自身の場所をもちたいと思っているのである。社会的な行動というものでは，「役割」こそが重要なのである。そこでは，個々人のパーソナリティとは，「他人がその人をどう見ているか」ということだ。私たちは，一方では個人性を誇張され過ぎ，他方では集団性が誇張され過ぎるという極端な世界に住んでいる。両極端が強調されている一方で，私たち建築家が考えているような単一の人間関係──すなわち，ひとりの個人やある集団，あるいは興味を抱いた何事にも思いを込めるような関係──は存在していないのである。

　それはいつも相互関係や共通認識のあり方に関わる問題として人びとやグループのなかで問われてきた。それはいつも集団と個人というものにつきまとう問題なのである。

「もし，個人性という言葉が人間の一部を示すものであるとしたら，共同性とは人間の全体もしくは人間の集団を示すことになろう。個人性とは自分自身での方針決定ということにおいて，人間と関わるものだ。しかし，共同性は人間に関わるものでは全くなく，それは『社会』と関わるものなのだ。このどちらの生活上の要素も，同じ『人間性』の表現もしくは産物なのである。

事態は広く社会的な問題となっているホームレスを始めとして，かつてない世界的な生活上の懸念や不安として顕在化している。孤立感からくる不安から逃れようとして，人は個人主義の賞賛というものへと逃げ込む。現代の個人主義というものは想像の産物である。だから想像力というものが現実の状況に関わりのないものになってしまっている。

現代の共同主義とは，自分自身に面と向かうことを避けたいがために，人類が打ち建てた最後の障壁といえる。共同主義では，個人的な裁量や責任といったものに対する権利は放棄されている。

しかしいずれにしても，躍進的解決を図れる能力などがあるわけではない。真に人間的であってこそ，真の相互関係が成り立つということだけなのである。相互関係を打ち立てるには，ひとりひとりが抵抗を示すより他に選択すべき道はないのである。大いなる不満が，人類の真の歴史のすべての過程がそうであったように，ゆっくりと地平線の彼方から現れてきている。

人びとは，以前は一般的でないことを好み，一般的と騒がれていることには反旗を翻したものだが，今はそうではない。しかし共同性の獲得については，その誤った実現化には，正しい方向性を求めて闘うにちがいない。

人びとは事実の歪曲に対しては真実を求めて闘う。その第一歩は，『個人主義か共同主義か』という誤った二者択一的選択を打ち破ることなのである。」
（マーチン・ブーバー，「人類の課題」，ハイデルベルグ，1948，フォーラム誌1959年7月号p.249に再掲載）

パブリックとプライベートという**概念**は，アクセシビリティ（近づきやすさ，入りやすさ），維持管理や責任の所在，所有権と管理との関係性などによって空間の性格が徐々に変化してゆく，その相対性のなかに見出され理解されるのである。

territorial claims

2 領域の要求

　ある出入りの自由な場所や部屋や空間では，アクセシビリティの程度，誰が管理者か，誰が利用者か，誰が運営者か，そして各々の責任分担は，といった事柄に応じて，それが個人的な領域とみなされたり共用の領域とされたりしている。家では，個室は居間や台所よりはプライベートだ。個室には自分の鍵だって付けられる。居間や台所の維持管理は，普通は家族の共同責任だが，その家族は皆，同じ玄関の鍵を持つ。学校では，教室は講堂よりはプライベートだ。講堂は，あるときには学校全体のようなものだが，それでも外の通りと比べればまだプライベートといえる。

バリ島の街路と住居（1-4）

　バリ島における多くの住居では，部屋とはしばしば別々に建てられた小さな家である。そこへは門をくぐって入るのだが，一種の中庭のようなものを囲んで建てられている。実際にこの門をくぐって入ったとしても，現実の住居に入ったという感じはしない。その別々に建てられた住居単位は，台所のエリア，寝るためのエリア，そして時には死んだり，新しい生命が生まれたりする所は，実に親密な感じに満ちていて，よ

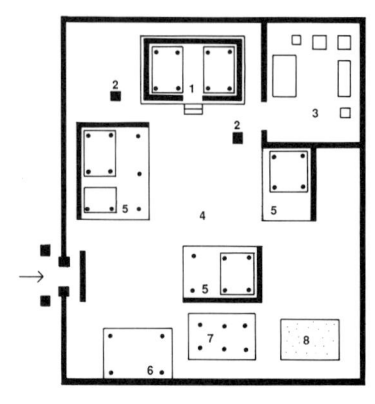

1　夫婦寝室　　　5　寝室
2　祭壇　　　　　6　台所
3　家庭の寺院　　7　米穀倉庫
4　居間／客間　　8　脱穀場

そ者にはなかなか近付き難い雰囲気がある。このように，どの家にも近付きやすさに関しては明快な段階が存在している。

バリの多くの道は，「大家族」の領域の一部でもある。道には「大家族」を形成するそれぞれ異なった家族の家が張り出している。道には出入りのための門がひとつあり，小さな子供や動物のために低い竹の塀がある。原則として，そこは誰でも出入りができるのだが，私たちにとっては侵入者か，よくても訪問者のような感じがするものだ。

領域の主張などという難しいことは別としても，バリはその公共空間でも有名な所である。寺院の境内は明快に示された出入口，開口部の塀，または分割された石でできた出入口を備えた連続した囲いからなっている。

この寺院の領域は，子供には遊び場や通り道として使われている。訪問者のためにも，またそれは道として開放されているのだが——もちろん，宗教的儀式の催されていないときにかぎるが——しかしそのときでさえ，訪問者としては気後れを感じてしまう。どうしても「特別に入ることを許されたよそ者」という感じがしてしまうのである。

世界中のどこへ行っても，アクセシビリティの程度が違う場所に行き当たる。その違いは法律にもよろうが，たいていはそこで多くの人びとが認めている慣習によるところが多い。

公共施設

中央郵便局のホールや鉄道の駅舎のような公共施設と呼ばれるものは，（少なくともそれらが開いている時間には）領域的な意味では道空間として捉えられるだろう。一般的な公共施設への近づきやすさの程度を示す他の事例を以下に述べる。しかしこれらはもちろんそれぞれの個人的な経験によって左右される。

- オックスフォードやケンブリッジのようなイギリスの大学の中庭：ポーチを通って誰でもが近づけ，市の中心の全域を横切る歩行者ネットワークのサブシステムというべきものを形成している。
- 公共的施設：例えば郵便局のホールや鉄道の駅舎な

中央駅
ハールレム，
オランダ

5

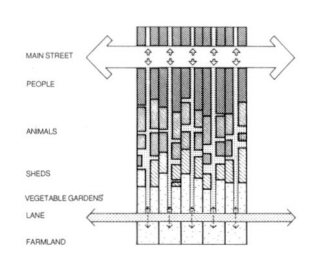

ど。
- パリの住宅街区の中庭：コンシェルジュによって最高の雰囲気を保っている。
- 「閉じた」街路：世界中でさまざまに存在している。自警団がパトロールしているような所もある。

メルビッシュ村，オーストラリア（6-8）

ハンガリーとの国境近くにメールビッシュという村がある。その村には農家へ通じる大きな扉を備えた道がある（フォーラム誌，1959年9月号に掲載）。その通りは，住宅，馬小屋，納屋や庭が面している側道へ至るアクセスとなっている。

これらの事例はパブリックとプライベートという言葉がいかに不十分なものかを示す。一方，その中間としてしばしば使われるセミ・プライベートやセミ・パブリックという概念も，空間や領域の設計に際し重要となる細かな点を考え抜くのに十分かというと，かなり曖昧なものに過ぎない。

■パブリックスペースの一部が，個人や集団によって自分たちの利益や他人の利益のために使われたりすると，その場所の公共的性格は，一時的にせよ永続的にせよ，その使われ方によって左右される。このような事例もまた，世界中の至る所に見られる。

バリ島を再び例にとろう。米の乾燥のために道路が広く使われている。車や人の通行に支障のない部分では，舗装された主要道路にさえ米が撒かれる。そこでは誰もが，米の収穫のためには共同体の皆が貢献しなければならないと認識しているのだ。（9）

オランダの街路，19世紀

パブリックとプライベートとが混在しているもうひとつの事例は，南ヨーロッパの町の狭い通りに干された洗濯物であろう。家から家へと道路の上空に張り渡された多数の物干綱に，それぞれの家庭の洗濯物がいっせいになびく。その気持よさ！

漁村や漁港で，網や船が船着場で修理されているのも，このような事例のひとつだ。ドゴーンでは毛織物が村の広場に広げられている。

パブリックスペースが住民によってあたかもプライベートスペースのように利用されるとき，その利用のされ方が他人の目には強調される。個人的な利用のためにパブリックスペースに付加された空間については後述するが，建築家にとって事の結末がどんなものか，まず先に見てみよう。

国立図書館，パリ，1862-68／H.ラブルースト（12）

パリの国立図書館の主な読書室では，向き合うテーブルは一段高くなった「中間ゾーン」により隔てられている。この中間域の棚に立つランプが四周のテーブルを照らし出す。このテーブルより一段高くしつらえられた「中間ゾーン」は手も届きやすく，両側の席から互いに使えるように計画されている。

セントラール・ビヘーア・オフィスビル（13-19）

現代的な「クリーン・デスク」への傾向が定まる以前のオフィスの机は棚付で，背中合わせに置かれたとき，パリの国立図書館の読書テーブルの棚式仕切りと同じような役割を果たしていた。この仕切りの役目も果たす棚には，共同で利用される電話や鉢植えの植物といったような物が置かれる。棚の下の空間は，それ

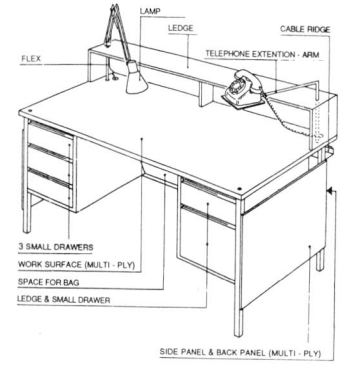

公共の領域 15

15 16
17 18
19

それの利用者の専用に使われる。共同利用の程度に応じたアーティキュレーションは，より細やかな細部のディテールにも応用できるものである。

　共用の度合が同じような，すなわち両側からの使い勝手が同じような場所にあるドアがガラス入りで透明であれば，衝突を避けることができる。透明でないドアは，よりプライベートな所，そういつもは出入りのない所に使われるということになる。このような考えが規則として建物全体にいき渡っていれば，建物の利用者全員が合理的にまたは直感的にそれを理解し，その建物の館内に定められた近付きやすさのレベルを明確にするのに役立とう。さらにその近付きやすさの度合は窓ガラスの形によって，例えば半透明，不透明そしてハーフドアなどというように，表現することができる。

それぞれの空間を設計するとき，それぞれの領域に求められている事柄の違いや隣接する空間の間の行き来のしやすさを的確に把握すれば，それを形や材料あるいは光や色などで明確に表現し，全体の設計に秩序を与えられる。このことは更に，アクセシビリティに関して，いかに建物が異なる雰囲気でつくられているかということを住民や訪問者に強く意識させることでもある。ある場所や空間のアクセシビリティということが設計の上である基準となる。建築的なモチーフ，そのアーティキュレーション（分節），形や材料などの選択は，その空間に求められるアクセシビリティの程度に応じて，部分的にせよ，決められるものだ。

territorial differentiation
3 領域の差異化

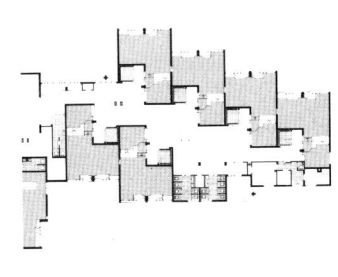

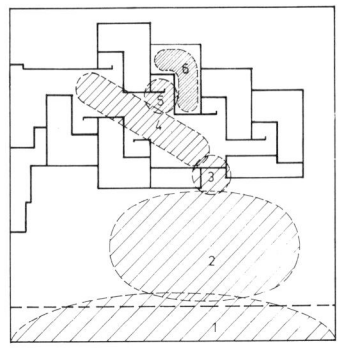

モンテッソーリ・スクール，デルフト

ソルヴェイ邸，ブリュッセル，
1896／V. オルタ（p. 82 参照）

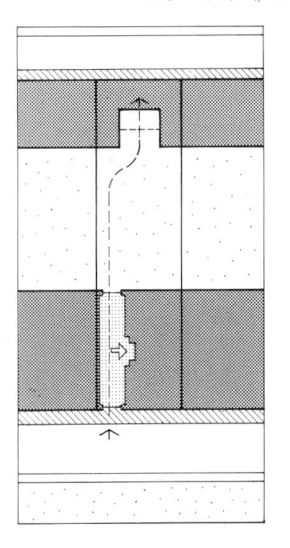

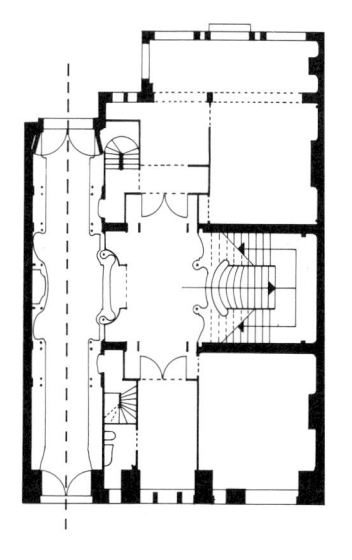

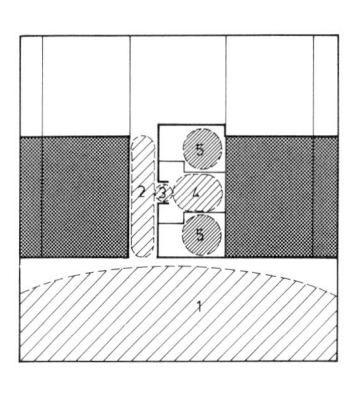

ある場所や建物のある部分について，パブリック・アクセシビリティに段階を設定することで，「異なった性格をもつ領域（territorial differentiation）」を示す地図のようなものが手に入る。その場所にどんな要求があるのか，それぞれの空間の維持管理にどんな責任の分担が求められているのかなど，建物内のアクセシビリティをその地図は明らかに示す。そして平面計画を更に練り上げていくと，それらは強調されたり，希釈されたりする。

公共の領域

territorial zoning
4 領域のゾーニング

それぞれの領域の性格は，誰がその空間の配置や調度を決めるのか，誰が担当で誰が管理するのか，誰に責任があり誰がその責任を感じているのか，などによってかなり左右される。

セントラール・ビヘーア・オフィスビル（30, 31）
　この建物で働く人びとが，思い思いに色を選び，フ

ラワーポットや好きなものを持ち込んで，それぞれのオフィスをアレンジしたりパーソナライズしたりしたという驚くべき結果は，単に建物の内装仕上げを利用者が仕上げられるように意図的にはずされていたということでは論理的には片付けられない。そのもの寂しげなグレーの裸のインテリアが，利用者をして各々のスペースに好みの仕上げをする「きっかけ」を与えたのは明らかだとしても，絶対にそうするという保証はないのである。こんなことを起こさせるには，もっと多くのことが必要である。まず，基本的な造付け家具や備品を含む空間の形態そのものが，個人的な必要性や希望に沿って空間を満たしてゆく機会を利用者に与えるようでなければならない。

更に，個人的なイニシアティブを許す自由が，関係

てられたのだが，(多くの人びとはこれをリクルートのためであると思っているが)現在では，哀れな職員の支出をカットするという，人間性を失わせるような事態が生じている。

しかし少なくともこのビルは，そういう傾向に対していくばくかの抵抗をすることが可能で，多くの幸運に恵まれてそれを続けているようだ。利用者に与えられる責任を拡大する一歩となると考えていたのが，少なくとも目下のところでは，できる限りの最後の一歩となってしまっているのには失望を禁じ得ない。

1990年の現在では，オフィスには想像力に満ちた多彩な装飾というものはそれほど見られないのである。1970年代には個性の表現が全盛であったが，それは端正さや秩序というものに道を譲ってしまっている。個人的な表現への衝動はしぼんでしまったようで，今日では人びとは調和を好む傾向にあるようだ。おそらく1980年代の失業率の上昇が脅威となって，今や概ねおとなしい態度をとっている方が明らかに賢明であるということなのだろう。それが今日の大部分のオフィスに広がっているクールで無性格な雰囲気をつくりだしている。

組織から保証されることも根本的に重要である。それは，最初に思うよりはるかに大きく結末に影響してくる。基本的な問題としては，どれぐらい多くの責任が組織のトップから階層の下の直接の利用者に付与されるかということである。このケースでは，空間をアレンジし仕上げる責任が利用者側に明確に与えられたからこそ，職場の環境に愛情をもち世話を焼くことが成功したのだということを心に留めておいてほしい。建築家がつくりだした機会が，実際にこんなに素晴らしい結果となったのはそのためである。このビルは元来，より人間的な環境を求める空間的な表現として建

MIT建築学部，ケンブリッジ，米国，ワークショップ，1967（32, 33）

生活や仕事の環境に対して，利用者がどれぐらい強い影響を与えることができるのか，極端なケースではあるが，MITの建築学科の学生たちによる既存建物への改造の事例が，それを明らかに示している。学生たちは堅苦しく同じように延々と対面配置された製図板に向かって作業するということを拒絶した。残り物として捨てられた材料を素材として，彼らは望むままの空間をつくった。そこでは作業したり，食べたり，寝たり，それぞれの専門の個人指導を受けたりできるのである。

新しい学生たちが来るたびに，彼らの好みに従ったようにつくり替えられることを期待したいところだが，事態は全く違う方向へ向かったのであった。次に生じた地元の消防当局との激しい論争の結果，もしそのすべての範囲に完全なスプリンクラーシステムを取り付けなければ，学生のつくったすべての架構を取り去らなければならないということになってしまった。そうなってしまったら，その状況は実際に変えようもないほどに固定されたものになってしまう。今日もし，まだ残っているとすれば，それは建築学科の一部

の学生たちの熱意を表すモニュメントであるといってもよい。もしすべてが撤去されてしまっていても，あるいはすぐにそうなるとしても，それは驚くにはあたらない。官僚的な中央管理体制が確実に力を取り戻しているということなのである。

　人びとの参加が大いに期待されるような所では，利用者による影響力が発揮され得る。それはアクセシビリティ，領域の要求，維持管理の組織，責任の所在などに左右されるので，設計者としてはそれらの要因をその重要性に応じて十分に認識することが基本となる。組織体によっては利用者が環境に個人的な影響を与える余地がなかったり，ある空間があまりに公共的で誰も何もできないと感じたりするような所では，建築家がこのような試みをする意味はない。しかし建築家は，少なくとも物理的環境に関わる範囲で，例えば新しい建物への引越しなど，常に起こり得る再編成の機会に乗じて，責任の所在などの再評価に関して何らかの力を発揮しようとする立場にはいるのだ。ひとつの成果は次への展開を生む。経営のトップに対し，身の回りの環境の責任を実際に利用する人たちに委譲したところで，それが何も混乱した状況などを招くことにはならないのだと，安心させるための議論を進めることでさえも，建築家が状況の改善に役立つ立場にいることの証となる。少なくとも，そういう努力を続けることはまさしく建築家の義務であろう。

モンテッソーリ・スクール，デルフト（34, 35）
　物を置くことができるように，余分な幅のあるドアの上の棚——この場合は教室とホールの間のドアの上——は，もしそれが適切な側から手の届きやすいものであれば，すなわちこの場合は教室の内側からとなるが，役に立つものである。その上にある棚は，ガラス窓を後ろにリセスすれば，美学的な心地良さを生み出すかもしれないが，何かに実際に役立つものにはならない。

セントラール・ビヘーア・オフィスビル（36-39）
　この建物のオフィス空間では，それぞれの人がそれぞれの仕事をするプライベートな領域をもっていて，そういう所はそれぞれの人びとによって運営されているのだが，ビルの中心の空間には，そこに責任を感じる人は誰もいないのである。この中心的空間の緑化は特別なチームによって世話をされている。そして壁面の絵画は美術供給サービスによって掛けられている。
　職員はもちろん，大いに献身的に，責任をもって仕

事をしている。それはさまざまな形態をつくっているが，しかし，共用のエリアとそれぞれの仕事のエリアとでは，その雰囲気に大きな違いが感じられる。

　この中心的空間にあるリフレッシュカウンターでは，毎日同じ女性が応対していた。リフレッシュ部門では，それぞれの係員が，特定のカウンターを担うように組織されていたのである。

　彼女はそのカウンターの運営に責任感をもち，それゆえ職場に思い入れをして，個人的な感触を加えていた。しかし今や，コーヒーカウンターは撤去され，整然とした椅子が並べられ，コーヒーのディスペンサーがそこに置かれている。現在，建物全体にわたって改修とクリーニングが行われており，その作業の進行とともに，「現代的な仕事場としての与条件」を満たすような大規模な改造が行われているのである。

フレーデンブルフ音楽センター，ユトレヒト（40）

　セントラール・ビヘーアで大いに成功を収めた基本的なアイデアは，ユトレヒトの音楽センターのリフレッシュカウンターには使われていない。

　カウンターの状況はコンサートごとに相当にさまざまであり，そこでは違うカウンターが使われ，違う接客係が応対する。それぞれの係員とそれぞれの仕事場との間には格別の関係がないと考えられ，その他いろいろな理由もあって，リフレッシュメント・エリアはすべて建築家によって完成され，仕上げられた。

　セントラール・ビヘーアでも，この音楽センターでも，後ろの壁面には鏡が取り付けられている。前者では，それは職員によって取り付けられ，そして後者では，建築家によって全体の設計思想に合うようにデザインされた。その壁付きの鏡によって，誰が前に，後ろに，横にいるかを見渡せるのである。

　それらは平面の上に空間を描くために鏡を使った，モネの劇場を題材にした絵を連想させる（41）。彼は人びとを描き，集団の様相を描いてみせることによって空間を表現しているのである。音楽センターでは有

能な清掃係員を，このカウンターに選任している。

　オランダ鉄道のリフレッシュカーは，とてもそこではリフレッシュできるとは思えない所である。係員はいつも列車を替わってばかりいる。係員がその職場である客車で，間違いなく行っていることといえば，次の発車に備えて客車を清掃しておくように，上から命ぜられていることをしているだけなのである。もし同じ係員がいつも同じ列車で働いていれば，事態はどう変わるか想像してみてほしい（42）。

　オランダの列車から食堂車がなくなっていった一方で，新しいケータリングの形式が空の旅で始まった。しかし，飛行機で出される食事は，旅行者にとってはサービスというよりも負担に近いものになっている。乗客よりも，むしろ航空会社の都合に合わせて食事の時間がセットされているのである（既に高い航空券に上乗せされて，非常に高いものになっている）。

41
42
43

ルフトハンザ航空の機内誌（6/88）より

公共の領域　25

from user to dweller
5 利用者から住まい手へ

　パブリックとプライベートという概念を責任区分という言葉に置き換えてみると，環境の設計に際して，どの領域で利用者や住人による主体的な貢献がなされるように配慮すべきか，どこはそうでもないかが見極めやすくなる。平面や断面や家具レイアウトの基本方針などと計画を進めていくとき，「責任」というものについてより深く認識してもらうようにすれば，家具や備品の配慮について彼ら側も深く関わるという状態がつくりだせる。こうして利用者は住まい手へと変わっていく。

モンテッソーリ・スクール，デルフト（44-47）
　この学校の教室は自律的な単位として考えられている。いわば小さな家のように，街路のような学校のホールに沿ってそれは配置されている。教師は，ここでは「マザー」と呼ばれるが，子供と一緒になって，その場所がどのように見えるのか，そこをどんな雰囲気にしたらよいのかを決める。
　よくある学校全体のための共有スペースに代わって，ここではそれぞれの教室に専用の小さなクローク・ルームが設けられている。一般的には，ほとんどの壁面が帽子掛けによって占められてしまい，他の用途には使えないことが多いものである。もし各々の教室に専用のトイレを設けることができたなら，子供たちの責任感を育てるために役立ったことだろう（この計画は教育委員会によって，男女別に必要であるとして拒絶された。そんなことをいうなら，住宅ではどうだというのだろう。そうなれば住宅にだって便器は2倍も必要になる）。それぞれの教室の子供たちにとって，彼らの家としての教室をきれいにするということは，鳥が巣をそうするように自然のことであろう。それが日常の環境に対して感情的な絆をつくりだすことにもなっていく。モンテッソーリでは，実際に日課の一部として，すべての子供たちにいわゆる家事労働を課している。このように環境を守ることに力を注ぐことで，子供たちの身のまわりのことに親しみを抱く心を育てているのである。
　子供たちは自分が面倒をみることになっている植物を教室へ持ち込むことができる（環境への認識と，それを守ることの必要性を，モンテッソーリの理念では重要視している。その良い例に，床の上で特別な敷物の上で行う伝統的な作業がある。その小さな仮の作業エリアは他の子供たちから敬われている。そして重要なことは開放型の食器棚に整理をして片付けることである）。子供たちの日常環境によりこまやかに迫る次の段階としては，教室ごとにセントラルヒーティングを調節できるようにするということであろう。これは子供たちに暖かさという現象と，暖かさに保つための努力を教え，エネルギーの消費についての認識を高めることにもなろう。

　「安全な巣」——自分の物が安全で，しかも誰にも邪魔されない気楽な場所——が個人にも集団にも必要なのだ。これがなくては他人との協調もあり得ない。「自分自身の場所」と呼べる所がなければ，自分自身をも見失ってしまうだろう。帰る家があってこそ，冒険もあり得る。最後に頼りとなる何か——「巣」のようなものが，誰にとっても必要なのだ。

　ある特定の人びとの領域とは，「部外者」からできるかぎり尊重されるべきものである。いわゆる多目的な

45

利用には，その点で，ある種の危険が伴う。教室を例にとろう。もし，それが学外の時間に他の目的のために，例えば近隣の活動などに使われるとき，すべての家具は一時的に隅に寄せられるが，いつも元のように戻されるとはかぎらない。そんな環境では，例えば乾かしてある粘土細工も，不用意なことで壊されたりするだろうし，誰かの鉛筆削りがどこかへいってしまうことにもなろう。

子供たちにとっては，工作の時間に製作した物を，壊されないように飾っておけることが大切なのである。動かされたり，部外者によって片付けられてしまったりしない所に，未完成の作品を置いて帰れるようでなくてはならないのである。自分の部屋を他人に掃除してもらえば，たとえ掃除が申し分のない出来ばえであっても，次の日の朝には，何かがなくなっているような気持ちになるではないか。

教室とは，ある集団の「領域」なのだから，特にクラスの皆が参加した作業や作品などを展示する機会があれば，学校全体にそのクラスのアイデンティティを示せるような場所なのである。教室と廊下の間にパーティションを立てて展示したり，教室と廊下との間仕切り壁にたくさんの大きな窓をあけたりすることでも，とにかくそれを実現することができるだろう。

この小さなショーケース（なんと照明付きである）は，あたかも子供たちが自己表現に挑む舞台のようになっている。教室の廊下側の壁は，そのクラスが学校中に働きかけるための，ショーウインドーのような役割を果たしているのだ。

このようにして，それぞれのクラスが「表現」をもつことで，他のクラスと交流し，また共用ホールと各クラスとの関係に変化をつけることにもなっている。

アポロ・スクール，アムステルダム（48-50）

　もし教室と教室との間のスペースが，アムステルダムのモンテッソーリ・スクールのように，「ポーチ」のような場所をつくりだすように使われれば，そこは自分たちのしたいことをするのにもってこいの作業スペースとして使われることだろう。そこは教室の，中でもないが外でもない。そこには照明付きの作業机と低い壁で囲まれたベンチがある。教室とホールとの関係をできるだけ微妙に調整できるように，「ハーフドア」が取り付けられている。「ハーフドア」のあいまいさが，それぞれの状況で囲まれた感じを残しながらも，同時に廊下に対して開かれているという感覚をうまくつくりだしている。ここにも，デルフト・スクールと同じように，クラスごとの小さな美術館や展示を納めたガラスのショーケースがある。

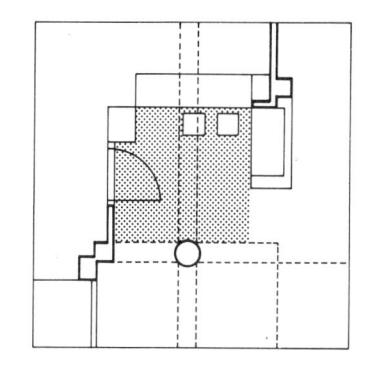

48 49
50

公共の領域

the 'in-between'
6 中間的領域

中間的領域の広義の概念は建築誌「フォーラム」（1959年7月号，「閾の最大のリアリティ」，1959年8月号，「狭く中間的領域に生成される形態」，「中間的領域の具体化」）に掲載されている。

スレショルド（敷居・閾）は異なる領域間の変化を円滑にする上で重要な役割を果たすが，それ自体としても異なる領域の中間にあって，出会いや会話の場を提供している。それを一番よく示すのは，最も優れた「スレショルド」である家の玄関である。ここでは，道路と私的な領域との，出会いと調和について関心を向けることにしよう。

家の前の上り段に座っている少年は，母親から離れて，自由を感じるとともに広大な未知の世界への探究心をかき立てられている。

そして彼が座っている上り段は，通りの一部でありながら同時に家の一部でもあるため，母親が傍にいてくれるという安心感も抱ける。つまり，彼は家へも外界へも属しているのだ。この二重性は，明快な領域性というよりはむしろ，2つの領域が重複したときの空間的性格によって生まれている。（51）

51

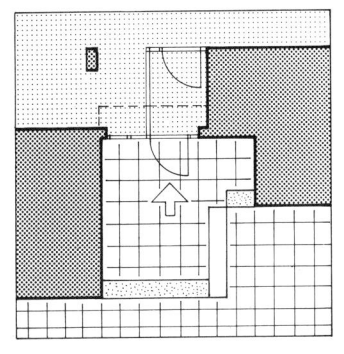

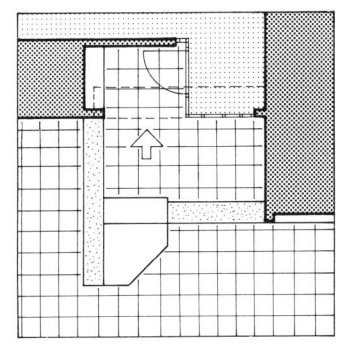

モンテッソーリ・スクール，デルフト（52-56）

　小学校のエントランスは単なる出入口でいいのだろうか。エントランスは，早く登校してくる児童や，放課後まっすぐ家に帰りたくない児童を歓待するような場所でなければならない。

　子供たちにも集いや待ち合わせがある。最低でも彼らが座れるような腰壁，できれば囲われたコーナー，望むらくは雨がしのげる屋根付きの場所がほしい。

　幼稚園のエントランスには児童の父母がよく訪れる。そこで子供と別れたり，授業の終わった子供たちを待ったりする。子供の帰りを待ちながら母親たちは互いに顔見知りになり，子供たちを互いの家で遊ばせる約束をする。つまり，エントランスは共通の関心をもつ人たちが集える公共空間として，重要な社会的機能を有しているのだ。1981年の前回の改築（56）の結果，写真のようにエントランスは取り払われてしまった。

玄関脇のこうしたベンチは，多くの古い絵画に見られるように，伝統的なオランダのモチーフといえよう。しかし20世紀でも，例えばリートフェルトは，ユトレヒトに1924年に建てた有名なシュレーダー邸で，ハーフドアを用いて同様の構成を採っている。(59)

デ・オーファーロープ, 老人ホーム, アルメール (57, 58)

玄関に庇をつけ，そこが入口の始まりとなる。そこで客に挨拶をしたり，靴についた雪を払い落としたり，傘をさしたりする。

アルメールにあるデ・オーファーロープの居住棟では，庇が付いた玄関にはベンチが設けられている。玄関は2戸を対にすることで連続したポーチとなっているが，その間にはファサードから突き出た仕切りがあり，独立した感じになっている。玄関のドアはハーフドアとなっていて，外にいても室内の様子が分かり，電話のベルも聞き取れる。マットは外にまで敷かれており，この玄関は明らかに家の延長であることが示されている。庇があることで，雨降りの中でドアが開くのを待つ必要もなく，外にいながら既に招き入れられているという感じがする。

57
59
58

デ・ドリー・ホーフェン，老人ホーム（60）

　内と外の交流が求められる場合，例えば老人ホームのように，ある人が歩行困難のために大部分の時間を部屋でひとりで過ごしながら客の訪問を楽しみにしていたり，逆に他の人はちょっとした訪問をしてみたいと思っている場合など，ドアを上下で2分割し，下部分を閉じ，上半分を開けておけるようにするのは良いアイデアである。こうした「ハーフドア」は，たいそう人の気をそそるものだ。半分開いているということは，開いているとも閉じているともいえる。半分閉じていることで，部屋にいる人はプライバシーを穏やかに保ち，また，半分開けているのだから，前を通る人と簡単な会話ぐらいは十分できる。そんな感覚が，無理なく自然に人を親しくさせてゆくのだ。

　中間的領域としての「スレショルド」を具象化するとは，何よりも「歓迎と送別の場」を設けることであり，「もてなし」の場を建築するということだ。「スレショルド」は，プライバシーを守る厚い壁と同じくらいに，社会的な触れ合いにとっては重要である。プライバシーを守るための状況設定と，他人との社会的触れ合いのための状況設定とは同じように必要とされている。エントランス，ポーチなど，中間的領域を形成する多くの形態は，隣り合う世界を調整し和解させる機会をつくりだす。このような配慮は，建物にアーティキュレーションをつけることになるが，それには床面積と費用とが必要になる。それは「機能」という説明しやすく存在感のあるものではないので，しばしばその実現が危ぶまれる。計画に際しては不断の努力と説得とが要求されることになる。

ドキュメンタ・ウルバナ集合住宅，カッセル，ドイツ（61-70）

　「蛇」と名付けられた曲がりくねったこの団地は，それぞれに違う建築家が設計した棟より成り立っている。共同階段はよくある薄暗い空間ではなく，完全に明るい空間として計画されている。

　集合住宅の計画においては，隣人の受ける過度な騒音や迷惑を防ぐための建築的対応を主眼とするだけではなく，さまざまな住人の間で社会的な交流が行えるような空間構成をつくりだすことこそ心掛けねばならない。そこでわれわれは階段を通常よりいっそう際立ったものとした。共同階段は，単に埃が溜まり清掃しなければならない悩ましい場所ではなく，例えば，近所の子供たちの遊び場となるべき所なのだ。そこはガラス屋根をもつ通りのように，光が十分入り開放感があるように設計されていて，台所から子供たちの様子がうかがえる。エントランス・ポーチの2枚のガラスの玄関扉は，従来の閉鎖的な扉とは違って，共用空間をより意識させるものとなっている。

　テラスでは，適度なプライバシーの確保を当然留意したものの，住民同士を完全に隔離してはいない。外部空間のデザインにおいては，住民同士の交流のための空間をできるだけ損なわないようにスクリーンは最小限にされている。通行のための最小限の空間をこのように拡大することは，子供たちを魅了するだけでなく，居住者たちが座り，語り合う場にもなった。実

34　都市と建築のパブリックスペース

63
62 64 65
66 67

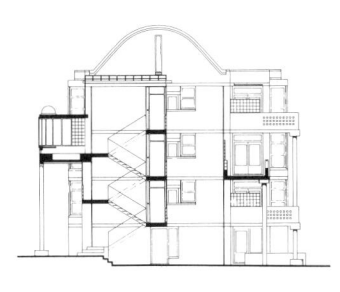

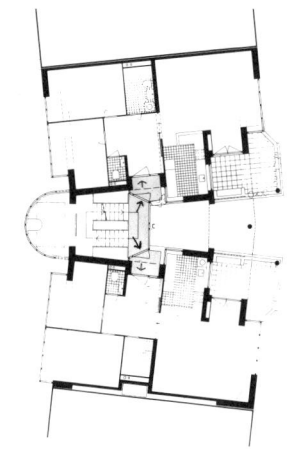

際，この階段室には住人たちの手で家具が置かれた。
　通常の玄関扉の他に，各戸には階段室に面した鍵の掛かる，2枚のガラス扉がある。それにより開放的なエントランス・スペースができた。階段室とガラス戸の間にできる中間領域は，さまざまな人がさまざまに使

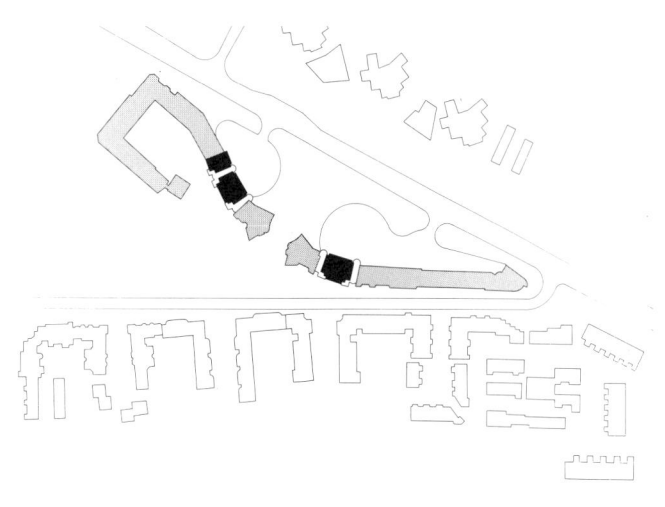

石の建物　○ シュティドレ，建築家

公共の領域　35

えるようになっている。例えば、階段室の一部といったような排他的なものではなく、家の中の様子が伝わってくるホールといったように住居の延長として使われたりするのである。この2枚の扉を玄関扉とすることで、居住者は普通はプライバシーとして隠されてしまう個性を表現し、階段室もよくある無人の場所といったものではなくなり、真の共同意識を醸し出すものとなる。カッセルの集合住宅の計画に用いられたこの垂直の歩行者動線の原理は、リマの集合住宅の計画ではいっそう発展させられている。リマの計画では階段は屋上の共用テラスまで通じている。カッセルの計画に用いたプレイ・バルコニーは、そこでは使われていないが、それは、奥まった庭それ自体が特に幼児の遊び場としてすでに十分であると思われたことによる。

ナポレオン集合住宅，パリ，1849／M. H. ヴューニー
(71-74)

　パリのナポレオン集合住宅は，多層階をもつ集合住宅の，通りと玄関の距離の問題をうまく解決した最初の事例のひとつにちがいない。この建物内部の階段や歩廊は，山岳の村落にある多層の建物を彷彿させる。ガラスの屋根を通して，適度な量の光が最上階から降り注ぐ。上階に住む人たちは，このアトリウムに面する窓を開け放つ。植木鉢などからは，人びとの手入れが行き届いていることが知れる。街路からこのように隔絶したアトリウムの内部の街路が，私たちの基準に照らして真に機能的といえるかどうかは定かではないが，この建物が建てられた以降に続く陰鬱な階段室を考えてみれば，これは全くのところ，いちだんと優れた事例であろう。

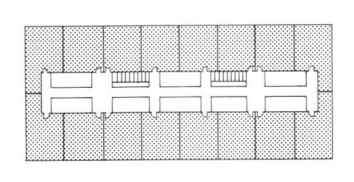

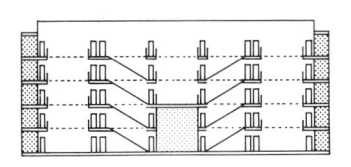

71　72
73
74

公共の領域　37

private claims on public space

7 公共の空間における私的な要求

　中間的領域という概念は，要求の異なる領域と領域とをシャープに分断することを避けるための鍵となる。重要なのはその管理が私的か共同かに関わりなく，双方が等しく近寄ることができるような中間的領域をつくりだすことである。そこは双方が利用できる場所だと，双方が理解し合う場所をつくるのである。

デ・ドリー・ホーフェン，老人ホーム，アムステルダム（75-77）
　身体に障害をもち，介助なくしては建物の外に出ることのできない住人にとって，建物は都市として機能すべきであり，その廊下は都市における街路のように機能せねばならない。そんな「通り」に沿って配された住戸にはすべて2戸対にポーチ状の空間がある。ここは住戸の一部でありながら，同時に通りの一部でもある。住人たちは，そこが家の一部であるように，また通りと同じレベルにあるベランダのように，それぞれの持ち物をポーチに置き，その空間の面倒を見て，草木を育てている。しかしこのポーチは依然人びとが通過することができる「通り」の一部なのである。
　しかし建物デザインのありとあらゆる側面を管理する行政のさまざまな規制規則の無限の繰り返しの中では，たった数平方メートルを，そういった目的達成のために使うことが極めて難しいのだ。 
　この公共的な集合住宅では，住戸サイズの縮小や不必要に広い廊下幅といった点が，行政レベルから不適格なものと見なされた。わずかな床でさえ，その機能性は結局のところ定量的に測られることになるのだ。このポーチは住戸の一部とはいえないが，居住者の愛着を喚起する場所となっている。そしてそれは外に置かれた物に注意を払える窓といった，明らかに細部のもつ効果に負うものである。またそれは単に盗難に対する注意ではなく，彼らの所有物や植物の成育を観察できることに価値があるのだ。こうしたアイデアを具現化するにあたっては，建築家は，消防検査官の慎重な査察を通るためにも多大な創意工夫をしなければな

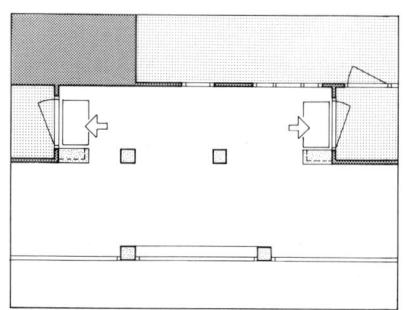

らない。デ・ドリー・ホーフェンでは扉の脇に照明が埋め込まれた壁が少し迫り出している。それを手掛かりに玄関のマットを敷くのも簡単になる。このマットにカーペットの残り切れを用いることで居住者はこの小さな空間を彩り，その結果，彼らは自身の家を，玄関を越えて，広げることができる。

　もし建築家が，適切で空間的な暗示というものを設計にうまく取り込むことができれば，住まい手の側は，彼らの影響力を共用の領域に向かって拡大しようとするものだ。玄関口のちょっとした空間の演出によってすら，個人的な影響力の拡大を誘うに十分なものであり，それによって共用空間の質は見るからに皆の興味をそそるものになっていく。

ディアホーン集合住宅，デルフト（78-83）
　生活道路に対する責任が住民に与えられた場合，そのペーブメントはどのようになるか。それはデルフトのディアホーン集合住宅の前面のペーブメントにおける試行から類推されよう。この住戸の前面部分は前庭としては設計されていない。普通の側道と同様に舗装されただけであり，そこは公共空間の一部なのだが，厳密には，そうではないというものだ。さまざまな住戸に面するこの空間は，境界線を示す標識があるわけでもなく，また私有空間であることを示すものもない。舗装はコンクリート・タイルが敷き詰められたもので，これは普通の側道が同様の素材で舗装されていることから，自然と公道であるかのような連想が生まれる。そこで住民はまずいくつかのタイルを剥がし，そこに植物を植えることから始める。

「遊歩道の下には海岸があるのである」。そして余っ

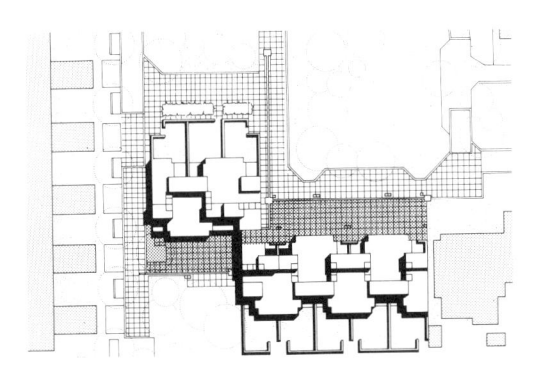

たタイルを玄関への通り道や，家に近い駐車スペースなど必要な場所に敷く。住民はそれぞれの好みや必要に応じてこの前庭を使う。場所を必要なだけ占有し，残りを開放されたものとしている。しかしここに用いられたような中間領域をつくらず，私的空間を分割するような構成を採っていたなら，きっと住民はそこを自ら思うままに仕立てただろう。そうすると，家の庭と通りの，つまり公的空間と私的空間の取り返しのつかない分離ができる。この中間領域において，個と共

79　80
81　82
78
83

生とが重層し、それによる問題は相互の合意により解決されるのだ。そうすれば各個人は自らの役割を果たすことで、どうありたいのか、他人からどう見られたいのかを表現できるし、個人と集団が互いに何を供出すべきなのかも自然と決まっていくのである。

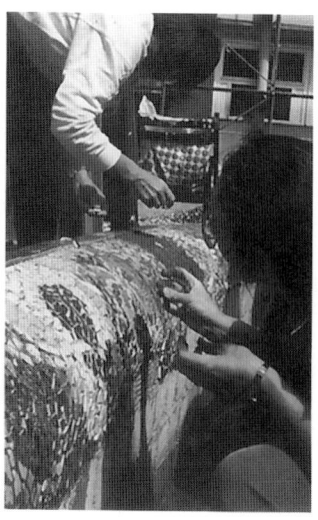

リマ集合住宅、ベルリン（84-89）

リマの集合住宅は、その一角に教会のある三角形の敷地の一端に配置されている。その教会のヴォリュームは、とても普通の建築の枠組みで捉えられるものではないので、敷地におけるこの建築の完成により、結果的に教会を別の構築物として分けることとなった。中庭は、とかく憂鬱な伝統的なベルリンのそれではなく、通りや他の中庭と連結する6つのペデストリアン状の動線が交差する公共空間として考えられている。こうしたペデストリアンは共用の屋外階段の一部でもある。中庭の中央には大きな砂場があり、その湾曲した端部は居住者によってモザイクで装飾が施されている。

住民たちは中庭のデザインに非常に興味をもち、特にガウディの公園やワッツタワーの写真を見て、この計画に対してもやる気をだしてきた。技術的、組織的援助については、これまで似たような多くのプロジェクトにおいて成功を収めているアケレイ・ヘルツベルハーがあたった。

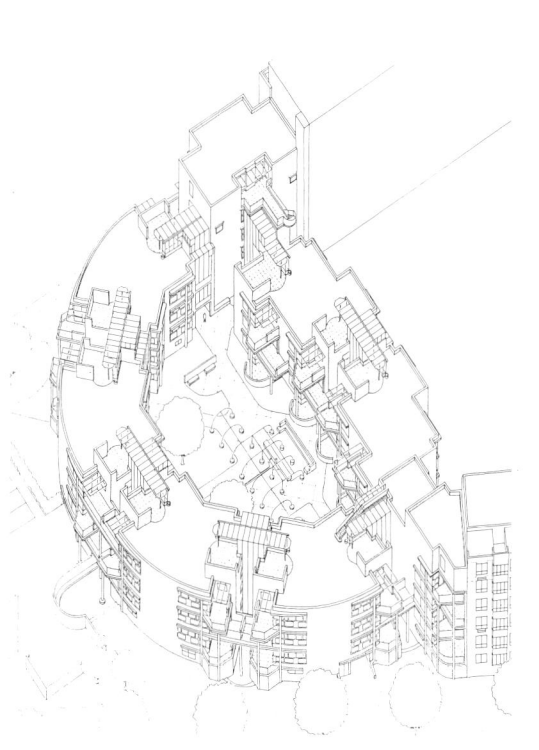

最初は子供たちが自分たちのタイルを，そしてすぐ大人たちも瀬戸物の破片を持ち寄るようになった。
　今日では，砂場は居住者のなすがままに放っておかれ，砂場というものに必要以上の注意を払う建築家もなく，砂場の必要さえ感じられていないようだ。与えられたものにうまく応えてゆく能力が失われつつあるように思われる。ともかく，大事なのはそれを住民自身の砂場，彼ら自身の興味とすることであろう。そうすれば，もしモザイクのかけらが剥がれたり，また尖りすぎていたら，その対策は住民たち自身によって解決され，したがって，特別な会合を開いたり，公式の手紙を書いたり，建築家にその責を求めたりする必要もなくなることになるのである。

　住まい手が関与して個人的な影響というものを互いに及ぼしあうような街路の空間は，やがて彼ら自身のものとなり共有空間となっていくものなのだ。

87　88
89

public works concept
8 公共事業のコンセプト

ベイルメルメーア集合住宅，アムステルダム

ファミリステール集合住宅，ギース，フランス

90 91
92

モンタージュ写真

42　都市と建築のパブリックスペース

重要なことは「地域社会が個人的な責任を感じる」ように共用空間を形成することである。言い換えれば，地域社会を構成するひとりひとりがそれぞれのやり方で環境に貢献することでその環境と関わりあい，そのなかでひとりひとりが存在感を感じられるようにすることだ。

　公共福祉の概念には，社会主義の理想に沿って手を取り合い進めば進むほど，それが現実には，本来は人びとを解放するために設けられたはずの制度そのものに人びとを従わせることになってしまう，という大きな矛盾がある。

　市の事業局による仕事は，市民からは圧迫感のある抽象的概念として捉えられている。それは公共事業が上からのお仕着せで，誰もが自分とは関係のないものだと感じているからであり，このような仕組みが疎外感を広く生じさせている。

　都市の近隣住区の周囲に公園やグリーンベルトを設けることは公共事業部門の責任であるとして，そこで彼らがコミュニティのために貢献できることといえば，この地区を配分された予算内でできるだけ魅力的なものとするということなのである。

　しかしこのようなやり方は，仮にすべての居住者に，たとえ1台分の駐車場より小さな土地であれ，自分たちの思いのままにできる機会を与えることと比べれば，寂しく，非人間的で，非経済的な結果に終わってしまうものなのだ。

　今日では，こうした方法が否定され，各個人がコミュニティに対して貢献するということができるようになってきている。空間とはそもそも，そこに住民の愛と世話が惜しまれず与えられることで，よりいっそう活発に使われるものなのである。

　フランスのギースにあるファミリステールのゴダン・ストーブ社の工場のための集合住宅計画はその一例である。職住のコミュニティに関するモデルはフーリエの理論に負っている。それは19世紀から連綿と続く課題であり，そして今日もなお，それが関心事なのだ。

フルゥーセンラーン集合住宅，ロッテルダム，1931-34／J. H. ファン・デン・ブルゥーク（93, 94）

　公共のアメニティは，使用者の公共的な尽力があってこそ成功するものだ。それは20年代，30年代にデザインされた，フェンスや間仕切りのない公共の内部空間という考えに基づいたものでなければならない。

デ・ドリー・ホーフェン，老人ホーム（95）

デ・ドリー・ホーフェンのスタッフが提唱して始まったフェンスのなかに動物を飼うことは，キジ，鶏，孔雀，山羊，魚の棲む池，多数のアヒルという具合に，動物園の縮小版の様相を徐々に呈してきた。この集合住宅に住む老人たちにとって，動物たちを見ることは楽しく，興味を引くもので，「動物園」が見える部屋は最も人気がある。

熱心な人びとによって動物のための手作りの小屋がつくられ，それが大成功で，増築が必要となった。しかし住宅管理局は，事態をそのようには進ませないことにしたのである。彼らは専門的な建設計画の提出を，そしてその計画が然るべき専門家たちに承認される必要があることを条件に盛り込んだ。地元の人びとにとって動物園は，動物の世話に巻き込まれたり，あるいは単に散歩がてらに動物を見るための，きっかけなのであった。動物を共同で飼い世話をするような体制を組織化することが難しいからこそ，町には鎖で繋がれたペットの飼犬ぐらいしかいないのである。しかしこういう主張は，未だ提起されてもいない。共同空間がいかに構成され使われるのかという問題に対して，地元の住民たちは何ら力をもち得ずにいる。どだい公共事業が町中の動物の世話をするなどできるはずのない話なのだ。もしそうすれば，専門家を含む全く新しい部門が必要になってしまう。そして「動物に餌をやらないでください」といったいくつもの標示も……。

デ・ドリー・ホーフェンにおける市民農園や動物園は，年をとった住民と地域の人たちという分化されたグループ同士の社会的な交流のための自然な触媒なのだ。多少アウトサイダーであろうがなかろうが，彼ら自身の庭園のお陰で，デ・ドリー・ホーフェンの住人たちは，他の人たちがもちえないものを手中にしているのである。

これらの事例は，最善の意図というものがいかに幻滅や無関心に陥りやすいものかを示す。規模が大きくなり過ぎると物事は悪い方向へ向かう。大き過ぎると，その共同の場所の維持管理が直接それに携わる人たちでは賄いきれずに特別の組織が求められ，その組織の専門的スタッフによって彼ら自身の興味と関心事で共同体が運営され拡張されるといったことが起こる。ある組織の主な関心事が，その組織の創設の意図に無関係となってくると，最早人びとの期待には応えるすべもなく，官僚政治が台頭する。そこでは規則が規則に束縛される。個人の責任感は上司への忠誠という窮屈な階級組織のなかに消滅してしまう。相互依存の鎖のなかの個人的関わり合いということに罪はない

としても，当初の意図であった「人びとのため」ということからあまりにかけ離れて到底適切とはいえぬ代物になってしまう。都会人が，彼ら自身の住む都会においてすら，部外者となってしまう原因は，集団の発意というものに対して期待し過ぎているか，参加や関与というものを過小視しているかのいずれかによる。入居者は家の外の空間に格別な関心もなく，しかし無関心でもいられない。この矛盾が環境を疎外し，しかし一方人間関係は環境に影響されるものだからこそ，人間関係の疎外に至るのだ。政府からの規制は私たちの身の回りの世界をますます容赦ないものにしている。規制の網目はいっそう細かくなっている。責任の消滅と誇張された混乱への恐怖とが相乗作用し悪循環に陥っている。

世界の主要都市で見受けられる公共施設の信じられないような破壊は，多分にこの生活環境からの疎外ということが原因であるといえよう。都市の交通施設や公衆電話が，毎週のごとく完膚なきまでに壊されてゆく事実は，社会全体への真の警鐘と受けとめてよい。しかし何が警鐘かというと，それがあたかも単なる組織上の問題として処理されているという状況であり，それがますます助長されているということだ。日常的管理であるがごとく定期的に修理されたり，どんないたずらにも耐えられるように補強されたりと，いわば「よくあることさ」と受け流されている。確立された体制の事なかれ主義は争い事を避けるようになってしまった。

当事者同士を遠ざけておいて，個人を他人の中傷から保護するなどという具合に。秩序の崩壊や混乱や予期しないことに対する恐怖がなぜこんなに根深く存在するのか，非人間的で客観的過ぎる規則がなぜ人間主体の主導権より好まれるのか，これで合点がいくというものだ。共同所有者から間借人へと，参加者から服従者へと事なかれ主義が私たちを陥れ，全体管理という状況へ向けて，すべてのことが規制化され数量化されねばならぬかのようだ。体制それ自体が疎外を生み，制度が人間の代表に化けて，より温みのある環境の創造への展開を阻んでいるのだ。

■ひとりひとりが「しるし」を刻みアイデンティティを築けるような所，それこそ真に人びとの場所であり，皆によって統合された環境であり得る場所という環境の創造に建設家は貢献できる。皆によって皆のために所有され運営管理される世界は，誰もが「自分で扱えて面倒を見られるくらいの小規模な大きさ」からつくられるべきだろう。それによってそれぞれの空間要素はより利用され，その価値を高めることになろう。それは自分の意志を示すことができるという点でも，利用者にとってより公平である。解放が次の解放を促し，中央集権体制では抑圧されるにちがいない活力を解放に導くのだ。それは「都市の砂漠化」という避けられない疎外化の問題を解決する強力な手段として，中央集権に対する異議の申し立てであり，そしてまた能う限りの献身に対する嘆願，あるい責任を本来あるべき所に返還するための嘆願でもある。

96

street
9 街路

玄関や門扉から外は，関係の薄い世界，影響力を行使しにくい世界の始まりだ。外の世界とは，「破壊と侵略に満ち，アットホームな安らぎというより恐怖を感じる世界である」という感覚が増大している。しかしながら，この広く流布しつつある感覚を都市計画の出発点とすると取り返しがつかないことになる。

20年前には歴然と存在していた「街路を再び生活の場として回復させること（reconquered street）」という楽観的で理想的な概念に立ち戻ることの方が，はるかにましなことだろう。そこでは戦後の生活への現実的関心（特にオランダでは政治的活動家集団）によって，街路はその本来の姿，地域住民の社会的接触の場所，すなわち共同の居間のようなものとして位置づけられていた。

「人びとの社会的関係は建築的手段の効果的な使用によって高められる」というのはチーム・テンの主張であり，特にフォーラム誌では中心的テーマとして繰り返し掲載されてきている。

街路の概念の失墜の原因は次のように挙げられる。
● 自動車交通の増大：

アムステルダム，労働階級の住区，19世紀：今日とは全く異なり，窮屈で不十分なものであった。

97
98

ジョッジャ，イタリア，交通から開放されたリビング・ストリート，日陰を求めて。

しかも優先権が付与されている。
- 住居群のアプローチ回りの無思慮な構成：
特にギャラリーウォーク，エレベーター，覆われた歩道（高層化の避け難い副産物）など，間接的で非個人的な要素で玄関と近隣回りが構成されている。そのアプローチでは街路レベルとの接触も少なくなっている。
- 区画割り街路方式によって，共有空間としての街路が寸断され消滅していること：
- 居住密度の減少：
1世帯当りの入居人数が大幅に減少している。人口密度の減少は，1人当りの住居スペースや街路の幅の増大を意味する。その結果，今日では昔に比べて街路はすかすかになってしまった。住居の広さや質の改善によって，人びとは室内でより多くの時間を過ごし，通りでは過ごさなくなってもいる。
- 経済が豊かになるほど，近所付合いの必要性が薄れ，共同で何かをする必要性もなくなってきたこと：
繁栄は，一方で個人の理解を到底超えるスケールの集産主義を生み，他方で個人主義を助成してきたように思われる。建築家は，社会の変化に対して良識を発揮するどころか，このような状況では偶発的な影響を与えるのがせいぜいかもしれない。しかしそれでも街路空間がより可能性を備えるように，努力を惜しまずに論議を起こさねばならない。そしてそれを空間構成のレベルでなさねばならない。

■街路が住居の共用空間の延長として利用される状況はよく見受けられるものだ。天候によって日の差す所や日陰になる場所があったりして，それはどこにでもある光景であろう。そこでは，自動車交通は視界に入らないか，少なくとも会話の妨げにならぬほど離れている。

生活街路——交通のためだけでなく子供たちが遊べる余裕も考慮された街路は，少なくともオランダでは，新築でも，改築でも，住宅団地ではよく見られるようになってきている。歩行者の権利がようやく考慮されてきている。法的根拠を備えた「ボンエルフ（厳しく交通規制され歩行者がいつも優先される住居地

スパンゲン集合住宅，ロッテルダム，1919／M. ブリンクマン
交通から開放されたリビング・ストリート，ひなたを求めて。

公共の領域 47

区）」の指定によって，歩行者は当然彼らのものであるべき街路を少しずつ取り戻してきている。もはや歩行者が無法者扱いされることはない。自動車交通については，運転者が規制に慣れてきているとはいっても，自動車は大きく煩わしく数が多く，共用空間をますます占有しつつある。

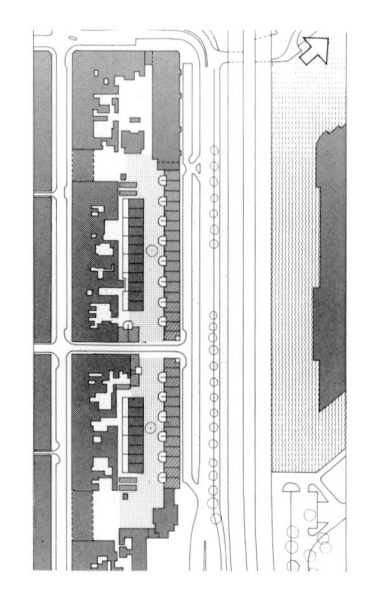

ハールレム・ハウトタウンネン集合住宅（100-109）
　ハールレム・ハウトタウンネンの主なテーマは，生活空間としての街路であり，通りの向かい側の建物の設計者である建築家フォン・エルクとナゲル・ケルクとも協同して，入念に提案されている。鉄道路線まで27ｍもの交通用地を残すという，都市計画というよりは政治的な決定により，建物をその限界線にまでぎりぎりに建てることを余儀なくされた結果，裏庭をつくる余地は全くなかった（とはいっても，どっちみち裏庭は常に日陰なのだが）。

　更に，不適当な方位と交通騒音などという厳しい条件によって，北側は文字どおりの壁でなくてはならず，当然，南面するこのリビング・ストリートが重要になってきた。このリビング・ストリートは，居住者の車と配達の車しか通れないようになっている。一般車両が入れないこと，また現代の基準からははるかに狭い7mの幅員しかないことで，そこには旧市街のような状況がつくりだされた。そこで必要になる街路灯，自転車置場，低めの棚，共用のベンチなどは，2～3台も車を停めればその他の交通ができなくなるような具

101
100　102

合に分散配置された。そして通りの真ん中を示すように木々が植えられた。

　壁面から突き出た外部階段やリビングのバルコニーは，通りの造形にアーティキュレーションを与え，通りの両側の建物同士の間隔を実際の7mより狭く感じさせている。ここで重要なのは，通りのレベルで，住居のテラスのスペースを確保しているゾーニングである。縁石で囲まれ舗装されたこの庭は，2階のバルコニーより大きくない。この庭は，これ以上小さくならないとしても，もっと大きい方がよいのではないかとい

う向きもあろう。この小さな庭は，2階のリビングのバルコニーよりは，はるかにプライバシーが確保しにくいので，1階の入居者は不利になっていると思う向きもあろう。しかし一方では，行き交う人びとと直接接することができるし，多くの人にとっては街路の活気は魅力的に見えるものなのである。とりわけ以前のような公共空間の質が戻ったとすれば……。プライベートな屋外空間に隣接する細長い土地は，何もしないで残されている。行政といえども，このような空地に石を敷くことを拒否したりはしないだろう。住民側はこの部分に植栽をし，この基本的には公共の空間をうまく占用しつつある。オランダの住宅建設では，伝統的に上階へのアクセスの問題に多くの注意が払われている。そして，さまざまな素晴らしい解決法が開発されている。それは，各戸が独立した玄関をもち，できるかぎり通りから入りやすいようにするという考えである。実際，私たちの解決方法も，基本的にはこの昔からのテーマのひとつの代案に過ぎない。それは2階に設けられた，上階の住居の玄関へ，鉄製の外部階段で直接に上るというものだ。そこからさらに，建物の

103

104

公共の領域　**49**

レイニエー・フィン
ケルスカーデ通り，
アムステルダム，J.
C.ファン・エーペ
ン

内部を，下階住居の寝室にあたる部分の横を通って上階に上がっていくのである。

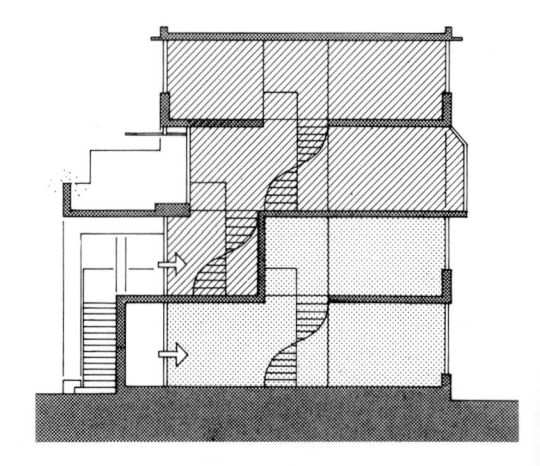

　上階の住居の階段は，通りに張り出した共有のバルコニーにあり，下階の住居の邪魔にならずに，しかしまた下階の庇の役目もしている。階段自体は軽く，下が透けている空間は，郵便受けや自転車置きや子供の遊び場などに利用されている。上階へアクセスする部分と1階の住居の前庭のスペースとを分けるために，かなりの努力を払っている。それは，住人が各自のアクセス部分をきれいに保つという責任を明確にすることにつながる。このように明快な位置づけがなされないと，各居住者が利用できるはずのスペースが全く有効に利用されない結果になってしまうのである。

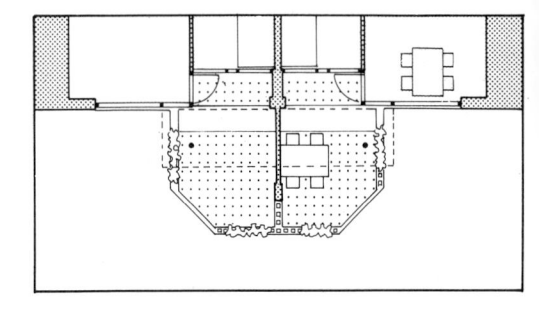

105　106
　　　107a
　　　107b
108　107c　109

3階

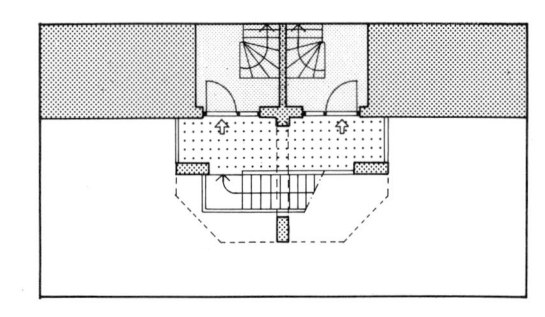

2階

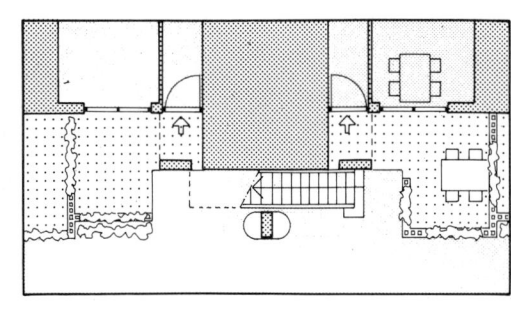

1階

50　都市と建築のパブリックスペース

公共の領域　51

生活街路とは，住人に共通する何かがあり，必要だからこそお互いに期待し合う状況が生じているという考えに基づいている。しかしこの感覚は私たちの生活から急速に失われつつあるのではないだろうか。繁栄が独立を成立させるにつれ住人たちの間の親しい結束は薄れていくようだ。そしてこの疎外感は，集産生産や中央主義の信者たちからは賞賛されてさえいる。人間相互の関係が強くなり過ぎると，「社会的統制」が強大になる危険が生じると彼らは主張する。しかし実際は人間が日常生活で孤立し疎外されているほど，上からの決定でその人間を支配することが容易になるのだ。「社会的統制」をその定義において否定する必要はないだろう。しかに実際に，あまりに親密な村社会でのように，批判されたり秘密裡に調べられたりしないでは暮らせないような状況では，それは否定的に感じられるものだ。

　住居と住居とを過度に切り離さないようにして，共同体への帰属意識を芽ばえさせる機会を逃してはならない。

　この共同体への帰属意識は日常的な社会的接触のなかに生まれ展開される。例えば子供たちが通りに出て遊び，幼児の面倒を見あい，互いの健康を気遣い合うように……。これらすべての心遣いや楽しさは，それがあまりに分かり切ったことなので，その重要性に気付かれない節がある。

■住宅街の街路が生活街路として機能すれば，そこに建つ住宅の機能も向上しよう。そこで住宅の包容力が問われる。すなわち，それぞれの住宅の内部の雰囲気が外の通りの雰囲気のどう溶け込み合えるかということである。近隣住区の計画に際しては，配置計画と平面計画とディテールとによって，そのほとんどが決まってしまう。

スパンゲン集合住宅，ロッテルダム，1919／M．ブリンクマン（110，111）

　ロッテルダムのスパンゲン集合住宅計画（1919）のアクセス・ギャラリーが居住者のために果たしている役割は，今日でも比類のないものがある。この片廊下型のリビング・ストリートには居住者の玄関しかなく，近所付合いしか行われていない。これは，通りの向かいから近所の人が渡ってこられる普通の街路と比べても不利である。にもかかわらず，ここスパンゲンでは近所付合いが非常に活発で，これは車の交通がないことがいかに大切かを示している。このアクセス・ギャラリーでの社会的交際は，完全に下の道路とは隔絶されており，ここでは住宅は道路に背を向けているといえる。二兎を得ることは不可能なのだ。

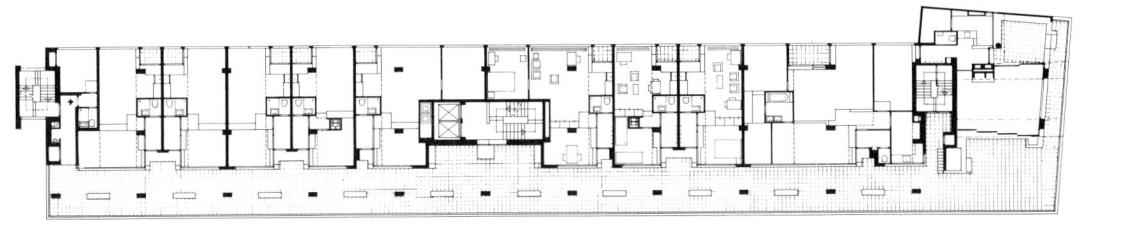

ヴィースパー通りの学生会館（112-115）

　既婚学生のための住居は，5階のレベルにあり，リビング・ストリートの原型ともいえるギャラリー・ストリートをつくるきっかけとなった。そこは車の交通もなく，古い街の屋根が見下ろせる。家の前には両親も休めて，よちよち歩きの子供たちも安全に遊べる屋外空間がある。この設計の原型は45年前に建てられたスパンゲンの建物に存在している。

　ギャラリー・ストリートの問題のひとつは寝室の窓の位置である。ギャラリーに向かって開けばプライバシーが十分に保てない。これは寝室の床を上げることで解決している。こうすれば，内からは外の人の頭越しに景色を見ることができ，外から内を見るには窓の位置が高すぎる。建物はこうして全体としては閉ざされたものとなり，ギャラリー・ストリートももはや公共通路とは呼び難いものとなっている。

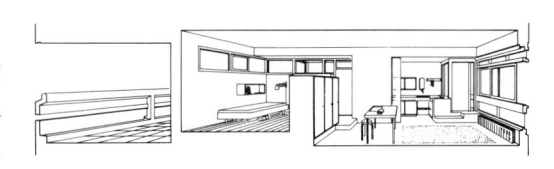

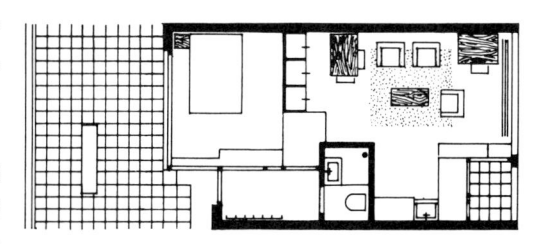

112
113a
113b
114 115

公共の領域　53

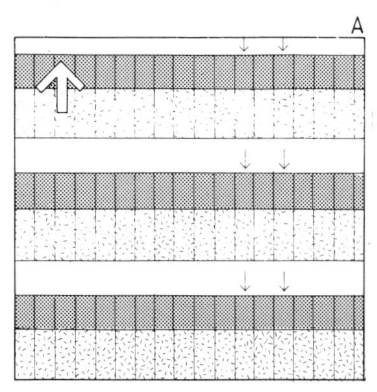

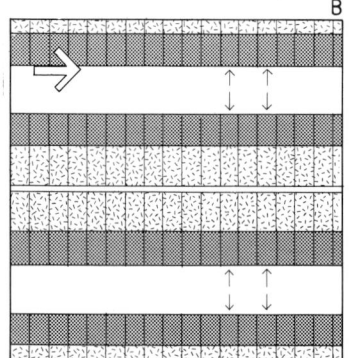

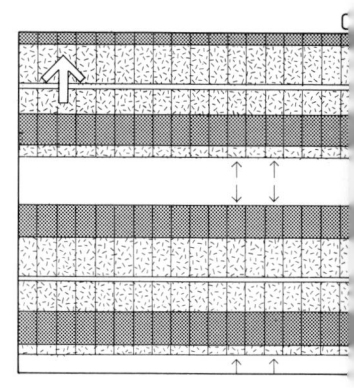

配置の原則（116）

　この単純な図形は、何に見えるだろうか。これらはすべて最近建設された住宅計画の配置の原型である。
　すべての住宅がより開放的で日当りが良いという20世紀の都市計画は、伝統的なブロック街区を消滅させてしまった。
　それは、囲まれた中庭の静かなたたずまいと表通りの賑わいや交通の騒音との対比というものをも失うことでもあったのである。かつては通りに面したファサード（建築家は多くの努力をここに注いだものだ）と肩のはらない裏側のファサードとがあり、そこにはバルコニーや日当りに関係なく物干しがあったりして、正面に対して全く反対の、いわゆる生活面となっていた。この配置は、家の両側が道に面し、どちらかに庭をもつ短冊状の配置にとって代わたれたのである（図116a）。この配置型ではある家の玄関が、向かいの家の庭を眺めることになるということに気付くことが大切である。すなわち人びとは、庭や通りを交互に利用して生活するというよりは、すべてが同じようにつくられた街区の狭間のスペース、いわば半ば通りの上で暮らしているのだといえる。方位さえ適当であれば短冊型配置は同じ配分率で変わったパターンにもなる（図116b）。
　しかし、どんな場合でも、街区の正面（すなわち玄関のある面）を互いに向き合わせるように努力してみることに価値があると思う（図116c）。もし住宅の入口が向き合っていれば、皆が同じコミュニティ空間に向き合うことになり、毎朝、近所の子供が学校に急ぐのも見えるようになろう。

　しかし近隣がまる見えというのも、他人の詮索を刺激するので、このタイプでは、Cタイプよりもいっそう互いに向き合う窓や玄関の位置について、例えば各戸の入口を必要以上にのぞかれないようにするなど、注意しなければならない。伝統的な、いわゆる中庭型の住宅街区では、すべての住宅の庭や玄関は互いに向き合っていて、その中庭はおのずと表通りとは違った性格をもっていたのであった。

ロイヤル・クレッセンツ，バース，イギリス，1767／J.ウッド，J.ナッシュ（117-119）

　近隣相互の視線に基づいて設計されたわけではないのだが、バースにあるクレッセンツのカーブした街区

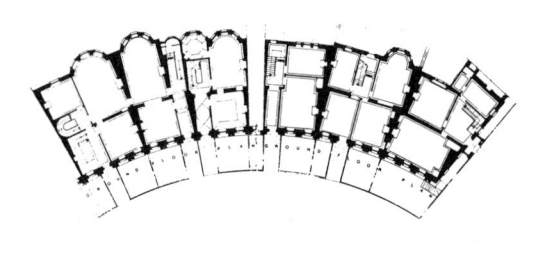

の壁面は，この点で特に興味深い。

　湾曲による凹面によって，ちょうど列車がカーブを曲がるとき，今まで見えなかった他の満員の車両が一列になって突然視野に入ってくるように各戸は互いに見えてしまう。住宅が一列に湾曲してひとつの視点をつくることで，その時代の共同体意識を形成していたのだといえよう。

　壁の凹側が互いの帰属意識を高める一方で，反対の凸側では，各戸は互いに離ればなれになり，それが庭のプライバシーをつくりだしている。クレッセンツには，このような両面性がある。

ローマーシュタット，フランクフルト，ドイツ，1927-28／E.マイ（120-123）

　エルンスト・マイは，彼より有名な弟子ブルーノ・タウトと同じく，ドイツの住居計画ではパイオニアのひとりであった。1926～1930年にフランクフルトに建てられた，数多くの住宅の彼のスケッチは，生活環境を改善する都市のディテールに対するマイの鋭い視点を示している。彼の教えは，オリエンテーションとプロポーションとについて適切な感覚で平面計画がなされるかぎり，予算が限られた公共住宅に多く見られるおざなりのプランも，さまざまな制約にもかかわらず，素晴らしい居住環境に変換し得るということである。そして，住居とその周辺の設計が，同じひとりの人間によってなされたということも重要である。マイは，建築と都市計画とを区別などしなかったので，住宅とその環境とを，あたかもひとつの全体像とそれを形成するものという具合に調和させることに成功している。

　ローマーシュタットの集合住宅計画は，ニッダ川沿いの緩やかな傾斜地にある。2本の道路が川に平行に走っている。各戸の庭を川側に連続する配置計画で，道路にはテラスを設け，そのテラス付きの道路の両側に各戸の玄関が面している。ふたつの玄関の相違は，方角とわずかなレベル差ぐらいのものなのだが，庭が配されていない側の住宅の正面にうまく緑化を施すという，この街路空間の構成によって補われている。

　ここで特徴的なひとつのディテールは，道路の舗装が建物の壁面に直接に接することなく，北側の壁面に沿って細い幅で裸の地面が残されていることである。これはもちろん，植物のためのスペースで，蔦がファサードを覆いつくし建物の堅い表情を柔らかくしている。

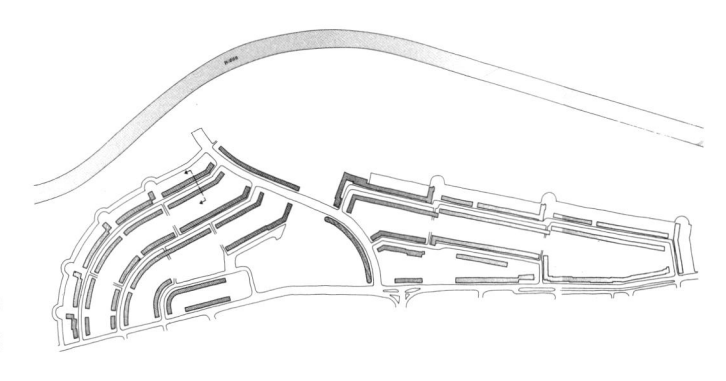

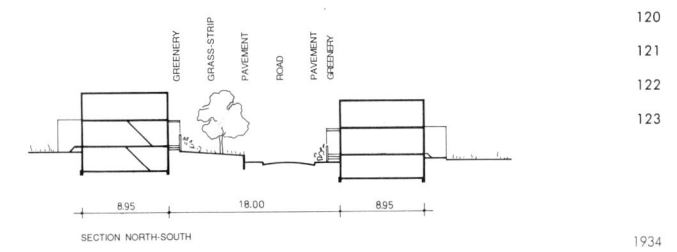

120
121
122
123

公共の領域　55

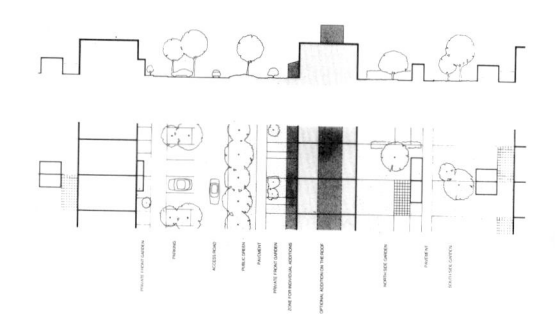

ヘット・ヘイン，集合住宅（124-128）

アメルスフォールトのヘット・ヘインの集合住宅の配置計画では，特にリビング・ストリートの質の向上に重きがおかれている。地形は可能なかぎり長くまっすぐな街区と平行な道とで区画されている。一見して，これはごく普通の区画と比べても単純に過ぎるように思えるが，ここのねらいは，とにかくまっすぐな道であることが，街区ごとにそれぞれ多様なものをつくりだすための出発点となるであろうというところにある。それは縦糸と横糸の関係にも似て，縦糸（街路）が強い構造を形成する一方，横糸が彩りを添えるものとしての役割を担っている。ここでの大切な条件は，リビング・ストリートにはできるかぎり車を入れないことである。更に街路のプロフィールにも十分に留意しなければいけない。それはそれぞれの住居の質的な基盤であるばかりでなく，住居の相互関係にも関わることなのである。住宅は，つまりその玄関は，互いに向き合って街路の両側に並んでいる。街路は南東から北西に走っていて，片側が反対側より日当りがよい。それがこのように不均整な計画となった理由であり，駐車場は日陰側に寄せられている。そして日当り側は，緑が溢れる庭である。玄関が日当り側にある住居は，結果的に庭が日陰側にくるが，それを玄関先に特別に（1.8ｍ幅の）空間を設けて補っている。ここには，囲われたポーチや日除け，温室などをそれぞれに使い勝手のいいように取り付けることができる。

これらのオプションは，同タイプの住居に住む人を刺激し負担力のある人がそれにならって設置する気になるよう，実はあらかじめ相当数の住居に設置された。このゾーンはその使われ方からして，製品のデザインの違いではなく，各人の選択の表現としての多様性を発露する主要な源となっている。いくつかの住居

では屋根さえも拡張し，将来において，特に指定されたゾーンについては，更に付加設置ができるように許可されてもいる。庭の物置は，家と庭とのどちらにも近い位置に，日陰を考慮して設けられた。部分的に日陰になる庭では，ちょっとした保護によって日だまりをつくることも可能にしている。方位によっては，物置が住居と近く，その隙間に架構をつけて使うのも魅力的となっている。

中層集合住宅のアクセシビリティ

住居は，できるかぎり，通りから直接入りやすくなければならない。多層の構成となってしまって，通りから奥まり過ぎるのは避けたいものだ。中層住宅の場合では，玄関ホール，エレベーター，階段，ギャラリーやアーケードなどがお決まりのものとなっている。こういう公共的空間は，とかく単調になってしまいがちで，住人の近所付合いを妨げ，結局誰もいない広漠とした場所になってしまいがちである。多層の構成ではそれぞれの住居のプライバシーは結構確保されているとしても，上下両隣の人びとが大いに交流し合うような施設は未整備になりがちである。中層集合住宅ではまた，友人を出迎え見送る場所というものが判然としない。玄関で見送るのか，あるいは一緒に下まで下り駐車場まで見送るのかなどという具合に。休日ごとに，なんと多くの荷物をいちいち車まで運ばなければならないことか。また，外で遊ぶにはまだ幼過ぎる子供たちにとっては，相当に問題があるといえよう。

近隣住区の街路には，日常的行為のためだけでなくもっと特別の機会のためにも，住宅の居間のような空間の質を与えなければならない。そうすると，共同社会としての活動だけではなく地域社会にとって重要な活動をもすることが可能となる。

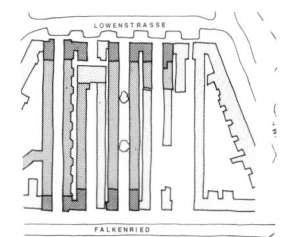

ドイツ，ハンブルクのレーベン・シュトゥラーセとファルケンリート通りとの間の，大木のあるリビング・ストリート。

「自家用車にトレーラーを連結して，楽しいドライブの準備は万端！」，ANWBのツーリストガイドより。

ビクトリア女王の祝典で賑わう1887年のイングランド・サクスムンダールのリビング・ストリート。1880年代の後半には，女王の人気は初期共和主義の熱狂を上回り，1887年と1897年の祝典で最高潮に達し，英国君主のうちで誰よりも愛され敬われていた。画面の中央で水差しを持っている警察官に注目されたい。彼は民衆をもてなしている役人のひとりだ。その日は画面の右側に座っている女性たちが日除けのパラソルを開くほどの陽気だったようだ。社会的地位にあろうとする女性にとっては，日焼けはどうあっても避けたいことだったようだ。

130
131
129 132

街路はまた，例えば地区の住民全員が関係する特別行事の開催の場所として，コミュニティ活動の場としても使われる。人びとが突然一緒になって外で食事を

公共の領域　57

楽しむ場として街路を計画するのは唐突としても，そんなことを心に留めておくのも悪くはない。北国の人びとは，屋外での食事は習慣ではないにしても，折にふれてそうしている。それは「ある場所の空間的構成が何かを初めから不可能にしてしまわない」ように注意がいるということだ。人間とは，もしその機会をうまく与えられれば，「何か新しいことを皆の前（共同空間）で」してみたがるものかもしれない。

相互に連続しあう住宅群の配置と同じくらいに重要なことは，住宅の間口部である。ベイ・ウインドー，バルコニー，テラス，踊り場，エントランスの上り段，ポーチなどのレイアウトである。それぞれが適切な寸法であるか，それぞれが離れ過ぎずに上手に分散されているかどうか。住まい手の望みに応じてプライバシーが保たれたり他人との接触を求めたりできるように，それらのバランスを図ることが常に課題となる。決定的に重要なのは「家が終わり生活街路が始まる所，すなわち玄関」回りの空間だ。その空間に，住居と街路とがそれぞれ何を提供しあうことが求められているのだろうか。その与件が，住居と街路それぞれが本当にうまく機能するかどうかを決めてしまう。

ファミリステール，ギース，フランス，1859-83
（133-136）

北フランス，ギースにあるファミリステールは，フーリエの理想主義の以後，ゴダン・ストーブ工場によって設立された共同住宅である。この施設には，475戸の住居が中庭のある3つの住棟に分かれ，保育所や学校，洗濯所などの付属施設も備わっている。このギースのファミリステールの大きな屋根付きの中庭を囲む住居は，まさしく壁のようだ。この中庭の形状や廊下と扉の刑務所のような構成は，現代のわれわれには原始的とも映るが，この初期の集合住宅は，街路と住居との相関性を示す優れた例でもある。また，中庭に屋根が架けられていたことは，その昔まさにこのような集合住宅に人びとが集まって暮らしていた時代には，その共同活動を大いに活性化したことであったろう。

「人間誰もが望む，共同生活の楽しみを生みだそうと図るとともに，現実の要求に沿って，働く人にとって快適な環境をつくりだそうという施設の改善を欠いては，どんな労使関係の改善も失敗に終わる運命にある」
（ゴダン，「社会的解決」，パリ，1894）

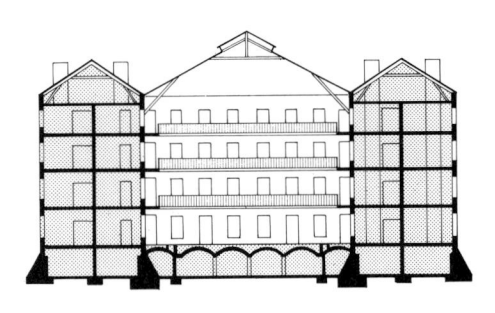

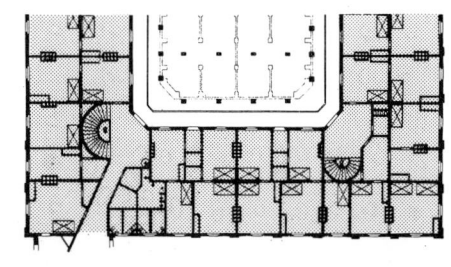

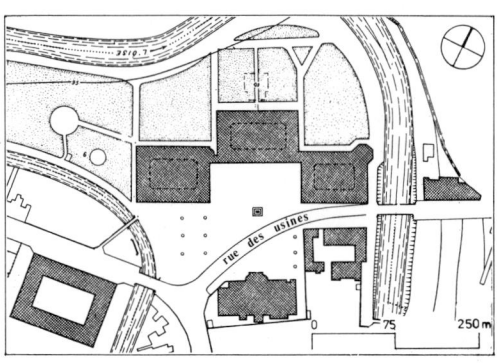

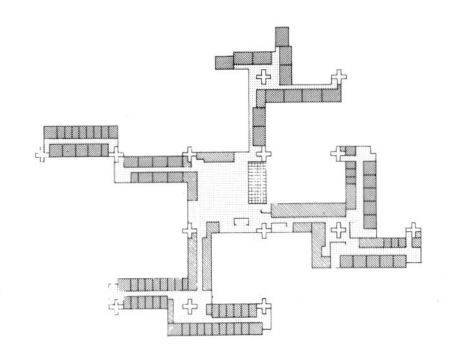

デ・ドリー・ホーフェン，老人ホーム，アムステルダム（137-140）

　病院や老人ホームやそれに類する大規模な生活施設では，そこに入院や入居している人びとの制約された行動範囲を思えば，それを小さな都市として構想する手法もあろう。デ・ドリー・ホーフェンの場合は，すべてのものが同じ屋根の下に，近い距離にあらねばならなかった。なぜなら，ひとりで外出できるような人はほとんどいないからである。この施設は大規模であったため，ほとんど実際の都市のそれに近いほど，包括的なアメニティのプログラムをそこに実現することができた。入居者たちはあたかも村落の共同体のように，そこで暮らしている。

　この組織の権限委譲の考え方に強く影響されて，この施設はいくつかの「ウィング」に分かれ，それぞれに「センター」があり，それぞれの部局は中央の「コモンルーム」に会する。このような配置は，オープンエリアのシークエンスを生み，またオープンエリアの質がシークエンスに強く影響される結果となった。近隣センター，地区センター，都市センターから混成される全体性の中で，それぞれのオープンエリアは独特の機能を担っている。しかしまたすべての中心は中央広場であり，住民はここを「ビレッジ・スクエア」と呼んでいる。この「ビレッジ・スクエア」は，厳密にはギースのファミリステールの屋根のある中庭のようには住居で囲まれてはいない。しかし使われ方と社会的関係に関しては，まさにこの施設の中心を構成している。そこで入居者による入居者のためのすべての活動が行われている。

　パーティー，コンサート，演劇，ダンス，ファッションショー，マーケット，聖歌隊の演奏，トランプ大会，展示会，そして時には祝宴も。ほとんど毎日のように特集プログラムが行われる。この「ビレッジ・スクエア」はどんな特別行事にも幅広く使われているが，もしこれが中心性のない分散型の配置だったら，この半分も利用されていないにちがいない。

137 138

139 140

公共の領域　59

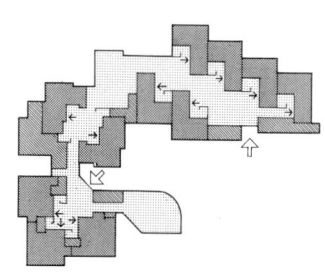

モンテッソーリ・スクール，デルフト（141, 142）

モンテッソーリ・スクールの集会ホールでは，ホールと教室との関係は，街路と住宅との関係として考えられている。教室とホールとの空間的関係やホールの形状は，学校の「みんなのリビングルーム」として捉えられた。学校におけるこのリビングルームの機能の仕方は，考えてみれば，街路において何が実現できるかのモデルともなり得るものであろう。

カスバ，ヘンヘロ，1973／P. ブロム（143, 144）

ピエト・ブロムほど街路空間と住居との表裏関係について活動的に調査を行った人はいない。カスバの計画（フォーラム誌1959年7月号，フォーラム誌1960-61年5月号を参照）は，住居の配置自体が何を成し得るかという点で注目された。ヘンヘロの「アーバン・エリア」では，住居は街路の壁面でなく，街の屋根を形成している。そこでは広大な地上部をすべての集会活動や行事に開放している。しかしこの空間はほとんど稀にしか使われていない。

ここに学ぶべきひとつの教訓がある。住居は下の通りから離れ過ぎて，いわば通りにそっぽを向いている。住居は上向きで，窓から通りを十分見ることはできず，入口が街路に直接面していない。街路空間の形状は，それは住居の形態と表裏の関係だが，日常的に利用される状態をつくりだしてはいない。それにまた，この空間は，たぶん広すぎるようだ。同規模の村落ならば当然備えているであろうアメニティの密度がここでは希薄なのである。この計画を，アムステルダムの中心街の街路に沿って賑やかなマーケットが建っている，といったふうにイメージしてみよう。それこそピエト・ブロムが，設計を考えるときに心に描いていたものであったにちがいない。

伝統的な区画割り街区から出発して，特にチーム・テンやフォーラムにも影響されて，建築家は一連の新たな住居形式の考案に努力してきた。それはたびたび目覚ましい成果を挙げたのだが，住居形成が正しく機能するかどうかは，まさに住居そのものの良し悪しにかかっている。最低限としては，集合住宅を素材としながら十分に機能する街路を形成する方法を建築家が発見できるか，ということだ。住居と街路とは互いにその質を他に依存しているという補足的関係にある。

その結果がたび重なる失望に終わっている理由は，現実の街路がどのように体験され利用されてゆくかに関して，建築家が皆多くの場合間違った考えをしているからである。建築家の，特別に誂えたもの（それらはいつも心に描いたよりはるかに役立たずに終わるのだが……）の有効性を極度に期待したがる傾向を別にして，その最大公約数的な誤りは，パブリックスペースの広さとその利用者数の比率に関する計算違いであろう。もし街路が広過ぎれば，そこで起こるであろう出来事の頻度はあまりに少なく，他の多くの良い意図にもかかわらず，単にあまりに「空き過ぎている」というだけで，街路は「砂漠」のようにガランとした場所になってしまうのだ。晴れた日曜日に市場を催せるような街路をつくれば，ほんとにたくさんのプロジェクトが満足のゆく結果となるのに。しかし市場といっても，誰もがそれを想像するのだが，現実にはそんな市場は10万世帯にひとつあるか，どうかなのだけれども……。

計画案の人口密度については，状況設定を考えながらそれぞれの領域に対する想定利用者数を試算して，代案検討を必ず行うべきである。例えばリクリエーションのスペースの広さが妥当かどうかを代案検討してみる。建築家のイマジネーションでは，それは静けさに満ちた雰囲気のある空間として幾度となく心に惹かれるものがあるのだが，地域住民が同じように感じるかというと，たいていの場合大いに疑問である。一般的に住宅や建物については，街路が日常生活のうえで地域住民に活気を与えているかぎり，幅広い形態が考えられる。そんな場合では，とかく閉ざされがちな住民の間には隔たりがなく，空間構成は社会の交流や団結を促すものとして機能している。

145
146

マッツァンティ通り，
ヴェローナ，イタリア

public domain
10 公共の領域

住宅を私的な領域とすれば，街路は公共的な領域といえる。住宅と街路に等しく注意を向けるということは，街路を単に住宅群の間の余剰の空間を埋める要素としてではなく，基本的で相補的な要素として扱うことを意味する。すなわち，自動車交通の他にも多くの目的に利用され得るように，十分に配慮された空間的な構成を備えるものとして……。

街区が建物の集合であり，私的な要素の集合を基本的に表現するものとすれば，街路や広場のシークエンスは，全体として，住民の対話の場となる可能性を秘めた空間を構成し得るといえよう。街路とはそもそも生活や革命や祝祭のための場であった。歴史のそれぞれの時代に，建築家が自分の属する地域社会のためにどのように公共の場を設計してきたのかは歴然としている。

公共の場が社会的交流を育み，そしてそれを反映するものとなるように，公共の場がその価値をいっそう高めることがなにより重要であろう。各々の都市空間について，それが誰のために誰によって何のために機能しているかを自問してみよう。そのプロポーションの良さに感心しているのか，それとも人間関係を改善し鼓舞するのに役立っているのだろうかと……。

街路や広場を美しいと感じるとき，それは単にその街路や広場の広さやプロポーションが良いというだけでなく，どのように街全体のなかで機能しているかというその姿も，その美しさの理由となっているのだ。空間的な条件は良いに越したことはないが，それが絶対的な要因とはならない。ここでは，建築家や都市計画家にとって明らかに興味深いと思う事例を紹介しよう。

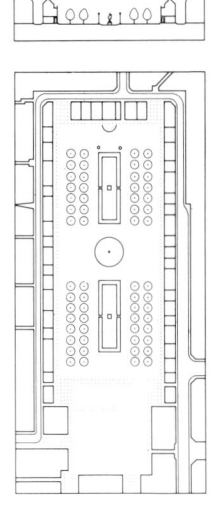

ミラノ・ガレリアでの学生たちのデモ
「学生たちの革命によって，教育は都市や街路に戻ってきた。その結果，旧態依然の教育システムよりいっそう創造的な，豊穣な変化に富んだ体験の場が生まれたのである。たぶん，われわれは，教育と経験とが完全に一致する時代に直面しているのである。そうした時代には，確立した機関としての学校はもはや不要となるのだ」
（ジャンカルロ・デ・カルロ，「建築と教育」，ハーバード教育評論1969年の記事より）

147

148 149

パレ・ロワイアル，パリ，1780／J. V. ルイ（148-150）
　1780年に建てられた，地上にショッピングアーケードのあるこの団地は，以前はパリの王宮であった庭園をコの字に囲んでいる。それは今日見ることのできる，都市における最も囲まれた公共空間のひとつであり，同時にルーブル地区から国立図書館へのよく使われる近道でもある。この小さな長方形の公園に感じられる空間の質や楽しい雰囲気は，規則的にアーティキュレートされた周囲の建物の適切なプロポーションだけではなく，芝生，椅子，ベンチ，砂場，そして都市の生活者のカフェといったものの変化に富んだ構成に負うところが大きい。

市民広場，ヴァンス，フランス（151）
　寒冷地に比べ気候が温暖な田舎では，街路が生活上とても重要な役割を担っている。このヴァンスにあるような市民の小広場は，地中海沿いのすべての村や街で見られるものである。観光客は多くの場所で，伝統的な生活様式と公共空間の生来の機能をかなり浸食してきた。しかし，依然これらの場所は，時代が変わった今日だからこそ，いっそう公共的な活動に役立っているともいえよう。例えば旅行者のための野外コンサート場などとして。

ロックフェラープラザ，ニューヨーク（152）
　ニューヨークの中心にあるロックフェラープラザには，市民がスケートをする仮設のリンクがあり，そこは冬であっても都市の「居間」として機能している。スケートをする人たちは，彼らの果敢さを見物者に見せ，そう長い時間でなくとも，ここでは劇場や教会などのように，人びとが集まる場所で感じる「一体感」を体験することができる。そしてそれはここの空間の構成方法によるところが大きい。

公共の領域　**63**

153 154
155

とき，状況は一変する。儀式でありながら競技でもあるこの年一回のお祭りは，街とそこに住む人びとすべてを巻き込む。この貝殻状の広場には人びとが溢れ，その床には傾斜がついているので，そこに立つ人びとは，広場の中心で行われているレースを存分に見物できる。こうしたときには，カフェは見物スタンドとなり，広場に面したすべての家の窓は，見物料を払った人，あるいは家人の友人たちによっていっぱいになる。コンテスト終了前夜になると，15,000人もの人びとが皆，この近くの路上で食事をするのだ。

マヨール広場，チンチョン，スペイン（156, 157）

マドリッドの南の小都市チンチョンでは，年一度の闘牛が行われるとき，街の中心の市場は劇場と化す。この市場は丘の窪んだ所にあるためギリシアの屋外劇場のような形となっているが，低層部に店やカフェといったアーケードをもち，その上は住居で完全に囲まれている。すべての住居にはファサードの全面に取り付けられた木製のバルコニーがあり，それが広場に面して円を描くように続いている。闘牛が行われるとき，このバルコニーは住民が貸しだす椅子が並んだ観覧席となる。このようにして，コミュニティの生活上重要かつ戦略的な場所に位置する個人住宅は，一時的にせよ公共的な役割をもつことになる。バルコニーは，やや閉鎖的なファサードから突き出た開放的な木

カンポ広場，シエナ，イタリア（153-155）

シエナのカンポ広場ほど，囲まれた形式と特別な位置づけをもち，都市の居間としての印象をかき立てるものはない。少し堅めの表情をもつ市役所の建物と，放射状の急な細道のある皿状の窪みによって，いくぶん内向きの表情をもちながらも，開放感と光り溢れる雰囲気が，そこには間違いなくつくりだされている。広場の日の当たる場所には，野外のカフェが列をなし，そこは1年中旅行者で満員となる。しかしこの広場も，パリオ祭が開かれ多数の人びとが競馬に興じる

製のゾーンとして，そのすべてが同じ原則でつくられている。そこが何かしら特別な公共的機能をイメージさせることは明らかだ。こうしたバルコニーが繋がり，一体感ある空間をつくりだすとき，それは観覧席のボックスが縦に連なった伝統的なイタリアの劇場を彷彿とさせるものがある。

ディオンヌの泉，トネール，フランス（158）

　公共の洗い場や，井戸，そして田舎の共同の水飲み場は，いつも最新のニュースやゴシップが行き交う地域の人びとの集会の場所なのである。しかし上下水道の完備や洗濯機の登場により，こうした場は失われてしまった。「女性は今や自らのための時間をもつのだ」とは，近代化を肯定する言葉としてしばしば用いられる。有名なトネールの井戸は，深い所から水を引き上げていて，簡素な円形の堰で囲まれている。こうした解決は，この自然現象の荘厳さの印象をいっそう強めているのだが，実際には，たまたま近所に住むことになった人びとのための公共の洗濯場なのである。

　私たちは今や，洗濯場を必要とはしていない（洗車場は別だが……）。しかし，発展途上の地に今でも見受けられるような，毎日の生活における必要性が公共の場に公共の施設をつくりだすことを喚起するような場所というものは，私たちの身の回りに残っているのだろうか。

公共の領域　65

public space as constructed environment
11 屋内化された公共の空間

159
160

19世紀までは公共建築はほとんどなく，たとえあったとしても完全に公共的といえるものではなかった。教会，寺院，モスク，温泉浴場，市場，劇場，大学などの建物への一般の入場は，建物の所有者や関係者によってある程度の制限が付されていた。真に公共の場といえるのは，たいていは屋外空間であったのである。

19世紀は公共建築の最盛期であった。それは主に地域共同社会の財源によって建てられた。その時期に発展したさまざまな種類の建物が街並みを築いていった。これらの建物の建築的で空間的な手法は魅力的で，それが人びとを歓待する建築を創造するのに最も役に立つ方法であることを示す良い実例であり，今日もなお学ぶべきものがある。

産業革命は新しい巨大なマーケットをつくりだした。生産と流通システムの加速化と巨大化は百貨店，世界博覧会場，屋内型の市場，そして駅舎や地下鉄などの公共交通網の建設をもたらし，観光事業を生み出した。

ヴィシー，フランス（159, 160）

特に興味深い例として，フランスのヴィシーのような，自然の湧水をもつ水辺の空間がある。健康を与えてくれる水というものに対する希望や期待は，あらゆる訪問者にとって好ましい話題であろう。ここでの処方箋とは，泉のある町の中心の公園に規則正しく配された小径を少し散策してもらうというものである。公園を抜ける大部分の散策路は軽快な金属製の屋根で覆われていて，散歩する人びとに，室内と室外の感覚を同時に与えている。

全体的な雰囲気は，病気を治療しようとする人びとが腰掛けたり健康水を汲んだりする所に，健康に良いとされる水を享受できる無数のベンチや椅子のある，広大なオープンエアのカフェといったものである。引きも切らない訪問者によって，ここには都市生活のすべてが持ち込まれている。多くの店舗，レストラン，娯楽場や訪問者に対するあらゆる種類の設備があり，それらは地域の居住者の重要な収入源ともなっている。このようにして，ここでは初期の観光業が発展していた。

商いこそ，社会的接触の機会の作り手であった。それは，どの地域共同社会でも，程度の差こそあれ，道路で行われていた。農民が町で作物を売り何かを手に

入れれば，それは町と田舎の出会いであり，そこでニュースも交換されたのだった。

レ・アール，パリ，1854-66／V.バルタール
（162-164）
　このパリのマーケットホールは，都市の流通システムにとって不可欠の要素であったが，流通基地としては，生産者と消費者とがもはや互いに何の直接的な接触をもてないような巨大システムとなっていた。マーケットホールは，屋根のある巨大な1スパン空間と庇のある荷捌きスペースとから構成されていた。この賑わいの拠点は，周辺にもその活気を与えた。例えばオールナイト・レストランなど，そのいくつかは現存して昔の面影を伝えている。

　特に食料品の流通センターとしての規模の拡大によって，施設全体の移転が必要となってきた。この巨大な鉄骨造のパビリオンは，一度空き家となった後，強い反対運動にもかかわらず，1971年に壊されてしまう。演劇や芝居やスポーツ，その他のイベントといった大人数の観客を集める催しを行う場所というのはなかなかないものであり，このセンターはそれらの目的には絶好のものとなったのにちがいないのである。新しく建った施設を見ると，それはまさしく，都市生活の劇場としての公共的（街路）空間の，その破壊のシンボルのように思われるのである。

161 163
162 164

公共の領域　67

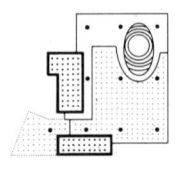

コミュニティセンター／F.ファン・クリンヘーレン（165）

ファン・クリンヘーレンによって設計されたコミュニティセンター（彼はこれらをアゴラと呼んだ）は，都市の中心に見られるようなすべてのアクティビティを，ひとつの屋根の下に集めようという試みであった。それは，新興都市区やその近隣では誰もその必要性を感じることなくすましていた，新たな社会的役割や交際を創出しようというものであった。

アーバン・ファブリックの形成というよりは，それぞれに入口をもつ2つのボックスともいうべきプランニングは，全体としての雰囲気を形成するどころか，機能すればするだけ逆に街路としての生活の質を引き下げてしまうという結果を招いている。それはまさに都市整備の不十分さや，新興近郊住宅地と既存の都心との相互関係に対する総合的視点の欠如などを存在理由とする，人為的なアーバンセンターにしか過ぎないものなのだ。1960年代には，このようなコミュニティセンターが現実に建てられたのだったが，忍耐もコミュニティ意識も共に著しく低下している現在の社会状況のもとでは，このようなものは既に今日的ではない。ここでは特に，隣り合うスペース間の騒音問題によって，壁やパーティションを立ててしまったため，デザインの根本である統一性が損なわれてしまっている。

エッフェル塔，パリ1889／G.エッフェル（166）

万国博のために建てられたエッフェル塔は，パリの観光のシンボルとなっているが，もともとは19世紀に新たに出現した思想の記念碑として建てられたものである。その権力の集中と拡大を表現するような従前にない示唆的な形態から，社会の変化がはっきりと伝わってくる。エッフェル塔のような建設は，それぞれ特定の役割と位置を与えられた無数の小さな部品が，あらかじめ想定された全体像として組み立てられたときに，それが単なる部品の集積というものを超えた全体性を創出するという可能性を示している。このエンジニアリングの巧妙さは，その高さ30cmほどの構造モデルをつくるとすると，その重さが数グラムにしか過ぎないといえばよく理解できよう（ミシュラン・ガイドブック）。力の流れをコントロールすればするほど，大規模なものが創造できる。エッフェル塔は，たくさんの小さな力によってある大きな力が編み出されるという，集中化の原理の具現化なのである。それは無知のうちに進められた大胆な計画による偉業ともいえる。物流システムにおける「力技」，すなわち大勢の個人によって生産されたものがひどく込み入った中間チャンネルを通して消費されるシステムは，労働性と専門性の効果的な契約というもので築かれた洗練されたストラクチュアに基づいている。しかし，規模の拡大によってますます広がっていく無慈悲な犠牲と，プロセスにおける個人性の減少とを導いているのは，このような組織化にほかならないのである。

展示パビリオン

万国博は,新しい市場を喚起する大量生産の国際的なショーケースであり,そこでは巨大な展示ホールの建設が求められていた。そんな,ロンドンのクリスタルパレス（1851）,パリのグランドパレス（1900）や,プチパレスなどは今でも残っている。これらの巨大な鉄とガラスのホールはそのときの社会の主張ではあるが,消費社会というものに従わされていた消費のための最初の宮殿だった（消費者は消費をするとともに自分たちも消費社会で消費されていたのだ）。

この新しい生産手段とシステムの時代は,短期間で大スパンの屋根を架けることを可能にするスチールを建材として使うという建設手段も生み出した。また,ガラス板を鉄の屋根フレームに嵌めることができるようになり,それによる透明性が,風通しのよい明るい雰囲気を巨大なホールに与えた。事実この新しい構造体は,外部環境に対して基本的なシェルターを提供するという点では実験に使うガラス鐘のようなもので,ふつうの建物というよりは,巨大な温室（ブリュッセルの近郊のラーケンや,ロンドンのキューガーデンといったものが現存する）にむしろ近いものだった（そういってしまえば,クリスタルパレスだって,伝統的な温室の建築に過ぎないのだが）。大きなスパンもまた,建物の内部にいるのではないという感覚に大いに貢献している。鉄を構造体に使うという,このような大きなスパンを実現する建築手法による新たな可能性が頻繁に利用された一方で,はたしてそれらが本当に機能的かどうかという疑問が生じてきた。それは機能的ではないだろう。というのは,どんなに巨大なガラス屋根が巨大空間を素晴らしく明るくしようとも,そこに残ってしまった数少ない柱が,新たな機能性を創造するには邪魔となっているからである。ここでいう真の可能性とは,新しい技術や可能性を求めるニーズによってのみつくりだされたものに過ぎないのである。エッフェル塔がある考え方を明瞭に示したのと同様,この思考は単に新しい建築の可能性に刺激されたものに過ぎない。巨大な屋根に伴い空間のアーティキュレーションを最小限にとどめようとする思考と,規模の大幅な拡大に伴い今日的な集中化を招いた思考の出現とは,実際のところ大いに関連していると思わざるを得ないのである。

167 168

169

公共の領域　69

プランタン百貨店,
パリ,1881-1889/
P.セディーユ

170 172
171

ボン・マルシェ,
パリ,1876/
L.C.ブワロー

スバルピナ百貨店
(ギャラリー・ラファイエット),
パリ,1900

パリのデパート

　消費と市場の拡大は,19世紀では鉄とガラスのエキジビションホールを生みだしたが,更にそれぞれの地域で巨大なデパートをも誕生させた。それぞれに独立した個人商店がひとつの屋根の下に多数集まって自分たちの品物を売っているといったような市場やアーケードとは違って,デパートはそこですべてのものが買えることを経営目的とするひとつの事業体なのである。それは雑貨屋ともいえるが,とにかく大規模で多彩な品揃えをもっている。雑貨屋では商品はカウンターの向こう側の背の高い棚に置かれていて,店員だけがそれに近付けるが,デパートでは,各階の床そのものがあたかも雑貨屋の棚のように,大きなセンターホールのどこからでも眺められる。そして重要な違いは,買物客自身が商品を手に取れるということであろう。ガラス屋根はほとんどの伝統的なデパートで見ることができるが(例えばパリのデパートのように),たとえそれぞれの売場が商品の違いによって分割されていてたとしても,全体としてはひとつの大きな店であるように見せるという空間的効果を,ガラス屋根は演出しているのである。スバルピナ百貨店のセンターホールは,一般市民を王侯然と迎え,堂々とした独立階段が格別に人を惹きつけたものだった(この階段は少しばかりの販売スペースの拡大のために結局取り壊されてしまっている)。

70　都市と建築のパブリックスペース

鉄道の駅

　拡大する鉄道網の建設は旅行と流通を促進し，世界を狭く（また広くも）変えたのであった。町や村につくられた駅は，かつての中世の城郭都市のようにその街づくりのシステムの基礎となっている。駅舎は町では新しいタイプの建物であったばかりでなく，それらは町の中心の重要な場所に建設されることが多く，鉄道に付帯する全く新しいタイプの都市施設や都市活動をもたらした。例えばホテル，飲食店，物販店など。そして多くの場合，それらは旅行者とはあまり関係なく，独自の発展を歩んだ。多くの駅舎のホールは，次第に屋根の架かった街のひとつの公共空間になっていった。そこでは他の店が全部閉まっていても，物が買え，貨幣の交換ができ，電話が使え，雑誌が買え，トイレに行けて，インスタント写真が撮れ，タクシーが拾え，簡単な食事ができるのである（それどころか非常に多くの駅がその凝ったレストランで有名にもなっている）。そしてカフェ，レストラン，ホテルといったその賑わいが，その周辺と一体となっていった。イギリスでは，ホテルはしばしば実際に駅の一部となっている。要するに，列車の発着を取り巻く賑わいや喧騒が，街の他のどの場所よりも，駅の周りに建物のよりいっそうの集中をもたらしたのであった。

中央駅，グラスゴー，イギリス

地下鉄の駅

　パリやロンドンの地下鉄のような都市交通網の出入口は，どちらかというと小規模で，街中に数多く散在しているが，それらは主だった鉄道駅と同じぐらいのインパクトをもっているといえよう。特に，パリの地下鉄の出入口は，その独特の形態によって，親しみやすく一目で分かりやすいランドマークとして，パリの街中のさまざまな地区で地上に姿を現すひとつの巨大な地下建造物のようだ。都市に対する鉄道のように，地区に対する地下鉄は，地区のアメニティとビジネスを誘発している。主要な乗換駅の迷宮のようなホールや小径は，大道芸人たちが，特に冬に街の地下街に居場所を探すとき，好んで集まる場所でもある。

ドーフィーヌ広場の地下鉄出入口，パリ，1898-1901／H.ギマール

公共の領域　71

public accessibility of private space

12 私的空間への
一般の人の近づきやすさ

　なるべく大勢の人びとを誘い入れるように意図された建物でも，いつもオープンしているというわけでもなく，その開業時間でさえ上からの御仕着せではあるが，しかしこれらの大きな建物は，公共的な世界の拡大という面では基本的には相当に寄与しているといえよう。

　それを強調する最もよい個性的な事例は，何といっても，19世紀のガラス屋根で覆われたショッピングストリート，すなわちアーケードであろう。多くの印象的な事例が世界中に未だに現存している。アーケードは，開放的な内部空間を創造するのに用いられた。アーケードはまた，新たな購買層に向いた売場をつくりだそうという，その時代の商業的な企てでもあった。すなわち歩行者の回遊動線はショッピングエリアの中心で合流するという具合になっていた。車両交通がないので，買物客に両側のショーウインドーをよく見せるために，その幅を狭めることもできたのだった。

175
176
177 178

パッサージュ・ドゥ・ケール，パリ，1779（175-178）
　アーケードの概念に関して，興味深いひとつの事例が，パリのパッサージュ・ドゥ・ケールの，その基本的な形態の中に見られる。その特異な内部空間の完璧な構築は，ある程度まである規則に従って建築的要素

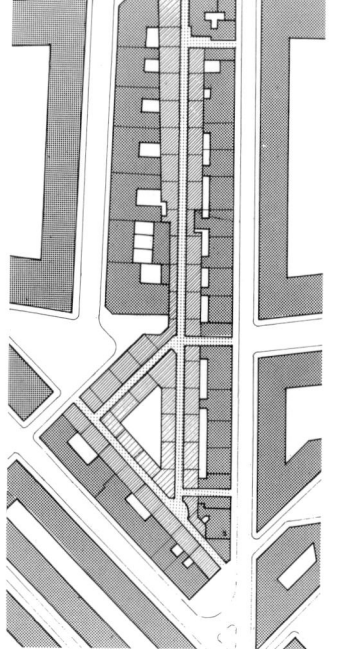

72　都市と建築のパブリックスペース

を自由に配置させるという合理的な秩序の原則に基づいており，街路に面する外側とも一体的に計画されている。この中の商店の多くは街路に面する部分ともつながっていて，主要な出入口に加えて，外と内とをつなぎ売場を抜けるインフォーマルな通路が展開し得るようになっている。

ショッピングアーケード

ショッピングアーケードを生み，花咲かせたパリでは（とくに1，2区には今も多くのアーケードが残っているが），屋内通路でつながっている街区が3カ所ある。ヴェルドー小路，ジェフロア小路，パノラマ小路である。それらは全体としてモンマルトル大通りを渡る短い連なりとなっており，もし続いていたら，天蓋をもつ歩行者道路のネットワークが周囲の街路のパターンとは全く無関係に発展したであろうことは想像に難しくない。

ショッピングアーケードは世界中のどこにでもあるが，その地域の事情によって形態も規模もさまざま

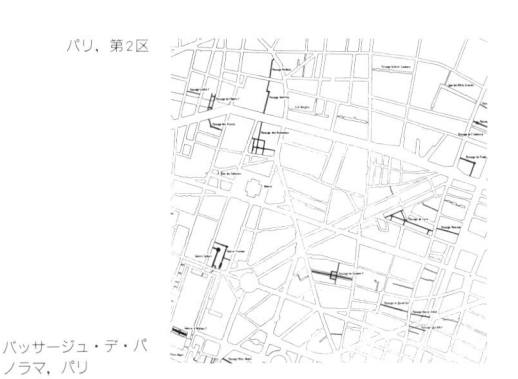

パリ，第2区

パッサージュ・デ・パノラマ，パリ

ギャラリー・ヴィヴィエンヌ

179 181
180 182

公共の領域　73

ストランド・アーケード, シドニー

183 184
185
186

で，その多くは高級なショッピングエリアという本来の魅力を失ってしまっている。とはいえ，ブリュッセルのギャルリー・サンチュベールやミラノのガレリア・ヴィットリオ・エマヌエーレなどのように豪華な店舗をもち，市街の中心地という印象を与えているものも多い（アーケードの歴史と調査分析に関しては，J. F. ガイスト，「パッサージュ，19世紀のひとつのビルディングタイプ」，ミュンヘン，1969に詳しい）。

アーケードの概念は，市街地の交通の激化に伴い，既存の街路形態とは別の歩行者専用のシステムの必要性が生じるに従って議論されてきた。19世紀のアーケードは，街区を短絡的に貫いて建物の内部空間を利用しようというのが，その当初の目的であった。建物は回廊で横断されたが，外観はなんの影響も受けずに，ファサードとして独自に機能しつづけていた。今日のデザインに見られる天蓋のある歩道の多くは，機能を内部に集中させていて，その外観といえばそっけないビルの裏側の壁のようである。こんな「建物の内外の裏返し」はいわばアーケードの概念の曲解でしかないのである。

ガラス屋根によって高々と長々と上部から採光された大きな回廊は，インテリアの雰囲気と，内と外という，ふたつの性格を兼ね備えている。内と外とは互い

左：ギャラリー・サンチュベール，ブリュッセル

ガレリア・デ・リンドゥストゥリア，スバルピーナ，トリノ

に連続的な相互関係で結ばれていて，そこに立つと，建物の内部にいるのかそれとも建物と建物の隙間にいるのか，その区別さえ難しい。建ち並ぶ建物と街路との対比が，私的な世界と公共的な世界とを区別するものだとしたら，アーケードでは周囲を囲まれた私的な領域が全体を包括していて，その対比は柔らかである。アーケードでは内部空間へはより入りやすく，街路はいっそう細やかに構成されている。そしてここでは街の内と外との関係が，空間的にもアプローチの原則に関しても逆転している。

アーケードの概念には，アクセシビリティに関する新たな原則が見出される。そこでは，パブリックとプライベートとの境界が置き換えられたり，一部では消滅してしまっていて，私的な空間領域へ外からいっそう近づきやすくなっている。

20世紀の都市化に伴い，ブロック型の街区で囲まれた空間はなくなり，「区画道路によって明快に分割された空間」という定義も崩壊しつつある。建物ごとの自治権が強くなり，建物間の関係も希薄になり，今では外壁も揃うことなく立ち並んでいる。今や建物は，広過ぎるようなオープンスペースに，互いに遠く離れてメガリッシュ（巨石柱）のように不規則に散在している。「廊下」のような性質をもった街路はその特質を失ってきている。

189 190
187 188

この新しい開放型ともいうべき方式は，特に集合住宅ではその外観を一新する革新的な方式だったが，「全体的なまとまり」ということに関しては悲惨な結果を招いている。それはほとんどすべての町に降り注いだ

184-188：ガレリア・ヴィットリオ・エマヌエーレ，ミラノ

公共の領域　**75**

イートンセンター,
トロント

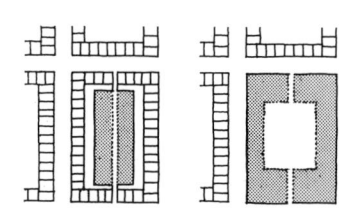

あろう。今となって,「街の内部を再建し,街路とその周囲に興味と関心を復活させ,そして確かな建物のファサードをもつこと」の必要性を悟るわけである。しかしこれは,街路を形づくる建物の壁面に,住宅が単なるアクセントとして点在していたり,装飾の小道具として扱われたりするようなことであってはならない。現代建築が居住環境の改善を目指していたこと,とりわけ住居に関してはその配置計画がより多くの日照や広い眺望や満足のゆく外部空間などの獲得を目指していたことを忘れてはならない。街というものは満足のゆく住宅が実現してこそ完成される。開放型の方式による都市化の最中にあっても,特に1920年から30年代にかけて設計された作品には,それぞれの質の高さに関するかぎり今日でも賞賛されるべき計画が数多く存在しているのだから。

悲運といってよいだろう。それぞれに独特の外観と専用の出入口を備えた独立した建物が増すにつれ,全体性は薄れ,私的空間と公共的空間との対立を招き,その溝はますます深くなってきている。たとえある集合住宅がアクセスギャラリーやインテリア化された街路や,周囲にプライベートなスペースを配する計画などを備えていたたせよ,この例外とはなり得ない。それぞれに散り散りに立つ建物による都市化は巨大な屋外環境を生み出した。しかしその屋外環境とは,よく見積もっても,単なる楽しげな公園的風景で,結局は「外」という感じが否めない程度のものにしか過ぎない。

既に第2次大戦以前に,近代の建築家や都市計画家が「この街に風穴を開ける」作業に取り掛かり,戦争がこの解体作業を進めてくれたのだが,この裁断作業を至る所で仕上げてくれたのは自動車交通の大流行で

191 192

193

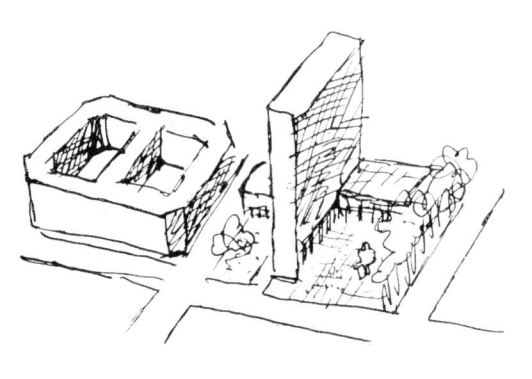

教育保健省, リオデジャネイロ, 1936-37／ル・コルビュジエ（193-196）

ル・コルビュジエは, 彼の信念に従い, 都市計画で予定されていた伝統的な街区計画には従おうとしなかった。彼は建物を, 周囲にそびえ立つような堂々としたファサードをもつ塊としてでなく, 自由な形態をもつものとして設計したのだ。それはピロティをもつ高層建築であり, 周囲を迂回することなく, その下を斜めに横切ることができる。柱の高さと間隔は, それによってつくられるスペースが開放感を感じさせるように決められた。その開放感は, このような場所では普通は期待できないものであるだけに, いっそう際だって感じられ, したがってそこに格別に刺激的な感動があるのである。

この計画でのコルビュジエの重要な提言は, 大きなスペースはともすると個人的に所有されて近づきがたいものになりがちだが, そこが近づきやすい場所でさえあれば, そのスペースは市街地全体に貢献するものになるということである。しかしこの提言は大切なものではあるが, 周辺がすべて同じ理念で設計されてしまえば, その効果が著しく失われてしまう。それこそすなわち, 今日の標準的な近代都市の景観なのである。

街路空間の質と建物の質とを相互に関連させて考えねばならない。モザイク模様のように複雑に入り組んだ相互関係は, それは都市生活そのもののようだが, 相補的な空間と, それと表裏の関係を備える形態とによる空間的構成を必要としている。そこでは, 建物と屋外空間との境界は明確なものではなく, 柔らかな目立たぬものに変化し, 相互の通り抜けもできるなど, 最大限のアクセスが配慮されているというような…。そこでは, もしゆっくりと建物に入っていけば入口は一瞬にして通過してしまう一点としてではなく段階的に経験され, 建物の内部でも公共の場でもない広がりのある場所となる。そのようなアプローチの手法が最も顕著に見られるのがアーケードであり, 今日もまだアーケードが利用されているのは何も驚くことではないのである。

公共の領域　77

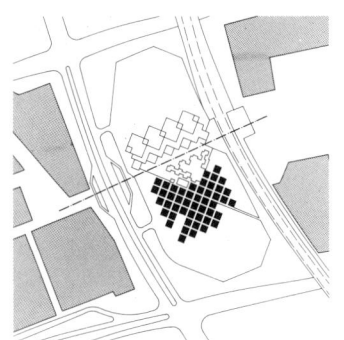

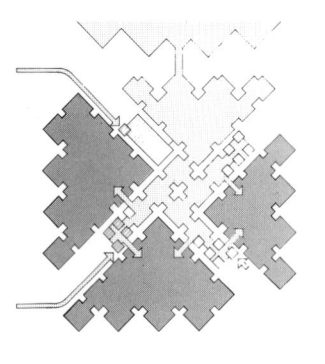

セントラール・ビヘーア・オフィスビル（197-200）
　これは今世紀前半の代表的なオープンコンストラクションの伝統を徹底して継承した都市計画である。つまり，建物を厳格にそろえる配置もなく，街路の壁面線もなく，したがってその周囲の建物と何の関係ももたない自律的な建築の設計を必要とするような都市的プランである。一個の巨大な量感をもつ構造物の代わりに，多数の小さな構成要素による集合体であり，アーケード風の回廊で空間が小区画に分割されている（アーケードは共用アクセスの空間となっている）。
　更に，その施設のあちこちに出入口があるために，ひとつの建物というより，ひとつの市街のようであり，一種の居留地のようでもある。
　スタッフは仕事場を離れて休憩したい場合は，集合体のセンターに散在して設けられているカウンターで談話やコーヒーが楽しめる。それはあたかも街の中心をぶらぶら歩いているようで，まさにこの部分は公共の場というにふさわしい。
　もし最初のプランがそのまま実現していたら，この建物への公共的アクセスはもっと容易になっていたにちがいない。もともとはアペルドールンの新駅をこの施設に連続させて，セントラール・ビヘーアから直接プラットホームに行けるようになっていたのである（計画はオランダ鉄道との間で，施設のなかに乗車券の発売所を設けるところまで進んでいた）。
　この建物において膨大な数の建築的構成要素がつくりだしているアーティキュレーションは，アクセシビリティの原則——ここではすべての方向から徐々に段階を踏んで奥へ進むという原則——から実際的に導か

197 198
　　199
200

78　都市と建築のパブリックスペース

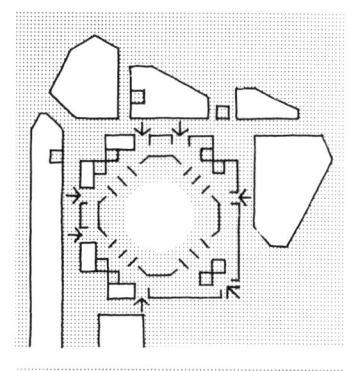

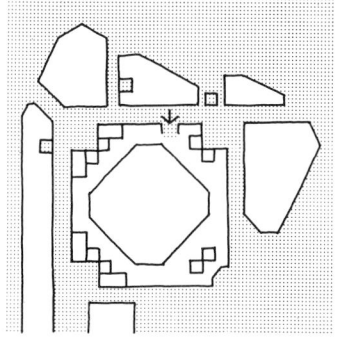

れたものである。

　公共の場所でますます深刻になってきている防犯対策のために、セントラル・ビヘーアでも公共的アクセスはある程度制約されてしまった。今日では入口のすべてがテレビカメラで監視されており、全施設に対してひとつの出入口だけに絞るべきとの要望も出されている。しかし、エントランスは、2棟の建物のそれをひとつにまとめて以来、ますます分かりにくくなってしまっている。

フレーデンブルフ音楽センター、ユトレヒト (201-203)

　この建築は、従来の音楽の殿堂という感じの伝統的なコンサートホールの形態を避け、もっと気軽に訪れることのできる魅力的な雰囲気をもつように計画された。全体的な「イメージ」の改革とともに、近づきやすさの「メカニズム」も徹底的に改められた。ここでは正面性が強調された入口から入るのではなく、ゆっくりと次第に段階的に建物に入っていく。まず屋根のある歩廊を通り、たくさんある入口のひとつを入ると（デパートのように）、音楽センターのロビーに出て、そこから実際のオーディトリアムに入るのである。歩廊（またはアーケード）に面したたくさんの入口によって、それがすべて開放されたときには直接広場に面するようにもなり、あるときには建物全体を一時的に街路の一部のようにすることもできる。実際そのように、ランチタイムに毎週催される無料コンサートなどでは利用されている。そんな日には、買物客が入ってきて、コンサートにびっくりして、時には聞くつもりのなかったコンサートに耳を傾けたり、あるいは隣の通りへの近道にしたりしている。

公共の領域　79

シネアック映画館，アムステルダム，1933／J. ダウカー（204, 205）

ダウカーは，この小さい土地にすべての建築的プログラムを斜めに収めることに見事に成功しているだけでなく（1センチの無駄もなく），出入口のあるコーナーを開放して街角をパブリックスペースとして利用され続けるようにしたのであった。高い円柱の背後に回り込むガラス張りの曲面のオーイングに導かれるようにして，ノンストップ・フィルムショーの切符を買いたくなってしまいそうである（このオーイングは1980年には木材に張り替えられてしまい，看板の照明もはずされて，ダウカーの最後の傑作もその美しさを失ってしまった）。通りに対して復元されたこのスペースは，角地という立地条件と，使用された材料が壁もオーイングも床も同じであることなどにより，この建物の求心的部分となっている。このスペースはプライベートであると同時にパブリックでもあるのである。

インテリアとエクステリアとの相対的な思考の表現は空間構成の第一歩にして最大のテーマであるが，あるひとつの場所がより街路的な雰囲気を備えるか，あるいはインテリア化していくのかは，その空間の質的な要素によるところが大きい。ある場所で，それがインテリアかエクステリアか，あるいはその中間的空間に感じるかということは，その場所の広さ，形，使われている材料などに深く関係している。

　セントラール・ビヘーア（206）でもフレーデンブルフの音楽センター（207）でも，半街路空間を狙ったスペースは，伝統的なショッピングアーケードのように，特に高く狭くそして上部から採光されている。このような断面構成は昔の都市の小路を想わせるもので，そこにいつも外で見慣れた素材をその壁や床に用いることで，その感じはさらに強調されている。ミュージックセンターでも，さらに奥に入って見ると，この感覚が，床に壁に木材が使われていることで，強調されている。隣接するショッピング地区のホーフ・カタレイネは大理石でペイヴされ，より広く，ここも上部から照らされている。しかしその水平の空間要素，強烈な人工照明や光り輝く贅沢な大理石などが，ホーフ・カタレイネを，本来そうであるべきパブリックスペースというよりも，巨大なデパートに見せてしまっているようだ。

206

207

公共の領域

ソルヴェイ邸，ブリュッセル，1896／V. オルタ
(208-211)

　ファサードにある扉は確かに建物の正面玄関なのだが，そこに入ってもいつものようなホールに出るわけではなく，建物をまっすぐに通り抜け，裏庭に面するもう1カ所の扉に至る通路に出てしまう。この通路は，雨に濡れずにこの館の本当の玄関で降りられるように，馬車を乗り入れられるようにと考えられたものである。本当の玄関はファサードから見て右側に設けられており，そこからホールへ，前面と後面の全壁面に沿って客室の並ぶ2階に上る階段へと，連続した空間構成が始まる。オルタの個性的なガラス・パーティションの使い方がこの階段室に開放的な雰囲気を与えている。この建物内の通路は，実際には全くプライベートな空間なのに，街路の続きのような印象を与えている。この印象は，ここで使われている街路のような素材，特に石の舗装と一段高くなっているその縁石によって強められている。オルタの個性的なディテールは，歩道とファサードとの流れるような連続性にも見られる。建物と街路の境，すなわち公共用地と私有地との境界線は，ここでは定かでない。建物の壁面と歩道の素材が同一であるため，境界はそもそも全く存在していないかのように見える。境界線をつくらないように，オルタは市当局といったいどんな交渉をしたのだろうか。

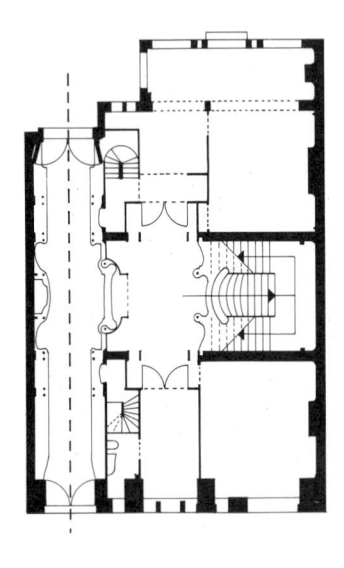

パッサージュ・ポムレ，ナント，フランス，
1840-1843（212-214）

　ほとんどのアーケードでは，外部空間としての素材や形態が使われているが，ときにはそうでないものもある。ナントのポムレ小路がその例である。異なったレベルで2本の通りに挟まれ，街区を貫くこのアーケードは，現存する最も美しいアーケードのひとつである。そこには木製の大階段で結ばれたさまざまなレベル差があり，それを中心の空間から眺めることができる。

　このような場所では稀な木材を使うことによって，室内にいる感じを視覚だけでなく聴覚ででも演出している。ここでは，屋内と屋外との関係性に二重の意味

が与えられており，このアーケードはインテリアとエクステリアの問題をどう解決し得るかということの良い事例となっている。

「書簡」ピーター・デ・ホーホ（1629-1684）（215）
　ピーター・デ・ホーホの絵画は室内と室外のもつ相対的概念を，空間的にだけではなく，素材と光の変化に伴う温度の表現として，論証してみせる。
　そのインテリアは，冷たく光るタイルと極めて簡素な窓を背景にしていて，日を受けている外のファサードの温かさとは対照的な，しかし戸外のもつ冷気を感じさせている。上り框のない開放的な正面のドアは，居住部分とカーペットが敷かれているような街路とを滑らかにつないでいる。室内と室外の役割がここでは逆転しているように見受けられるが，そんな空間の演出には近づきやすさという表現も潜んでいるように感じられるのである。

　室内で屋外用の材料を用いると室内のもつ親密な雰囲気が失われるように感じられるのと同じく，室内的な設計を屋外空間に応用すれば外部をより親密な雰囲気にすることができよう。それは，空間的なアクセシビリティの感覚と親密さという感覚とを強調するように内部と外部とを関係づけ，かつ曖昧性を導入するということである。
　「緩やかな連続」という建築的な表現がそのまま，緩やかな出入りを約束するものとなるのだ。高さ，幅，照明（自然光でも人工照明でも），素材の変化，レベル差のある床面の構成など，建築的な手法によって全体的な空間体験というものが浮き彫りにされるのだ。内と外とが交錯し，連続しながらさまざまに変化していくにつれ，過去の同じような体験が呼び覚まされ，それがさまざまな連想を喚起するのだ。内と外の変化を感じるだけでなく，更にそれにふさわしい「用途」をも感じるのだ。前章では，場所の使い方，責任感，十分な気配り等はすべてそれぞれの領域の条件や管理に関係しているとの立場をとったが，しかし建築では「空間の明確なイメージがある種の使い方を喚起させる」ということがある。そこでは，パブリックとプライベートといった考え方は管理上だけの問題になる。
　建築的な手法の適切な選択によって，私的な領域が城塞のようでなくより近づきやすくなる。公共的な領域もそれに直接携わるひとりひとりの責任と保護ということについて，実のある回答が導かれたとき，より頻繁に利用される豊かな場所となろう。60年代末には特に，建物の開放性や中心的な公共の場である街路の復活などが求められる傾向があったが，最近では逆に，アクセシビリティを制限し，侵略の恐怖から逃れようと自らの城に籠もって安心を求めたりする傾向が目立つ。しかし，空間的な開放性と閉鎖性とのバランスが，真に公平で開かれた社会を反映するかぎり，（オランダではそれに関しては確固たる伝統が築かれているが），建物は基本的には近づきやすく街路は基本的に人びとを魅了し誘うという社会が実現できるといえよう。

215

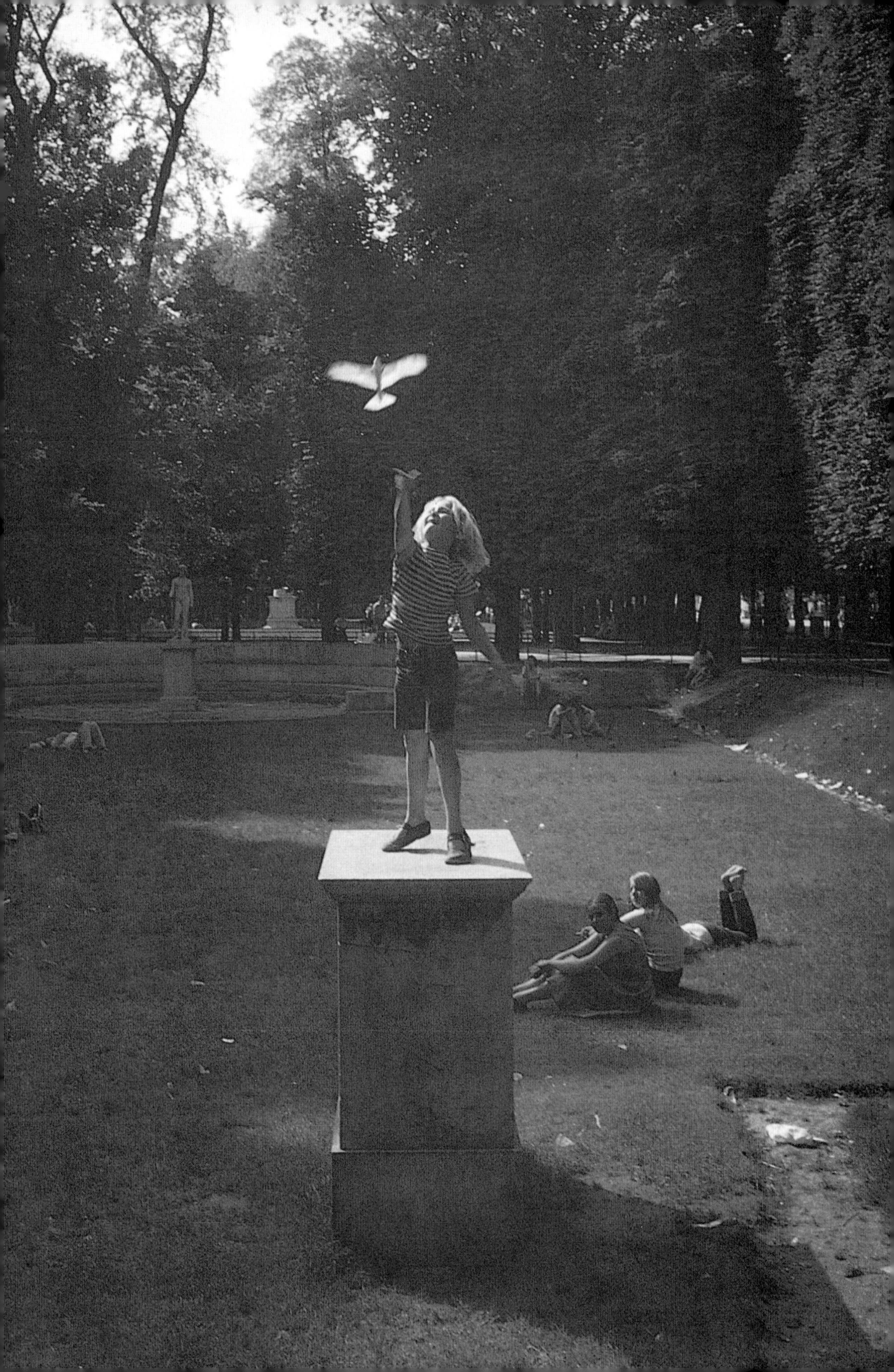

making space, leaving space

第2部 空間をつくること，つくり込み過ぎないで残しておくこと

　　強制の反語は自由ではなく，協力である。強制とは否定的な現実であり，協力とは肯定的な現実である。自由とは，その帰着としての任意の選択なのだ。運命，自然，人類による強制：その反語は，運命や自然や人類からの解放ではなく，それらとの協力である。この絆を達成するには，人びとはまず最初に自立した存在でなくてはならないのだが，自立とは狭い道筋（a narrow path）を意味しており，ゆとりのある空間（living-space）ではないのである。
（マーチン・ブーバー，「教育論」，ハイデルベルグ，1953）

1　ストラクチュアと解釈　90
2　形態と解釈　92
　アムステルダムの運河
　メクスカルティタン，メキシコ
　エスタジェル，フランス
　アウデ運河，ユトレヒト
　ランブーレ通り・バスチーユの高架橋，パリ
　ディオクレティアヌスの宮殿，スプリット，ユーゴスラビア
　アルルとルッカの円形劇場
　バリ島の寺院
　ロックフェラープラザ，ニューヨーク
　コロンビア大学，ニューヨーク
3　生成の基軸としてのストラクチュア：縦糸と横糸　106
　アルジェ計画／ル・コルビュジエ
　住民参加のデザイン：マスハウジングの終焉／N. J. ハブラーケン
　ハウスボート計画
　デーフェンター・ステーンブルッへの集合住宅計画
　デ・スハーレム，近隣センター計画
　地下歩道計画，アペルドールン
　集合住宅，ウェストブルゥーク
　自由大学，ベルリン／キャンディリス，ジョジック，ウッズ
　住区計画，ベルリン／S. ヴェヴェルカ
　サヴォア邸，ポワッシー，フランス／ル・コルビュジエ
4　グリダイアン　120
　バルセロナの都市拡張計画案／I. セルダ
　マンハッタン，ニューヨーク
5　ビルディング・オーダー　124
　子供の家，アムステルダム／A. ファン・アイク
　リン・メイ，アムステルダム
　デ・ドリー・ホーフェン，老人ホーム，アムステルダム
　セントラール・ビヘーア・オフィスビル，アペルドールン
　フレーデンブルフ音楽センター，ユトレヒト
　社会省，ハーグ
　アポロ・スクール，アムステルダム
6　機能性，柔軟性，多義性　144
7　形態と利用者：形態としての空間　148
8　空間をつくること，つくり込み過ぎないで残しておくこと　150
　ヴィースパー通りの学生会館，アムステルダム
　モンテッソーリ・スクール，デルフト
　フレーデンブルフ広場，ユトレヒト
　ディアホーン集合住宅，デルフト
9　気をそそるもの　162
　柱
　支柱
　ベルリンの集合住宅／B. タウト
　穴開きビルディングブロック
10　形態，それは楽器のようなもの　168

structure and interpretation
1 ストラクチュアと解釈

　第1部ではパブリックとプライベートとの互恵関係を述べた。それぞれの状況での責任のあり方と、その責任を人びとがどう受け止めているかということに少しでも留意すれば、パブリックとプライベートとのバランスに建築家が何を貢献し得るかということにも言及した。

　本章では物の形とその使い方との互恵関係について述べよう。形態が使い方や体験を一方的に決めるのではなく、形態とはまた解釈されるものであり何かしら影響を受け得るものであるとすると、形態そのものも使い方や体験によって決定されるものといえる。大勢の人々のための万人向きのデザインという集団的な発想がされるかぎり、それを使うひとりひとりの視点でそのデザインがどう解釈され得るのか、想像できるかぎりのさまざまな解釈について、ある場面での一時的な解釈だけでなく、年月を経て変化してゆく場合の解釈を含めて、考えていかねばならない。

　万人向きの物と個人の解釈との関係、例えばある形態とその使い方や体験との関係は、言語と口語との関係と比べることができる。言語は集団的な道具である。語法や構文の仕来たりを守り、相手の知っている単語を用いるかぎり、言語はそれを使う人びとにとって、考えをまとめ互いに伝えあうための共有財産である。ここで注目すべきことは、全く個人的な感情や関心事を個人的な表現で話すときでさえ、他人から理解されるということである。

　なおその上に、口語は言語を伝える働きだけをしているのではなく、逆に言語もまた口語によってしばしば影響を受け、その影響の繰返しによってやがて変わってゆく。すなわち、言語によって口語が決まるだけでなく、口語によって言語そのものも決まってくる。両者は弁証法的な相互関係にあるのだ。

　ストラクチュアという概念は、時に物事を明瞭にするよりむしろ曖昧にするものでもある。何でもまとまっているように見えさえすれば、ストラクチュアと一言で呼ばれてしまうのである（更にその言葉には、例えば政治はもちろん、団体や企業のなかのいわゆるストラクチュアル・シンキング——大組織病という良くない連想すら働く）。そんなストラクチュアとは、新しい弾圧の形であるともいえる。現在ではどんな建物でも構造的な面が目立ち、それがコンクリート造かどうかにかかわらず、プレファブ部材の繰返しが見られ、グリッドやフレーム、緊結部材や可動部材などが少しでも使われていれば、出来栄えの良し悪しにかかわらず、すべてストラクチュアリズムというレッテルを貼られるのである。ストラクチュアあるいはストラクチュラリズムという言葉の本来の意味は、あまりに数多くの建築専門用語のなかに埋没してしまっているのが現実のようだ。ストラクチュアリズムとは、もともと文化人類学から生まれた思考法で、特にクロード・レヴィ＝ストロースによって展開され60年代にパリで一世を風靡し、さまざまな社会科学に影響を与えたのである。その用語はストロースと密接に結びついている。彼の思考は、前述した万人向きのパターンと個人の解釈との関係において、建築に特に強いインスピレーションを与えたのであった。

　ストロース自身は、ラングとパロール、つまり言語と口語との区別を最初に研究した言語学者であるフェルディナン・ド・ソシュール（1857-1913）に感化を受けている。言語とは、言葉によって伝えられることすべてを表現する可能性を原則として備えている優れたストラクチュアであり、思考を可能にする必要条件なのである。思考は言葉が秩序立てて明確に語られるかぎり存在していると考えられる。言語は、あるアイデアを伝えるためにだけ使われるのではなく、表現するときにアイデアそのものを形成するのだ。口に出して言うことと思考は同時プロセスなのだ。考えながら話し、話しながら考えるという、この価値の一貫した拡大のシステムにおいては、さまざまな相互関係がルール化されているが、そこには多分に行動の自由が残

されている。自由を縛るはずのルールが自由を許すという，逆説的なことが起きているのである。

　ストラクチュラリズムの概念では，こうした考え方がさらに広がって人間のあり方を包含するまでになっている。そこでは人間はトランプのように，その可能性が一定に固定されながら，ある場面場面に適応することで，さまざまなゲームに使われるのである。

　さまざまな文化は，それが原始的であれ文明的であれ，同じゲームの変化形を行っているに過ぎない。そのゲームの主たる遊び方は定まっていながら，その解釈は絶えず変化しているのである。
（レヴィ＝ストロース，『野生の思考』，1962）

　レヴィ＝ストロースはさまざまな文化における神話や伝説の比較研究を行い，同じ主題が繰り返し現れることを認め，変形の法則をあてはめれば，構造は高い確率で一致するという結論に達した。それぞれの文化で行動パターンは異なっていても，それは互いに変化形に過ぎない，どんなに異なって見えても，それらが機能を果たすシステムとそれらの関係は本質的に一定であると主張した。

　「同じように，写真のポジとネガとを比べれば，ふたつの画像の違いはあっても構成要素間の関係は同じだということに気づくだろう」（ミシェル・フーコー）

　もっと平易に言えば，根源的なレベルで考えれば，さまざまな状況でさまざまな人びとが違ったやり方で同じことをし，同じやり方で違ったことをしているということだ。

　「人間形成は人間が人間たる所以だが，大切なことは形成される過程で何を成し得るかである」というサルトルの言葉は，人間の可能性には限りのあるなかで，どこまで自由に到達できるかということを言ったものといえよう。

　ストラクチュアの概念を最も端的に示す事例にチェスゲームがある。もともと子供でも知っているコマの動かし方のいくつかのルールに従いながら，上手なプレーヤーともなれば無限の可能性を創りだすことができる。上手なほどゲームは豊かなものになる。そして経験によって正式なルールから，それまで公式に認められていなかったサブ・ルールが生まれ，それが熟練のプレイヤーの手にかかると正式のルールのようなものに変えられ，もともとのルールに影響を及ぼしゲームのシステムを広げ規定していくことになる。更にチェスはルールが自由を制約するものでなく自由を創りだすものであるという良い事例でもある。アメリカの言語学者ノーム・チョムスキー（合衆国のベトナムへの干渉に反対したことで特に記憶される）は，レヴィ＝ストロースの神話間の比較と同じ方法で諸言語を比較し，すべての人類に言語能力上の相似性があるにちがいないとの結論に達した。彼は，すべての言語がその根本的部分でたどりつくことができる一種の基本形として，「生成文法（generative grammer）」をその出発点として設定し，それに対しては誰もが生まれつき能力が備わっているとした。そこでは異なる言語は異なる行動と同じように相互の変形として捉えられる。一般論として，この認識はユングの「原型（archetypes）」に近いものと考えられる。こう考えてくると，類似した背景に基づく形態の創作や空間の構成も，それをさかのぼっていくと最も異なる文化でも人びとに共通する先天的な能力へと行きつき，本来同じ「原型態（arch-forms）」をさまざまに解釈しているに過ぎないという感覚にもいたる。さらにチョムスキーは「言語能力（competence）」と「言語運用（performance）」という概念を提起している。「言語能力」とは各人のもっている自言語の知識であり，「言語運用」とはその知識を具体的な状況で使うことをいう。これをラングとパロールに代わる関係として一般化すれば，建築との関連性も分かりやすくなろう。建築の言葉では，「言語能力」とは「形態に備わった解釈され得る可能性」を示し，「言語運用」とは「ある具体的な状況での形態の解釈のされ方」を示すことになるのである。

form and interpretation
2 形態と解釈

　広い意味で，「ストラクチュア」とは集団的で一般的で客観的でありながら，実際の場面ではその場その場の期待や要求に即して解釈され得るものを示している。ここで建築や都市計画に関係づけて「ストラクチュア」を語ることもできるだろう。すなわち，それ自身はほとんど変化しないのだが，新たな使い勝手に対して新たな機会を幾度となく提供し続けることでさまざまな状況を包含する「大きな形態」というものが存在するのである。

アムステルダムの運河（216-220）
　アムステルダムの運河のパターンは，都心に独特のレイアウトを与え，そこでは道に迷うということも少ない。同心円状に幾重にも広がる運河によって，中心

街のどこにいても方角を見失うことがないばかりか，その重なりはちょうど木の年輪のように，時の経過も示しているのだ。防御的な構造というそれらの最初の機能は，今では単にその独特のレイアウトに面影を残しているに過ぎないが，そのレイアウトが今や最初の機能よりはるかに多くのものを提供しているということは疑いないところである。防御の目的の他に，運河はアムステルダムの富を支えた周辺地域との物品の搬出入の輸送路としてもっぱら使われていた。そして公共汚水システム以前の時代では，それらは都市の排出物のための開放式の下水路でもあった。今日では，運河は都心における主要なグリーンベルトを構成している。そして観光ボートは，川面という格別な視点から，アムステルダムの建築の美しさを堪能する機会を多くの旅行客に提供している。しかし，運河はとにかく膨大な土地を占有するものであり，そのことが都市の拡大が最優先された時代には特に問題視されたのであった。運河の占める土地が1950年代と60年代に膨大な割合になると予想された交通問題の解消に役立つとみられていたのだ。オランダにおける多くの運河はそのころに塞がれてしまっている。回復不可能なダメージが，多くのオランダの町や都市になされたのであった。アムステルダムでは，放射状の運河の数を制限されるに留まった。幸いなことに，主要な運河のそのユニークな半円状のレイアウトには手が加えられなかったのであった。ハウスボートはいくつかの運河で黙認された。なぜなら，当局は，厳しい住宅難の時代に住居の代わりとなる，その重要性に気づいていたからである。しかし当局は，なるべく早期にそれらをすべて取り除きたいと考えている。当局には，そのインフォーマルで変化あふれる多様性が，特に街の全体風景がフォーマルで威厳に満ちた建築によって支配されているアムステルダムの運河沿いにおいては，如何に生き生きとした街づくりに貢献しているかという認識が欠けているのだ。古い写真を見ると，運河で営まれていた貿易によって，運河は全盛期にはもっともっと慌ただしく喧騒に満ちていたことが分かる。そのころの都心は，美しい建築によって形作られているだけでなく，その都心の心臓部にまっすぐ入ってくる積荷を載せた多くのボートがいたるところで活躍する，生き生きとしたカラフルな賑わいによっても形作られていたのだ。都市の景観は，何よりも季節によって移ろう。特に運河沿いでは，木々が裸となってしまう冬と夏とでは，全く異なった空間効果を生み出す。それによってさまざまなファサードが空を背景にくっきりとシルエットを描き，都市を絵画のように映し出す。そして，運河が凍り，運河に沿って走る通りからスケーターの点在する運河そのものに意識の焦点が移るとき，都市の風景も大きく変わるのである。このように雰囲気と空間の感覚との両方が変化するというのは，どちらかというと稀な出来事といえよう。

ヒーレン運河，アムステルダム 1672／ヘリット・ベルクヘイデ

219 220

221

空間をつくること，つくり込み過ぎないで残しておくこと 93

メスカルティタン，メキシコ（221-223）

さまざまに使われ得る環境を生み出そうという願望は，時として，ある特殊なローカルな事情に刺激されることがある。メキシコのサンペドロ川に位置するメスカルティタン村においては，夏の終わりの豪雨による水位の定期的な変化が，街路を一時的に運河と一変させる。それによって村全体が全く変わってしまう。

村での生活は，これらの自然の条件によって大きく左右されるのだが，街路は交通に輸送にと，もともとの利用性を少しも損なうこともなく効率的に使われているのである。

エスタジェル，フランス（224, 225）

地中海に注ぐ多くの川の流れは季節によって，年間を通してかなりの量の変化がある。ペルピニャンに近いエスタジェルでは，アグリ川が季節によって現れたり消えたりしている。それは全く存在しないこともあり，あるいは古い川底に沿って急速な流れを見せたりもする。しかし，それが乾き上がっているときでさえ，川はその小さな街を支配しているのである。乾燥期には川底——セメントの大きな溝——はひとつのパブリックスペースとなり，地域の子供たちの格好の遊び場となる。その川底の真ん中を走る排水溝が，街路からの雨水を集める。この溝と川の関係は，川と街の関係のミニチュア版といえる。乾期と雨期との水量の変化に従って，溝と川はそのサイズを変える。子供たちにとってそれは，彼らのさらなる遊び場でもあり，また大いなるときめきとともに，それが川であることの問題を投げかけてくる，れっきとした川という存在でもあるのだ。

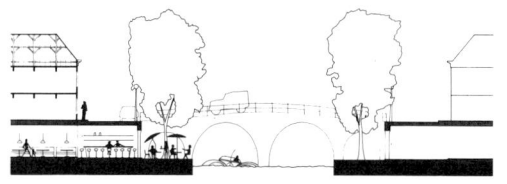

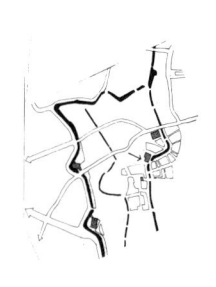

アウデ運河，ユトレヒト（226-233）

ユトレヒトでは，街路と運河との自然のレベル差が特有の効果をつくりだしている。14世紀には，すでに物資は運河を渡る平船で運ばれていた。それらは街路より低いレベルにある倉庫の前の岸壁で積み降ろしされた。これらの倉庫は街路の下に連続していて，上の街路に面する店舗の地下階となっている。このように岸壁と単純に垂直につながっていることによって，商品は簡単に上げ下げされたのだった。ある所には，荷馬車が道から岸壁へ往来できるスロープのトンネルがあった。それを利用すれば街のどこへでも行けたのであった。

水上輸送という永年の習慣が終わったとき，これらの岸辺は本来の機能を失ったわけだが，近年になって，その倉庫などがテラス・カフェやテラス・レストランとして使われ始めた。それらの倉庫は，水上輸送が行われなくなって以来，地上の店舗との関連も失せ，岸辺も全く使われることなく放っておかれていたのだった。それが現在，新しい用途に生まれ変わって古い岸辺が再び利用されるようになった。そして天気がよければ，そこは再び以前のように人びとであふれている。それらは実によい位置にある。そこは1層分もある運河の壁によって，風を避け交通の騒音から守られている場所なのである。運河の両側の壁と壁との距離も，街路から低くなって水面に沿う岸辺も，実に心地よい広さと寸法なのである。運河がちょうど曲がってゆくこの場所は，視界を妨げられずに，ほどよい囲われた雰囲気をもっているのである。

そして，（これをデザインすることなどは誰にもできっこないことだが）この低い岸辺には木々が美しく生長している。それが他の何物にも増して，旧市街の真ん中のこの場所に，ユニークで心地よい雰囲気を自然につくりだしているのだ。もともと都市的な目的のために築かれたものではあるにせよ，それが1世紀後の今日，何ら基本的な変更も必要とせずに全く違った種類の場所として生まれ変わっている。その運河の水が凍れば，そこは自然のスケートリンクとなり，岸辺は一休みするのに絶好の場所となり，上の通りには見物人があふれる。こんな変化を見ると，このような都市形態とは，状況に即して適合してゆくという意味で，単なる絶対的な広さだけではない，それ以上のものであるともいえよう。

スケールはかなり大きくなってしまうが，パリのセ

空間をつくること，つくり込み過ぎないで残しておくこと

ーヌ川の岸辺は，こことは似て否なる状況となっている。そこではこじきは橋の下の住みなれた場所から追い出され，今や幹線交通網が岸辺を占領してしまっている。

ランブール通り・バスチーユの高架橋，パリ（234-243）

多くの都市の，交通幹線がその都市の密集に入らんとする所のように，この高架橋も鉄道のために建造されたものである。そしてその72のアーチは，とにかく何でも役に立ちそうな用途で満たされている。この高架橋は，それぞれが自由に使われ得るように明確に仕切られた一連の区画をつくりだす，その「枠組み」となっている。この高架橋の構造体は，いつの時代にもそのままの姿であり続け，新たな目的がその周辺に新

96　都市と建築のパブリックスペース

たな意味を付け加えてゆくような，そんな新たな目的をいつもかなえながら，結局大きな変化もなく残ってきたのであった。

注目すべきことは，この半円形のフレームのなかにつくられた建物が，ほとんど注意も引かず目立たないものであるということである。アーチのフレームとは，建物をつくるには相当に不便で，個性豊かな形の創作には何の刺激にもならないもののようだ。もっともこれがこの世の真実だとすれば，すべてのアーチは独立住宅と同じ原理で建てられる建物で埋まってしまうにちがいないが。

この高架橋そのものは，インスピレーションを湧き起こすものではなかったが，そうかといって全くの邪魔ものというわけでもなかった。石造の長い障害物として，この細い側道が一直線に延びていったところで，そんなものは都市の組織構造のなかに溶け込むか，溶け込まれていってしまうものなのである。高架橋は，既に鉄道に使われておらず，今では，バスチーユ駅の敷地だった場所に建設された新オペラ座へ向かうプロムナードとして使われている。現代の文化と全く保守的な秩序の理念とに基づくもっと表現性のある外装で，このアーチを満たしてゆこうという計画があるのだが，もしそうなればこの「ユニーク」な都市のモニュメントも，「標準レベルの発想」に道を譲らざるを得ないことになってしまうことだろう。

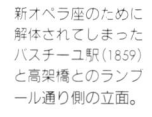

239
240 241
235b
242 243

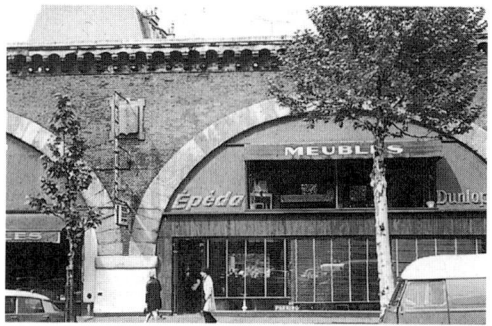

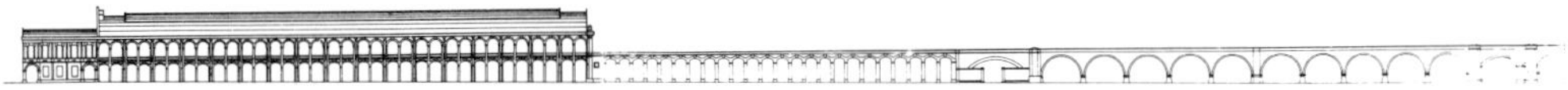

新オペラ座のために解体されてしまったバスチーユ駅(1859)と高架橋とのランブール通り側の立面。

空間をつくること，つくり込み過ぎないで残しておくこと　97

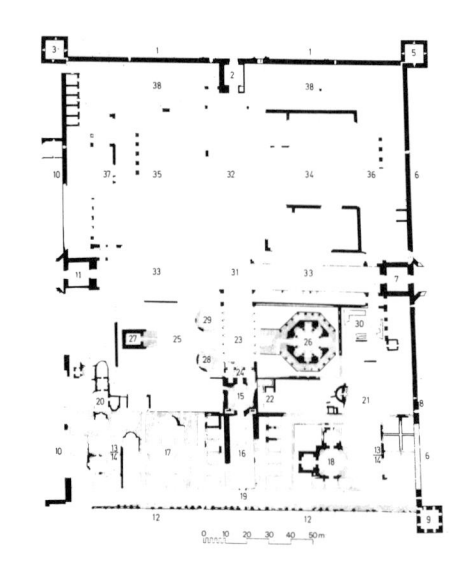

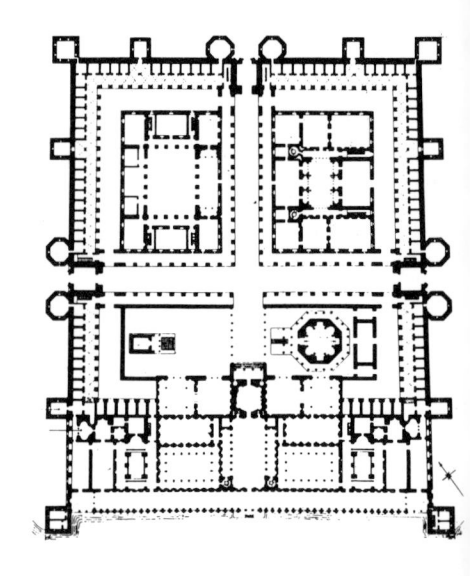

244 245
246
247 248

ディオクレティアヌスの宮殿，スプリート，クロアチア，4世紀（244-251）

「スプリートの皇帝宅，3000人の街に変わる」と題して，建築家バケマが，今でもスプリートの中心街を形成しているローマ時代の宮殿の遺跡について書いている（フォーラム誌1962年2月号）。かつて宮殿の一部であったものが，今では住居の壁となり，かつてのニッチが部屋となり，宮殿のホールが住宅に変わってはいても，至る所にそのストラクチュアの元々の機能を彷彿とさせるものが残っている。この巨大な建物は，周囲の街に完全に融合されていて，街がこの建物を受け入れるように自らを完全に適応させていたので，新しい異なった目的にもかなうことができたのであった。

これこそ，メタモルフォーシス(metamorphosis)とい

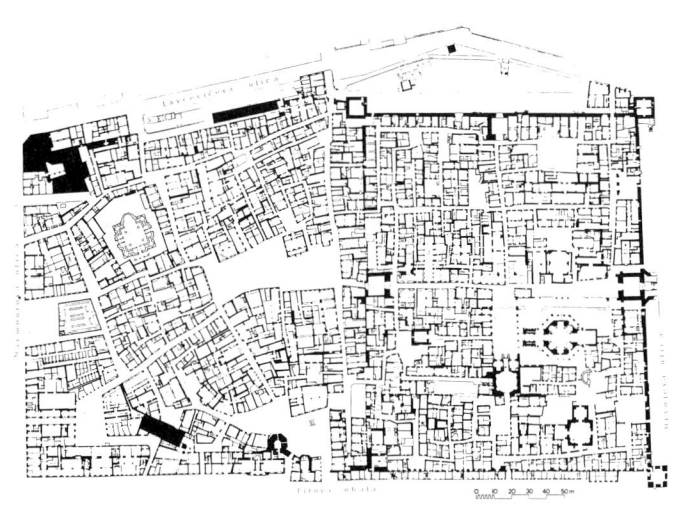

うことである。オリジナルのストラクチュアを内在しつつも、古いものが新しいものに飲み込まれてしまったとき、もし後から入ったものを取り除くとすれば、構造的な意味で何が残るのかという不思議が生ずる。このプロセスは不可逆的であり、宮殿はそこに内在しているのだが、宮殿そのものは再現し得ないのである。それは、どんな状況においても、オリジナルストラクチュアの上には何も適合しないのだということでもある。とにかく、ストラクチュアなどからは何も起こりようがないということなのだ。

スプリートの事例は、形態と機能の乖離を明快に示しているという点で特に興味深い。それはすでに1962年に、円形劇場のような建築的形態について思考する上で、私たちのインスピレーションの源になっていたということも付記しておく。もっとも円形劇場の方は、スプリートの宮殿とは違って、新しい利用形態を単に容認するだけでなく、その独特の形態とストラクチュアとによって新しい応用を喚起さえするものであるが……。

249 250

251

空間をつくること、つくり込み過ぎないで残しておくこと

アルルとルッカの円形劇場（252-254）

　アルルの円形劇場は，中世の時代には要塞として使われていて，その後その内に建物が建てられ，19世紀まで人びとの住む街となっていた。ルッカの円形劇場は，街と一体となっていて，公共の広場として開放されていた。名もない網の目のような都市構造のなかで，その楕円の空間はランドマークであり，その名前とアイデンティティで周辺の地理も案内しやすいものになっていた。2つの円形劇場は同じ目的でつくられたのだが，変わりゆく状況の下で違った役割を担うところがあるのである。

　これらの円形劇場は，その内容は変わっても，閉じられた空間というその特質を失うことはなかった。変わりゆく状況のなかで，そのストラクチュアそのものを基本的に変えることなく，同じ形態のまま，その時代時代にさまざまな様相を呈してきたのだった。そのうえ，今，アルルの円形劇場は元の状態に戻されようとしているのであり，このような変容のプロセスとは，基本的に逆戻りのできるものでもあるようだ。これは建築における最も説得力のある「能力」と「運

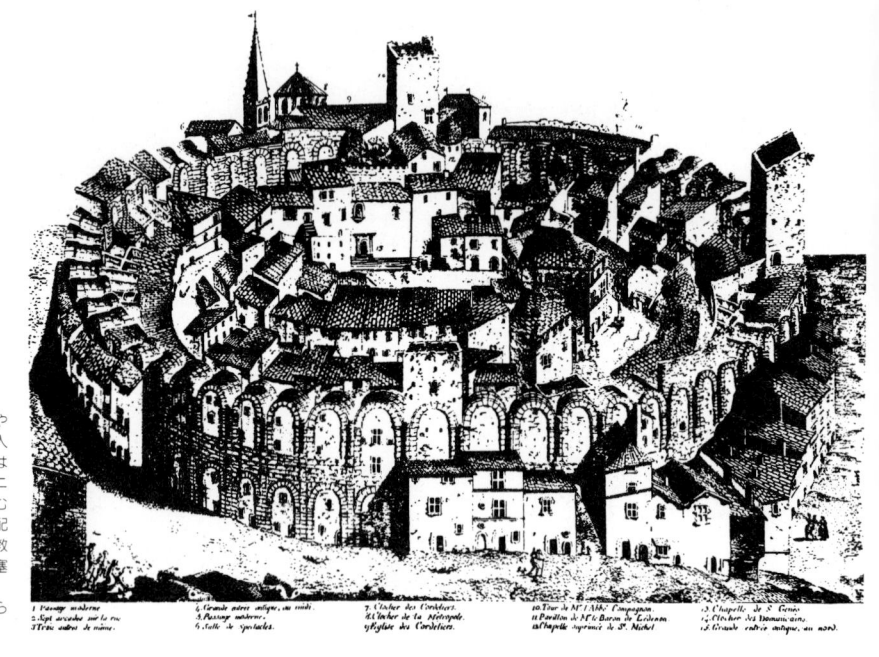

252

2つのフランス内のローマ都市の遺跡はとかげや蛇でいっぱいで，ニームとアルルのアリーナは人里離れた小さな村落に変わってしまった。それはローマ陥落後の都市の衰退をよく表していた。ニームでは西ゴート族がアリーナを2000人の住む小さな街に変えていた。そこへは，東西南北に配された4つのゲートを通っていくのであった。教会がアリーナの中に建てられた。アリーナが要塞となったのはアルルも同じである。
（ミシェル・ラゴン，「都市計画の歴史・古代から中世まで」，1926年，パリ，から引用）

とになった。どちらも，新しい環境を取り入れたり，それに取り込まれたりしながら，その様相を変えていった。その変化もまた，その中心にあるこの中世のストラクチュアによって特色づけられたのであった。

　これらの円形劇場の新しい形態は，都市構造として不可欠な要素としてだけでなく，その都市構造にアイデンティティを与えるものでもあった。どちらの場合も，その楕円形の構造とその周辺とは，相互に変換し得るものであった。これらの楕円形は，働く場や遊び場や公共の広場，そして生活の場となり得る閉じた空間であり，大きな部屋をつくるための原形となっていた。その元の機能は忘れられても，その円形劇場の形には，絶えることのない改修の機会を示唆するような

用」の事例であるともいえよう。これらのふたつの円形劇場の違いは，その状況的な違いでしかない。楕円形という形そのものが，その変遷の過程によって強調されているのであって，「原形」というのは，それほどに崩し難いものなのである。

　前後の事例からいくつかの結論が導かれる。
●すべての事例に見られるように，オリジナルのストラクチュアが許容している多目的性は，初めから意図してストラクチュアに組み込まれたものではない。さまざまな状況でさまざまに機能し，全体として街のなかで多様な役割を果たすのはストラクチュアの本質的な能力である。

- ひとつの目的を叶えるのにひとつの形態しか存在しないというのは全く真実ではない。さまざまな解釈を許すだけでなく，変化しつつある状況のなかで解釈そのものを喚起してゆくような形態も存在する。形態にはそもそもそれに固有の性質として，多くの解答が含まれていなければならないといえよう。
- どの事例でも，新しい機能の影響で現実のストラクチュアが変化したということはない。このことは決定的に重要である。形態とは，本質的に同じでありながら一方で多様な機能を受け入れ，さまざまにその見掛けを装うことができるものなのだ。
- ひとつの形態がさまざまな解釈を能動的に提示したり積極的に喚起したりする方法は，アリーナの事例で明らかなように，形態自体が暗示的なので，それぞれの状況によって異なる。
- ストラクチュアと呼ぶ主要な形態は生来集合的であり，組織に管理されているのが一般的で，本質的にもパブリックなものである。その利用に関する管理の状況は，それが商業に利用されているか如何によって，公共性の強いものから私的なものまでその幅は広い。
- 多かれ少なかれ永続的な場所は，増築されていたり分割されていたりして大楼閣になっている。機能的な変化は永い年月のなかでも，2〜3年のうちにも，季節ごとにも，1週間でも，あるいは毎日でも起こり得る。あるひとつの状況が短期間であるほど，そのための増改築は刹那的であり，日ごとの利用にあっては日ごとにその様相は一変する。それゆえ，増改築が実際に行われる場合と，全く仮設的にソフトウエア的に利用される場合とでは，重要な違いが生じる。以下の事例で，日常的な利用，仮設的な利用に注目してみよう。

253
254

ルッカの円形劇場，イタリア

アルルの円形劇場，フランス

バリ島の寺院（255-259）

　キリスト教の世界のようにあるひとつの圧倒的なモニュメントにすべての焦点が当てられるのではなく，バリ島の宗教であるヒンドゥー教では，祭園の非中心化の表現ともいうべき複数の焦点が存在するのが特徴である。バリ島には幾千もの寺院が，単独で，あるいはかたまって存在している。

　そこでは，祖先崇敬や収穫祭などというように，祝祭の性格に応じて，空間と時間とをさまざまに使い分けている。寺院はある特定の目的に促して利用され，すべての寺院が同時に使われることはないが，いつもどこかの寺院で何かが行われている。寺院は，いくつかの家具的構成にしか過ぎないものから，小さな家といえるものまでさまざまであり，時には石造りのものもあるが，一般的には，洗練された木製の開放的な雰囲気の僧侶の椅子と，石の土台に築かれた草葺屋根とから成っているのが普通である。

　それらは屋外の屋根付きの東屋ふうの祭台ともいうべきもので，風景のなかに点在している。寺院は，使われていないときはほとんど骨組みだけといった様相なのだが，突然として，そこに放り出されていた椅子に美しい布地が飾られ，やがてそこで始まる祝祭の目的に合うさまざまな品々や，竹やヤシの葉でつくられた品々などで満たされ，そして献上の物品が必ず添えられる。すなわち，バリ島の寺院とは，必要なときにいつでも必要な儀式の場所を提供するような，「フレームワーク」としての機能を果たしている。

　どの寺院も，ある目的に合わせるように「装い」，ある役割を担うように「着飾り」，そしてそのあとは，元の受動的な状態に戻るのだ。実際の状況はもう少し複

255

雑であり，いくつかの小さな寺院がより大きな寺院を構成していくような，いわば「ストラクチュアのなかのストラクチュア」というべきものが存在している。そしてその構成は先祖の違いを示している。

　さて，あたかもこれらのすべてが未だ不十分であるかのように，女性たちの長い行列があらゆる方向から現れる。それぞれの頭に，米，ココナツ，砂糖などの献上物の入った，信じられないぐらい多様な形や色をした背の高い極彩色のカゴを載せて来る。儀式の最後の仕上げの行為として，そして食用に至るひとつの操作として，すべての献上物は小さな寺院のなかに置かれる。それはこの儀式のすべてのハードとソフトを通

256
257 258
259

して，最も短時間でしかも柔らかな要素でもある。

　神が献上物を受け取り，すべての儀式が終わったとき，食べられる献上品は再びそれぞれの家に持ち帰られ，寺院に残った余り物は犬に与えられる。これは西洋社会の合理精神とは，少なからず対立するものであろう。結局のところ，神に与えた食物を自ら食べてしまうのである。

　しかし理屈でなく知性的な解釈をすれば，両方を叶えることも可能となろう。ここではひとたび宗教的儀式が済んだ後は，献上品といえども，人間や犬にとっての単なる美味しい珍味なのだ。ここでは明らかに，ひとつのものが複数の役割を果たしている。場面場面

空間をつくること，つくり込み過ぎないで残しておくこと　　**103**

で儀式的な解釈を与えられるが，その場面が終わるたびにその意味を失い，最後に非日常から日常に戻ってくる。キリスト教の教会では，教会が使われていないときですら，すべての宗教的な物品は常に神聖であり，その重要性を失うことはない。

西洋社会では，礼拝堂で子供たちが「かくれんぼ」をするなどとは考えもつかないが，バリ島では寺院は子供たちの遊び場なのである。木登り遊びに使われている祭壇などは，西洋社会では想像を絶することだろう。西側では，あたかも神は子供が祭壇に登るのに反対しているかのようであり，この世界ではすべてを小ぎれいにきちんとあるべき所に保ち，意味の混乱があってはならぬかのようでさえある。しかし祭壇のほかに木登り用の遊具をつくらねばならぬとは，それは効率的なことといえようか。もしかしたら西側の人びとは想像力が十分でないのかもしれない。

ロックフェラープラザ，ニューヨーク（260, 261）

マンハッタンのロックフェラーセンターの中心にある，この小さくぼんだ公共の広場は，夏と冬で完全に異なった様相を見せる。冬にはスケーターで賑わう同じ場所が，夏にはパラソルや植物に囲まれたテラスとなり，たくさんの席が用意される。この明確な領域性を備えた空間は，異なる季節の環境の変化を堪能するあらゆる機会を提供している。

コロンビア大学，ニューヨーク（262）

モニュメンタルなひとつづきの階段はこの建物の主要な特徴であり，入館するすべての人にその重要性を認識させ，尊敬と畏怖の感覚を呼び起こすように意図されている。この建物は図書館であり，それは大学の中枢部であり，知識が蓄えられた寺院のようなものなのである。その畏敬の念を起こさせるような荘厳な入口は，カジュアルで自発的な訪問などを起こさせるようなものではなく，歩行障害者にとっては完全にその気を失わせるようなもので，およそ来館を歓迎する図書館であるとはいい難い。

それはあたかも，その知識を得たいと欲するものは何人も，何かその見返りを期待されているように思えといわんばかりだ。しかしながらこのいかめしい階段は，写真が示すように，もしスピーチがあるようなときなどには，観覧席のように全く形式ばらずに使うことも可能なのである。ここでは，建築は意図とは全く異なる機能を果たすこと，さらに学生は図書館に背を向けているのだから，全く反対の目的を提供するものであることを示している。形態のレベルとしては，本来の用途ではないにしても，階段という形態のもつ可能性を利用者が生かしているというところが，この階段の場合は重要なのである。

大きなスケールの形態が全く意図的でなく，いかにさまざまに解釈されているかを示す事例は少なくない。ここでは，既成のものに対してどれだけ応用を利かせられるものか，その可能性に注目してみよう。建築家がストラクチュアとそれを満たすものとの区別を，すなわち「能力」と「実行」との区別が示す意味を完全に理解していれば，応用力という偉大な潜在価値をもつ解決を手中にすることができる。それは例え

ば「解釈されるということが考慮された空間」ということになろう。そこには時間という要素も含まれるから，それは時間も考慮されている解決であるともいえる。ストラクチュアとは，解釈される手法としては集団的なものでありながらも，個人的な要求を表現するものでもあり，個人的なものと集団的なものとを調和させるものでもあるのだ。

structure as a generative spine: warp and weft

3 生成の基軸としての
ストラクチュア：
縦糸と横糸

これまでの事例では時間とともに変わってゆく使い方の解釈を挙げてきたが，本章では，同時期に起こり得る個々の使い方の解釈に目を向けてみよう。個々の解釈によってこそ共通のインフラともいえる構造が多様性を備え，ひとつの調和した全体をつくるようになる。以下の事例では，秩序を生みだしているメカニズムが心にさまざまなイメージを与えている。縦糸と横糸とで構成される織物を想像してみよう。そこでは縦糸が織物の基本的構成を成立させ，横糸が模様と色彩の最大限の可能性を与えている。

縦糸はまず強く正しく張られねばならないが，色彩に関しては単にその基調であるに過ぎない。織物職人のイメージに沿って，色彩や模様や素材感をつくるのは横糸である。縦糸と横糸は相互に他方を欠いては存在し得ず，その目的を付与し合い，不可分の全体を築き上げているのである。

アルジェ計画，アルジェ，1930／ル・コルビュジエ（263-269）

海岸線に沿ってリボンのように長く延びたこの巨大建築のアイデアは，自動車道路と住居とを結び付けることにある。自動車道路の上下に人工の敷地ともいうべきものが重なっていて，この敷地に個々の所有者が好みの形式で住居を建てることができるというものである。

これは「ソル・アルティフィシェル（人工地盤）」とでも呼ぶべきもので（ル・コルビュジエ自身はスーパー・ストラクチュアという言葉を使っていた），その建設は自動車道路の一部として，公的機関によって一

263
264

ル・コルビュジエ，
「輝く都市」，パリ，
1933／247ページ

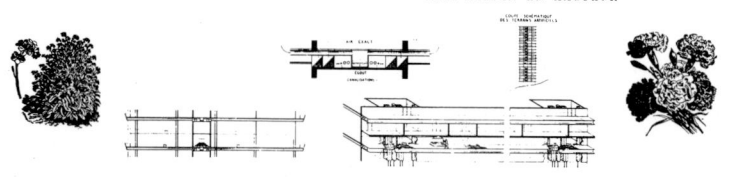

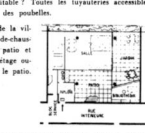

気になされねばならないものだった。ル・コルビュジエのスケッチは，紙の上で考え得るかぎりの多用な構想を示している。後の批評家たちが指摘するように，彼は交通というものをいささか素朴に捉え過ぎていたかもしれないが，しかし，1930年代というまさに建築の近代化と機能主義の全盛期であることを考慮しても，これは実に革命的な提案であった。これは全く尋常でない構想である。50年以上たった今日でさえ，建築家たちにとってはそれを容認できるどころか刺激的に過ぎるのである。

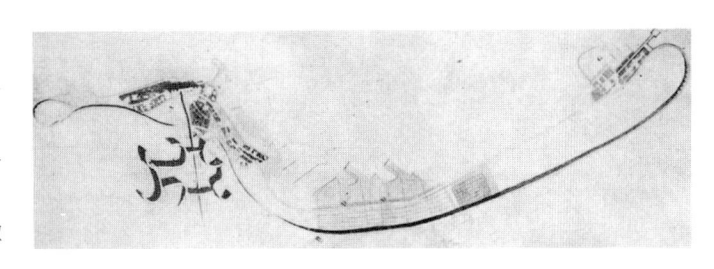

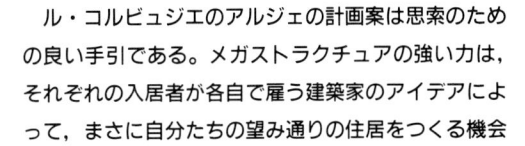

ル・コルビュジエのアルジェの計画案は思索のための良い手引である。メガストラクチュアの強い力は，それぞれの入居者が各自で雇う建築家のアイデアによって，まさに自分たちの望み通りの住居をつくる機会が与えられていることを明快に示唆している。集合的なストラクチュアは実際のところ単に各住戸の空間的な境い目を示しているだけで，全体の表現を決めているのは住居の集合そのものである。「スーパーストラクチュア」が，それぞれの入居者にかくも格別の自由を与える状況を集団的レベルでつくりだしているのである。ところで，ル・コルビュジエが描いたもののなかでも最も想像力を喚起する一枚であるこのスケッチには，最も多様性のあるデザインとその建設手法とが調和して共存する様子が描かれている。そして，その巨大な建造物はその多様性を可能にしているばかりか，どんな独創的な建築家さえも成し得なかったほど豊かな統合を表現している。計画案はさらに，このようなストラクチュアによって，個々の多様性が大きいほど全体の質がより豊かになることを示唆している。すなわち，無秩序と秩序とは共に互いを必要としているかのようだ。

計画案にはまたいくつかのありふれた住宅も見られ

空間をつくること，つくり込み過ぎないで残しておくこと　107

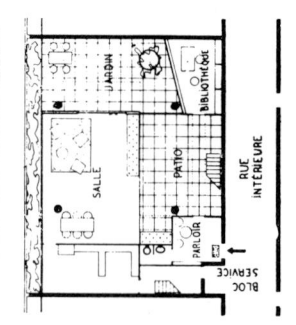

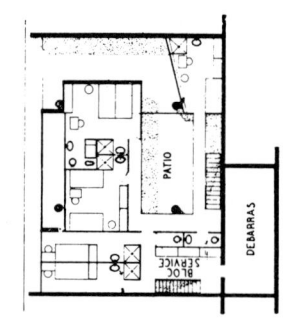

る。それは実際に住むはずの人びとがその設計や建設に対して一言も口を挟めないような状況でつくられながらも，大衆受けのする例のあの住宅である。コルビュジエの図面では，これらの住宅は，そこに描かれた豊かな生活像に比べて控え目に描かれているので，ただ単に興味をそそる記録に過ぎない。しかし，このようなマッシヴな集合住宅とは，私たちが幾度となく遭遇する現実であり，直面する最も基本的で現実的な問題のひとつといえる。今まで世界中の人びとが，好きな洋服を着て好きな食べ物を口にするのと同じように，いつも好みの住宅を建ててきたのにもかかわらず，現代人とは自らの暮らし向きということについて，それを表現する何らのアイデアすらももち合わせていないのではないかとも思わせる。

　個人的なものを形として表現する能力と，言葉で表現する能力とが，基本的に違うと考える理由は何もない。このことについて私たちには最早能力がないように思えるとすれば，今日の建築の衰退は社会的相互関係の重大な崩壊によって生じていると捉えることができよう。巨大な集合住宅は産業化の表面的な副産物でもあるが，その蔓延を許しているのは今日社会を覆い尽くしている単一文化的な行動のメカニズムなのである。このような状況で，建築家にできることといえば，そのひとつに，このような無感覚の状態から人びとを目覚めさせるようなイメージの輪郭を描くということがあげられよう。

　ル・コルビュジエの明快な解決に近づけば近づくほど，今日では私たちはそれから遠ざかることになる。その方向の極めて小さな一歩ですら，中央集権化社会が築いた壁にすぐに衝突することとなり，計画を具現化する道筋は長く遠い。しかし数は少なくとも成功した暁には，それが実践的というより理論的であったにせよ，その主旨ぐらいは提示することができるというものだ。

住民参加のデザイン：マスハウジングの終焉，1961／N.J.ハブラーケン

　ここでル・コルビュジエのアルジェ計画に一脈通じるものとして，ハブラーケンの作品を紹介しておきたい。彼は，少なくとも理論として，自由に使える工業製品を利用して，住人が好みの生活スタイルをこれまでよりずっと自由に選択できるような基本を打ち立てる試みをしている。公的機関によって基本的で技術的な用件を満足するように設計された構造要素が建物の敷地としての役割を果たし，その上に人びとはさまざまな会社が商品化するプレファブ住宅などを建てることができるというものである。居住者はいろいろなタイプの家を選べ，自分の好みで手直しをすることも可能であり，建築に参加する形にもなるので，後で文句もでないというものだった。

　しかし，たちまち問題が生じることとなった。これらの住宅が商業ベースにのせられたため，競争と市場原理とにさらされることとなってしまったのである。その結果，それは最低価格に落ち着き，ということはありふれたものになってしまい，話はまた振り出しに戻ることになったのである。

　提案を面白くするには，今日の工業化に何が可能かということに敏感になり，それを最大限に利用する状況をつくらねばならない。なぜ住宅は自動車のようにつくれないのか，また技術的見地からすれば，なぜ住宅にこうもトラブルが多いのか，理解しがたいのである。この疑問に対する解答は単純ではないが，ひとつだけ明確なことがある。それは敷地というものが，際限のないさまざまな要求と規制を抱えており，それが現代技術の最も得意とする「繰返し」にそぐわないということである。もし住宅から敷地という問題だけを切り離すことができれば，土地は国が都市構造として提供できるだろうし，20世紀の夢も理論的には実現することになる。しかしその試みは，コルビュジエが50

年前に断片的な詩的イメージで表現しようとして以来，現実のものになってはいない。

ハウスボート計画（270-273）

ハウスボートはふつう行政の指導でクラスター状に集団となって係留されているが，そこでは未だに住人の意見が強く，それが特にその外観を非常に変化に富んだものにしているという点で，オランダで最もきわだった事例といえる。この表現上の自由さが，ハウスボートのそのものの形や外観に伝統性や様式性のないところからきているのは間違いない。ハウスボートを巡るこの状況は，そもそも，住むことに関する問題を手作りで解決するところから生まれてきているのである。

この方法で，行政が心配するほどの混乱も起きず，乱雑にもならないのは，ほとんどのハウスボートが同じ平底舟のようにつくられていて，形と大きさに大差がないからである。またハウスボートは，水，ガス，電気等を取り入れる係留地に縦につながっている。つまりハウスボートは公共施設に永久係留されているが，自由にそれぞれの個性を表現しているのである。

このようにハウスボートがまとまって係留されているのは，多くの場合，市街地のはずれであり，公共施設としての桟橋がつくられていることが多い。桟橋はアクセスやエネルギーといったインフラを供給する最小限の「背景」である。この「背景」こそ，ここでの多様性をまとめ，秩序をもたらしているのだ。街路の代わりにボードウォークがインフラのネットワークになり，豊かな水面に浮かぶ近隣住区や水上都市を計画することを考えてみよう。そんな水上の住居とは，陸上のものに比べてはるかに変化に富んだものとなろう。そして水上ということで何が可能となるか，時に近くの知人を訪ねるなど，ハウスボートを移動する場合も考えられるだろう（このアイデアは1970年のアムステルダムの中心部の都市計画で，一時的に住居から撤退を余儀なくされた人びとが，住み慣れた場所から不本意に離れなくてもよいように，住居の近くの運河のハウスボートに移るものとして提案された）。

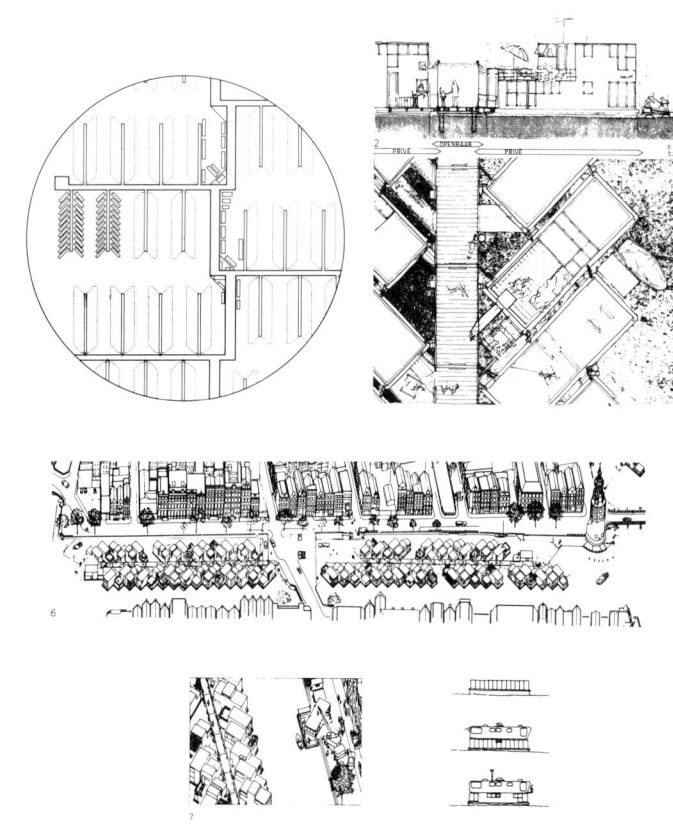

空間をつくること，つくり込み過ぎないで残しておくこと

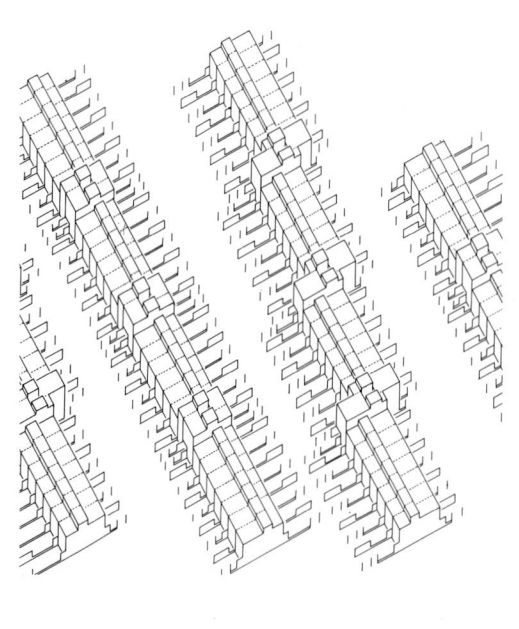

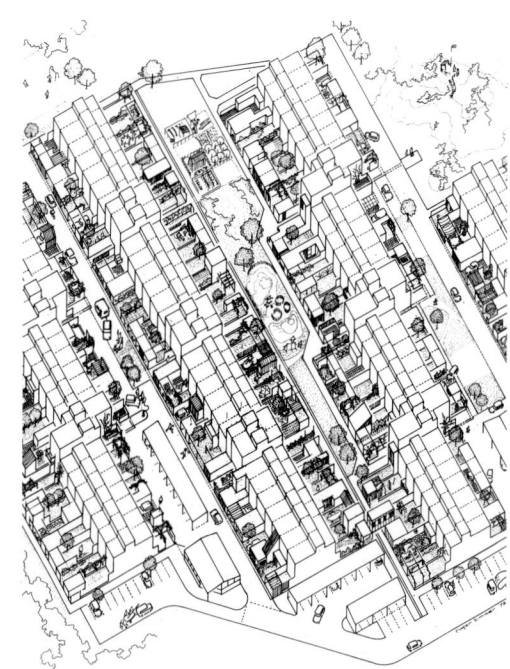

デーフェンター・ステーンブルッへの集合住宅計画（274）

　ここで設計してあるのは，街路のパターンと住居の区画を示すだけのオープングリッドである。各々の住居は原則として2本の街路に面しており，その両方に玄関をもつため，過度の社会的な抑制を避けられるというわけである（共同体意識が強すぎるとそうなってしまうので）。ここでは，全く同じように配置された街路が，居住者や彼らの活動によって変化に富んだものになることが期待されている。

　それぞれの区画の前後の部分は居住者自身でガレージ，物置，仕事場，離れ家，温室，あるいは小さな店などを建てられるようになっている。それを容易にし促進させるように，それぞれの住戸間の境界の両端は低い壁としてある。街路はそれぞれの居住者の互いの貢献によって形成されてゆく空間である。そこでは住人同士が協調し，また譲り合う。街路とは，それが私的領域との境界を設定するものであるという深い信頼が第一の要素であり，また人びとが同じ通りに住む者としての集団意識を芽ばえさせる場所でもある。

デ・スハーレム，近隣センター計画（275-277）

　人びとの交歓は街路でなされる，ということからすれば，特別な条件の有無や使える手法にもよるが，近隣センターをさまざまなことが起こり得る可能性に満ちた街路と見立てることもできるだろう。近隣センターは特殊な条件にも対応し，幾年にもわたって発展してゆくものとして計画されねばならない。つまり条件の変化に従い，常に新しい要素を加え，必要ならばいつでもつくりかえが可能なようなものでなければならない。

　ここではまずスパイン（背骨）と称するものを設定した。それは透明な屋根をもつ街路で，直角方向には街路の中央と将来の増築との間に中間領域をつくりだすたくさんの壁を設定した。増築はさまざまになされようが，このスパインは，この施設全体に「秩序ある

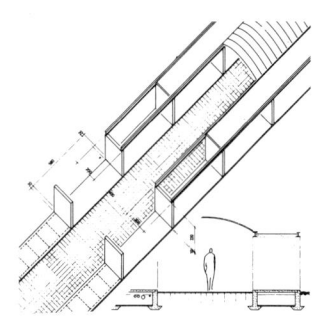

「無秩序」を創出するのである。式典や祭や展示会などで（臨時に）スペースが必要なときなどは，応々にして，テントやシェルター，ハンガーや間仕切りなどのような仮設の設営をする方がよいことがある。そうした方が，とかく小さ過ぎたり大き過ぎたり，意外性に欠けたりする恒久施設よりもずっと機能的なときがある。やや恒久的に使用するときには，建築現場で使われるような市販のプレファブもある。ここで大切なことは，居住者自身が彼らの環境をつくりだせるようにすることであり，そこで建築家のできることといえば，必要な道具を貸すことくらいなのである。このプロジェクトは70年代前半の典型例ともいえるが，現在，結果としては必ずしも満足できるものではなく，多くの問題が生じている。というのは，まず利用者がわれわれの期待どおりには生活できなかったということが挙げられる。彼らは完全なプレファブ部材を注文し，建て，ペンキを塗るという以上の仕事はできなかったのである。軽快な街路はただの塊となり，厳粛な街路と壁のモチーフはそれに交差する構造体（横糸）に耐えられるほど強固ではなく，当初意図したように秩序をつくりだすものにはならなかった。もちろんこの計画は非常にさまざまな要素を含んでいて，近隣住人の集団参加という観点からは成功しているという評価も多々あるが，しかし秩序ある統一を示すものにはなっていないのである。ひとりひとりが個人的環境の中で達成してゆくものは，共同のスペースで集団で行う必要はないのである。この計画は，利用者に自由を与え過ぎてしまうとこのようなことになるという見本である。建築家が空間に託して提供する可能性の方が，はるかに良い結果を生むのである。

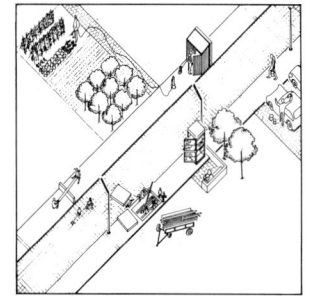

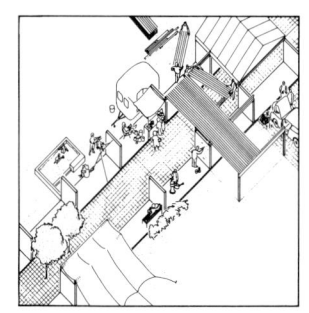

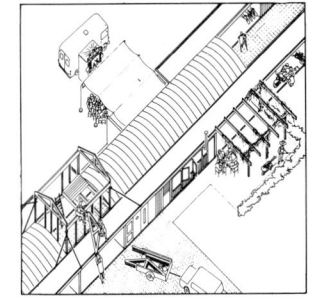

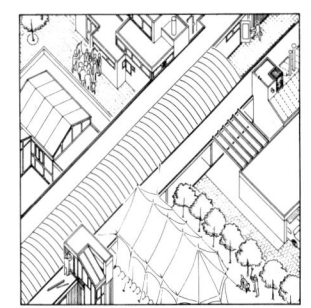

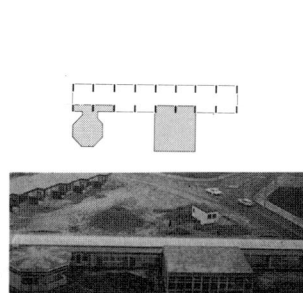

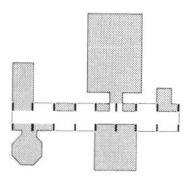

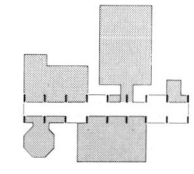

276abc

276de

277

275abcd

空間をつくること，つくり込み過ぎないで残しておくこと

地下歩道計画，アペルドールン（278-281）

　幅広い幹線道路の下につくられているこの地下道は，鉄道の駅と市の中心部を結ぶ地下の歩行者ネットワークの主要な部分となっている。

　これはセントラール・ビヘーアのビルが設計中のときに，アペルドールンの都市計画が構想したもので，この将来の歩行者通路をそのビルにつなげるというのは自然な考えだった。地下道を普通より広くとり，単なる歩行者通路以上の利用を考えようというアイデアが生まれた。広くすることで，とかくこういうトンネルにありがちないわゆる寂しさを避けるだけでなく，例えば，青少年施設，劇団のリハーサルスペース，あるいは小さな店舗など，商業レートの家賃は払えないけれども場所を必要とする人たちが利用できるような公共施設にもなり得ると考えられた。しかしこういう所にこそ，なぜ屋内型の市場などを考えないのだろうか。屋内型の公共空間に関する経験でいえば，このアイデアは他の都市計画と同様に，実行可能なものを過大評価してしまうという点で非現実的である。

　結果として，この計画はつぎのようなものになった。通常このような地下道で，必要な支持点の数を減らす目的で用いられるロングスパンを用いずに，必要となるにちがいないコーナーやニッチをつくるとき，空間を囲うときにその目安となるように数多くの柱を使うことにした（1本の柱は実際には2本の細い柱で構成されており，その狭間はさらに小さなニッチやショーウインドーとして利用される）。この計画は，──構造的なセンス──すなわちベタッとした大きな柱を歩行軸にそのまま配列するという考えに基づいている。しかし，その柱にも使い勝手というものがあるということ，つまり構造部材であってもそれが生活の上で利用されるものでなくてはならないのである。

278　279　280

281abc

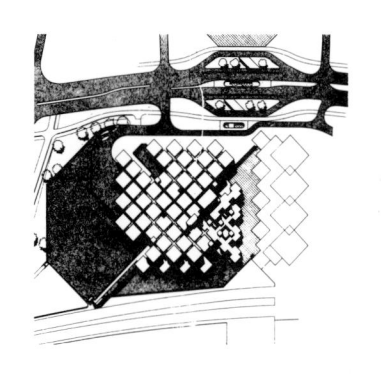

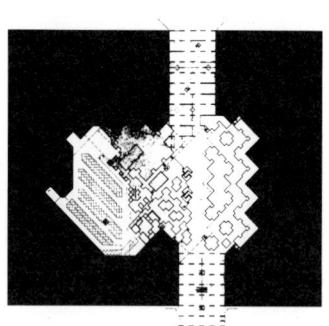

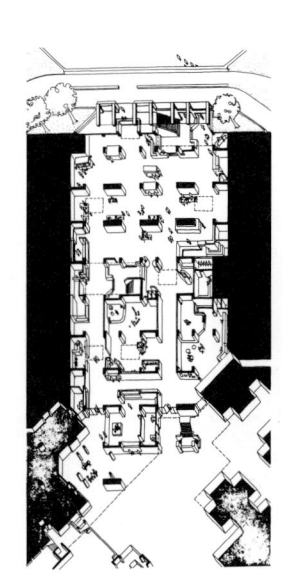

集合住宅，ウェストブルゥーク（282-289）

　この集合住宅は規模も小さくまだ一部しか完成していないが，その設計の基本は建設の仕方に適うというよりは，むしろ実際の立地の環境から来ている。何世紀か前には，この地域は平行に並ぶ深い溝で人工的に区画された土地だった。それはこの地方の独特の景観であり，何としても保存すべきものとされていた。オランダでは，建設には不具合な敷地では，道路や排水施設などの基礎のために，まず何メートルかの砂を積むことが当然の作業となっていて，どうしても元の景観を消し去ることになり，地形を考慮しないすべて白紙からの抽象的なプランを考えることになる。しかしこのケースでは，敷地のもつ「自然な」アーティキュレーションが，街づくりの基本としてうまく利用されている。

　計画のアウトラインは，溝と溝との間の狭い帯状の土地に建物を建てることである。その土地は両側に庭が並ぶ街路が計画できるほどの幅もなく，各建物も細長くなってしまう，そんな状況が部分的に重なり合う建物の間を縫うように走る狭い街路をつくりだした。この配置計画によって，砂の基礎や，道路や排水溝の下部構造や，外部の圧力等で起きる土手の崩壊を防ぐための排水溝などのスペースを最小限に抑えることができた。かくしてこのレイアウトは，土地にもともと備わっている制約と可能性を考慮する作業からこそ導かれたものなのである。

　このプランでは溝や運河がそのまま保全されることになり，土手もいろいろな方法で補強され，それぞれの庭はその新しい役割にふさわしい色とりどりの表現で飾られている。既存の風景のもつアーティキュレーションや区画割りが，この独特の配置計画を生み出しただけでなく，建築計画も逆に既存の溝を新しい姿に変えている。このように，土地の構造は建築物の配置に重大な役割を担い，土地の構造と建物とは形態のレベルでは互恵関係にあるといえる。いま思えば，実現した計画は都市的な意図を十分に表現していないようだ。計画したものがすべて完成してはいないが，ひとりの建築家しか携わっていないことがその大きな原因となっている。複数の建築家が携わるにはこの計画の規模は小さ過ぎたのであって，基本的なモチーフの良

空間をつくること，つくり込み過ぎないで残しておくこと　**113**

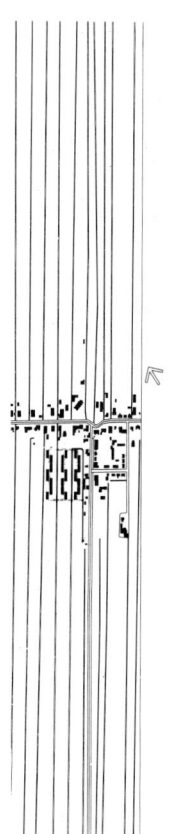

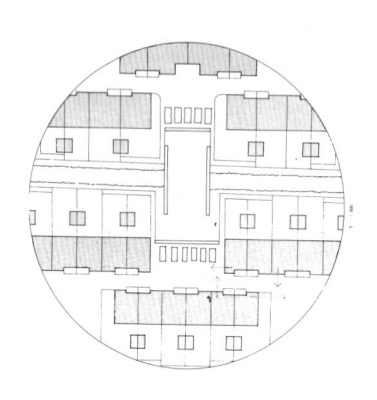

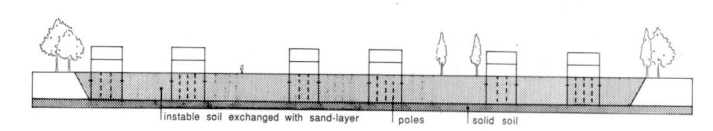

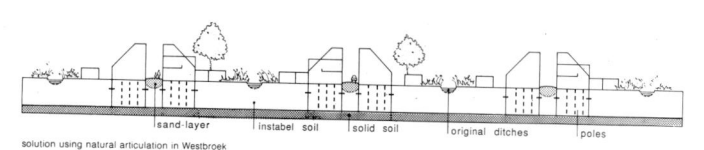

さが建築計画そのものに十分反映されたともいい難いものがある。

　1960年代には数多くの計画が提案されている。チーム・テンは特に有名で、構造物とその他の補完物とを区別する思想をすでにはっきりと強調していた。さらに、あまりにも厳格すぎる機能の適用とそれのもたらす弊害とをうまくかわしており、そこにはすでに、今日建築界でストラクチュアリズムと呼んでいるものの兆しが現れている。

自由大学，ベルリン，1963／G. キャンディリス，A. ジョシック，S. ウッズ（290-294）

　この計画は、そのオリジナル版では、現在の大学がもつべき相互理解と交流の機会のネットワークを空間的に表現しようというものだった。それぞれの学部が図書館をもって建築群ごとにまとまるという従前の方式でなく、大学のすべての要素が相互に最も論理的に配置されるような、ひとつの連続的な屋根のかかったストラクチュアが計画された。時が経てば思想も変わり、相互関係も自然に変化し、そこで求められるものも変わってゆく。したがって、ひとつの「変わらぬ」室内化された街路を軸にして「変わり得る」空間を創造しようという提案であった。

　それについてウッズは次のように説明している。
a)
この計画の意図は静かな個人的な作業環境を脅かすことなく、大学の真の存在理由である出会い、交流、フィードバックなどに最大の機会を提供する、最小の空間構成を選択するということだ。
b)
われわれには、それぞれの建物ごとにそれぞれの学部や組織ごとに行われている分析的学問の方式を超えてゆかねばならないという確信があった。すべての機能が関連性を備えること。また、建築的なアーティキュレーションや全体性より突出してしまって相互の分断を招いて心理的な、管理的な障害をつくることのないように、学部や学科を統合することをイメージしていた。
c)
正副の動線やサービスのネットワークは、改修が可能だからこそ効率的に利用される。それらは、最初に計画され建設される時点では、単なる必要性の予見から

設けられたものに過ぎないし、メガストラクチュアを形成するものでもなく、むしろストラクチュアとしては最小限のものである。しかしそれらは、技術的・経済的に可能な範囲で成長と変化の可能性を保持している。

d）
この計画では、寸法的にも、人びとのアクティビティの大きさという点でも、格別に重要であるという施設は存在しない。「中心」がないのが、こういう種類の平面計画の特徴でもある。たとえ建築家が独善的に「中心」を設定しようとも、それは施設を使う人びとの現実的な選択によって置き換えられてしまうものである。
（S. ウッズ、「ワールドアーキテクチュア」、ロンドン、1965、pp.113-114）

ウッズは「変化と成長」こそ、常に最重要視されるべきであると主張していた。われわれの主張とは全く逆である。彼の自由大学は建設されたが、結局は普通の生硬な半永久的な構造物になってしまっている。しかし少なくともこの計画は、建物の基本的ストラクチュアが利用者の自由な選択によって満たされていくために、最も必要とされている人びとの交流を生む空間構成を築く最小限の秩序というものに関しては、適切で重要な考え方を提示しているといえよう。

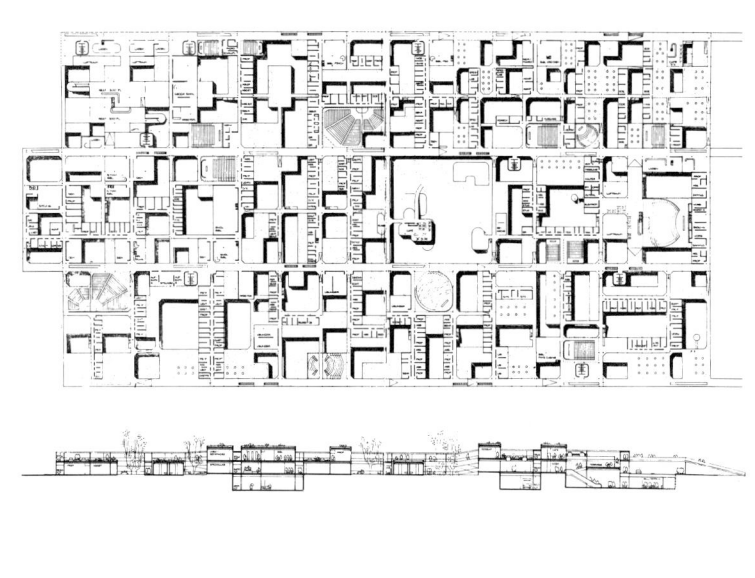

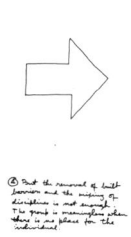

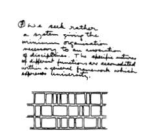

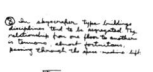

ダイアグラムに基づく拡張、S. ウッズ

290
291
292 293
294

空間をつくること、つくり込み過ぎないで残しておくこと　115

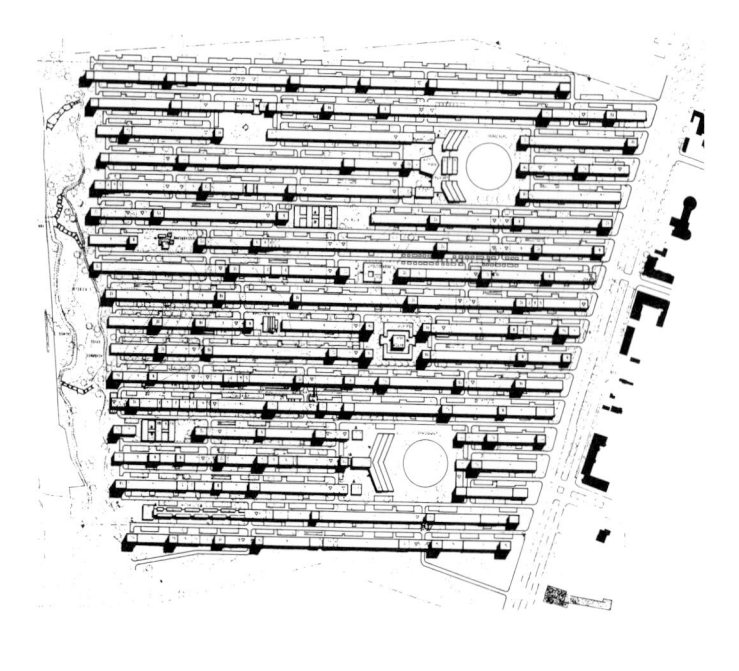

住区計画，ベルリン，1965／S.ヴェヴェルカ
(295-298)

295
296
297 298

「街路は最も古い都市計画の要素である。街路は常に，人びとにとって『生活する部屋』であった。そんな親しみやすい都市空間を，再び人びとに使われるものにしようとするのが，この計画である。公共空間は，その空間構成を見直すことによって，古い昔からすべての人びとの活動に使われてきたような環境装置に戻らねばならない。この計画はいわゆる建築計画とは違い，方向性や近づきやすさだけを狙ったゾーニングのスキームであって，建物の形態などについて言及するものではない。こうすることで，さまざまに変化のある住居形態や街路空間が想起されるのである。ある場所の機能は，時代に応じて変わるので，その変化に対応する調整が必要となるが，しかしそれで構成とか統一性とかが損なわれるというものではない。このプランでは車道を跨ぐ歩道橋とか，人と車双方のための屋根の架かった交差点などが随所に散在している。

住居と街路から構成されているこの計画区域を全体として眺めると，それは昔懐かしい街の暮しのすべてを備えている巨大なコンテナのようでもある。自動車に交通手段以外の柔らかい役割をもたせようと真剣な試みがなされた。交通問題の解決策としてどこでも採用していることだが，ここでも通過交通をなくしている。ここの住人は少なくとも好きな所で歩き，遊び，運転して，駐車でき，どこに自分たちが暮らしているのかを常に知ることができる」
（ステファン・ヴェヴェルカ，1964）

この計画を構成しているものは，いうなれば壁のような建築群による集中的な敷地の区分と，ある「ゲームのルール」に従ってその結果が変わっていくグリッドなのだといえる。壁はある所で開放されるが，それは場所によっては公共の広場などとなる。ビルの高さはまちまちで，高架歩道でビルをつなげることもできる。グリッドの扱いによっては建築家は多くの可能性

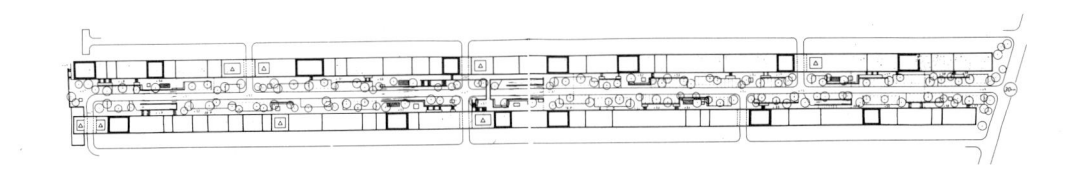

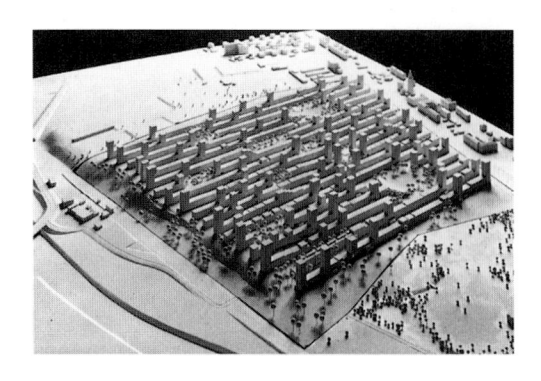

ワッツタワー，
ロスアンジェルス，
1921-54/S. ロディア

を手に入れる，つまりグリッドは解答を引き出す可能性を秘めているのである。この計画に見られる拘束性は，何かを制約するというものでは決してなく，むしろ触媒として刺激を与えるものなのだ。すなわちテーマをもつ拘束性とは，より大きな自由を生むものなのである（自由と制約とが相乗効果の関係にあるということは矛盾ではない）。

それぞれ個別に働いている設計者は，グリッドをそれぞれの特殊解を互いに補完し合う「マスタープラン」として扱うことができる。グリッドを使えば，各々の要素は条件に沿って展開でき，そこで実に多彩なプログラムが実行されることになる。このようなプランは，その解釈は変化に富んだものとなり，また計らずして最終的には全体としての一定の規律が生まれているものである。グリッドの本質とは，どのレベルでも解釈され，ときには正反対の解釈を生むことさえあり，つまり根源としては，解釈のされ方によってその真のアイデンティティを生じる「原形」なのだということである。グリッドの解釈とは，応々にしてそれは秩序という方向に向かうのだが，それは指示されたり命令されたりしたものでなく，「好み」に応じてなされた解釈による秩序であるとしておこう。

すなわちグリッドは，個人の解釈による基本的な嗜好の表現の枠組み，として機能する。グリッドは，個々の構成要素に客観的な形式を提供する。そこでは部分が全体のアイデンティティを決定するだけでなく，逆に全体が部分のアイデンティティに貢献することになる。部分のアイデンティティと全体のアイデンティティとは相互に喚起し合うものなのである。

ウッズやヴェヴェルカの計画案の抜群に高い質はさておき，ここで特に彼らから学ぶべきことは，「変化そのものに注意を集中するのではなく，その不動の性質のうちに変化を内包する能力を備える『ストラクチュア』に注目すべきだ」ということであろう。

これまでの事例で，縦糸と横糸のイメージ，すなわち集団的なストラクチュアは縦糸であり，そのなかに個々のさまざまな解釈が横糸のように織り込まれるということが理解されたことと思う。集団的なストラクチュア（それ自体には個々の解釈を喚起する内容はほ

299 300

301

理想宮殿，1879-1912/
郵便配達夫シュヴァル

空間をつくること，つくり込み過ぎないで残しておくこと　117

302ab

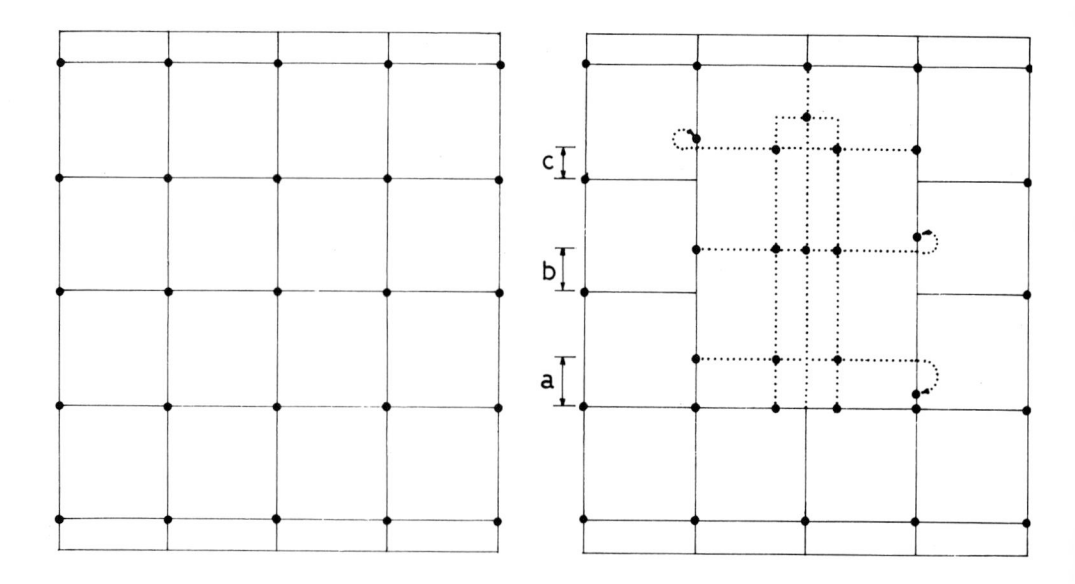

とんどない）は，しかしコンテクストのないところには生じない。それ以上に，理路の一貫性を示すものがストラクチュアなのであって，ストラクチュアを欠けば，圧倒的なマッスの出現——すなわちカオスと呼ぶ状態——を待つばかりとなろう。集合住宅では，あたかもそれが大規模な倉庫のシステムであるかのように住宅ユニットを等質化し，抑圧的なものにしてしまうという現象が60年代にピークに達した。その結果は，単に組織と称されるものや上からの命令への過激な拒絶反応というものを引き起こした，と同時に，個人的な表現の豊かさが大いに強調されることにもなったのであった。サイモン・ロディアのワッツ・タワー（299, 300），郵便配達夫シュヴァルの「理想宮殿」（301）など，自らの手づくりに成功した格別にやる気のある人びとによってつくられたファンタスティックな建築のすべてを思い返してほしい。しかし，権力に抑圧されたすべてのものに対して，個人的な想像力と献身とでそれを克服するのが理想であるとするのは，それは安易すぎるというものであろう。

言語が組織のなかで互いに自分を表現するのに必要であるように，全体的な形式的な構造も私たちの環境のなかで自分自身を空間的に表現するのに必要なのである。もしここに挙げた事例のなかでひときわ目を引くものがあるとすれば，それは構造上の原理（縦糸，バックボーン，グリッド……）の制約が，適応の可能性を減じているどころでなく，明らかに個人の表現の可能性を拡大しているという逆説であろう。

適正なストラクチュアとは，自由を抑制するのでなく，実際に自由を導くものなのである。

したがって，部分は全体的な構造に屈して決まってゆくのではなく，その逆もまた真実でない。再び縦糸と横糸にたとえれば，縦糸は全体の布地をよく形作っているが，最終的には横糸がデザインを決めている。全体と部分は同等であるだけでなく，互恵的でもあるのだ。そして，縦糸か横糸かを論じることは，もはや無意味なことなのである。口語と言語との関係と同じように，それらは互いに他方を生み出し，それぞれの質がよければよいほど，二者の区別は重要ではなくなるのである。

サヴォア邸，ポワッシー，フランス，1929-32／ル・コルビュジエ（302-305）

ル・コルビュジエのサヴォア邸以上に「自由な平面」をもつ例を見つけるのは難しい。「自由な平面」はコンクリートのフレーム構造の応用によって新しい可能性を明らかに示している。

これらの初期のフリープランニングの特徴は，構造体としての機能から解放された自由を表明しているかのような，独立性や曲面をもつ壁であった。このようなコンクリートのフレーム構造では，構造上からも規則正しい柱の配列，すなわち図302aのようになってしまうと思われがちであるが，そんなことは全くないのである。

たとえ規則的なシステムからスタートしたとしても，コルビュジエは，その設計の過程で，壁を柱の位置に合わせるだけでなく逆に柱を少しずつ壁の方に移

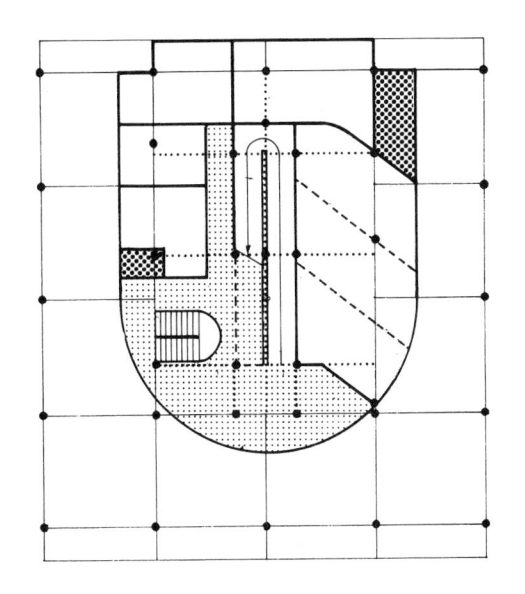

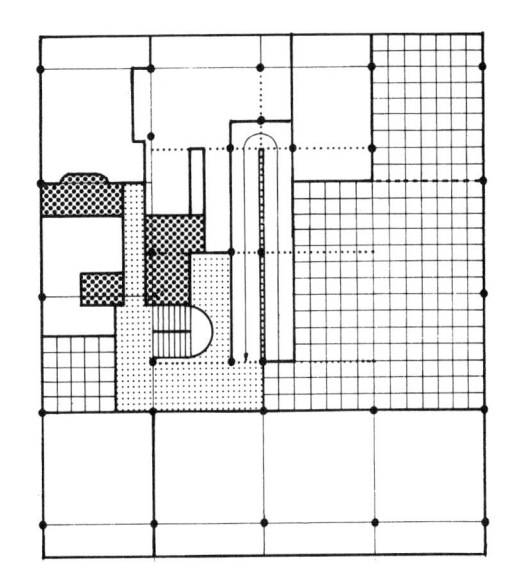

動させたりして，適切な平面を得るようにしたいという衝動に駆られたにちがいないのである。

　壁や柱（のこのような構成）は，柱と壁との双方に余裕を生み出し，双方に自由な状態をつくりだす。白い機械のような，自然の中に降り立った他の星からの宇宙船のようなこの建築は，20世紀の建築のメカニズムを，他のなによりもよく表現している。

303ab
304
305

空間をつくること，つくり込み過ぎないで残しておくこと　119

gridiron
4 グリダイアン

グリダイアンのような、グリッドによって都市に最小限の秩序をつくる原理は、タウンプラニングというものが考え出されて以来知られていた。成長の過程が緩やか過ぎて発展しなかったり、あらかじめ固定的に想定された計画に基づいて開発された町では、グリッドに沿った秩序というようなもの、すなわち次に何を成すべきかの青写真を明確に喚起するようなものの必要性が幾度となく感じられていた。それぞれの場合の出発点がどこであったにせよ、歴史的にはグリッドパターンは同じ主題の変化形であるともいえる。それらは一定の法則によって土地の配分条件を保障したり、大規模に長期的にそれぞれの土地の利用のしやすさを保障する。その出発点はほとんどの場合、矩形もしくは正方形の区画をした街区が道路に囲まれ、その時代に建設可能な大きさに区割りされるというものだった。原則に区画はどのように利用されてもよく、その時代の要請に従って異なった利用のされ方をした。

タムガランのプラン、アルジェリア

バルセロナの都市拡張計画案、1859／I. セルダ
(307-310)

19世紀後半のセルダのバルセロナの計画は、既存の街路と街区との構成（それはそれとして大変よくできあがっていた）を更に高めようというものだった。彼は、街区の大きさを建物の高さに応じて決めることにより、すべての場所に良い住環境を確保した。彼はまた、いくつかの街区には建物を建てないことを提案していた。

実は、この計画で実現したものは何もない。それは、よくあることだが、生活環境の強い要望も、開発者や地主の力には及ぶべくもないという理由による。セルダの建物に関する原則的提案は、見ても明らかなように、街区ごとにその方向を変えられる細長の形状にして、尽きることのないヴァリエーションを生みだすというもので、信じられないほど豊かな都市空間のパターンをつくりだしている。それはまた、単に抽象的なヴォリュームのレベルだけでなく、空間に結界を与え構成してゆく要素としての緑の変化をもつくりだ

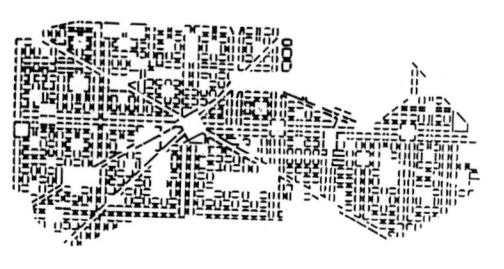

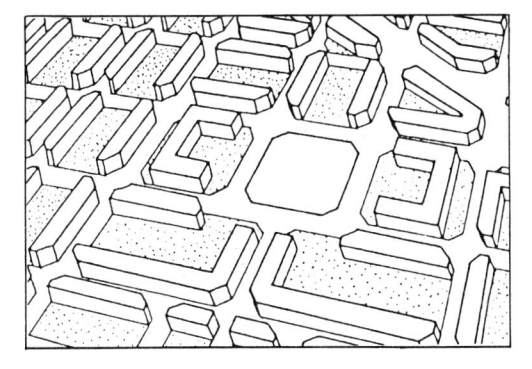

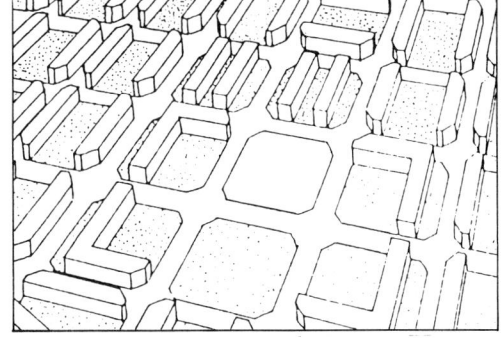

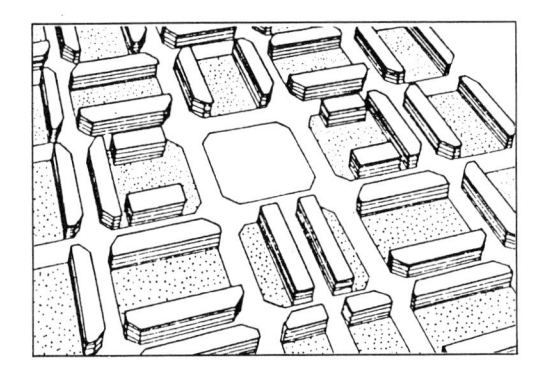

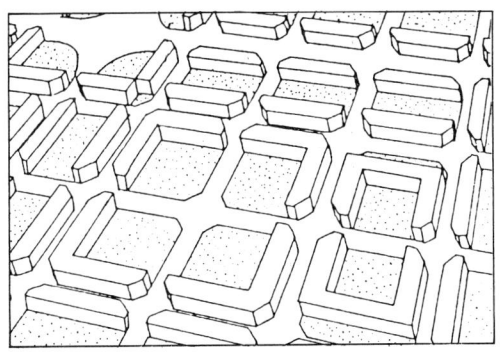

309abcde
310

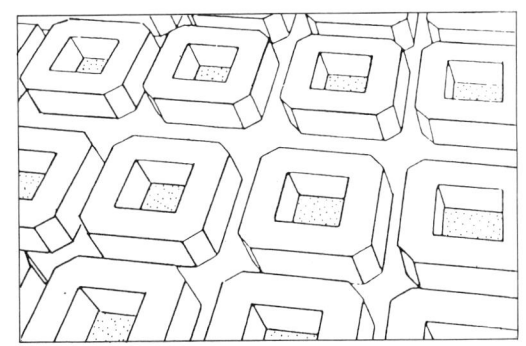

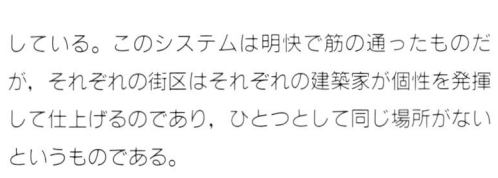

している。このシステムは明快で筋の通ったものだが，それぞれの街区はそれぞれの建築家が個性を発揮して仕上げるのであり，ひとつとして同じ場所がないというものである。

　このプランの最も巧妙なところは，コーナーが常に明確にされていることであり，街路の交差点では斜めの壁面が面するように徹底されている。4つの面取りの壁面は，交差点に小さな空地をつくりだし，長く単調な街区に変化を与えている。最終的に実現した街区は，当初の計画よりもずっと閉鎖的で建物も高いものになったが，このコーナーの処理は全体のなかで依然として生き生きと健在であり，ガウディでさえも，この最も明快で堅実な解決（全体計画）から出発し得ることを示唆しているのである。

カサ・ミラ，バルセロナ，1906-10／A. ガウディ

空間をつくること，つくり込み過ぎないで残しておくこと　121

マンハッタン，ニューヨーク（311-314）

　急激に発展したアメリカの大都市では，最も基本的な形態構造としてグリッドが応用され，最も独特な成果に至っている。水平に延びる平たい建物から摩天楼までの，広範な建物形態の集中をまとめるのに，もっと良い手があるというのだろうか。そこに見られる仮借のないほどに自由で進取の精神を抑制することなどは，ほとんど不可能のように思われる。そしてマンハッタンは疑いなく，そのすべてにおいて最もエキサイティングな事例であろう。マンハッタンでは，最高に魅力的な建築が目まぐるしく変化するランドスケープのように眺められるばかりでなく，マンハッタン島の細長い形によって，次の特徴が生まれている。ひとつは水平線上に消失点があるかのように南北に長く走る大通りであり，もうひとつはそれに直交して水辺と水辺とを結ぶやや狭い通りである。この通りによって巨大都市のその奥に，水面が見え隠れする。ここではグリッドが，このような都市の空間的体験を生みだしているのである。

　マンハッタンを訪れる者が第一に受ける衝撃は，もはやこれ以上はないような整然としたグリッド・パターンであり，そのパターンからはずれた部分は何かとりとめもなく，意識もされにくい場所となっている。しかし，そういった所にこそ，応々にして最も興味深い解決が見られるものだ。グリッドによる厳格な矩形のシステムからは派生しない何かを，そこに期待できようというものだ。

　しかしそれは，しばしばあることだが，ある原理と原理との間の必然的な対立である。それは昔から全く変わらないで残っているブロードウェイ・ストリートと，規則的な街区が交差するところで最も明快に示されている。ブロードウェイはグリッドの中に不可決の要素として取り入れられており，その交差する所ではグリッドが乱され，挑戦的な建築家が何か不規則な物を創造しようと試みる場所となる。そのひとつの成功例が，マディソンスクエアのフラットアイアン・ビルであろう。それはまさに，グリッドが最もその特性を発揮している所でもある。

　グリダイアン・システムについての誤まった認識といえば，何といってもそれは単調に陥りやすく，何か抑えつけられたような感じが否めないというものだ。そのような危険は確かにある。しかし，建物が途方もなく増大してゆく局面においては，否定的な側面も影を潜めるということは，ここに挙げる多くの事例が示すところでもあろう。グリダイアンによる秩序づくりが，多様性への可能性を減ずるのではなくむしろ増大させるものに本当になるかどうかは，なんといっても，規定と選択の自由とに関して，その適切なバランスがとれるかどうかにかかっている。

グリッドは人間の手が非常に簡明な原理で動くのに似ている。グリッドは全体のルールを明確に定めるが，それぞれの区画の中での細かなことのつくりこみはそれにかかわらず全く自由に行われる。グリッドの目的は都市空間のレイアウトであり，そのレイアウトの中の無数の個々の決定によって避け難く混乱している状況が好転されてゆく。グリッドはそのシンプルさ故に，他のもっときめ細やかな規則によるシステムよりも有効な調整手法といえる。メッシュ・システムは，一見するとよりフレキシブルで開放的に見えるのだが，創造的精神にとっては息苦しいものになりがちである。グリダイアン・システムはちょうどチェスボードのように，経済的な手法であるともいえる。チェス以外に，こんなにも簡明で直截なルールから，幅広い可能性を発見できるものがあるだろうか。

building order

5　ビルディング・オーダー

　平たく言えば、ビルディング・オーダーとは、部分が全体を決定するように組み上げられ、しかも同じ理屈で逆に、個々の部分が全体を起源としているときに、建築に内在する統一性であるといえる。部分が全体を決定しまた全体によって決定されるという相互関係を首尾一貫して備える設計による統一性とは、ある意味ではストラクチュアと考えてもよいかもしれない。プログラムが要求条件に適合するように慎重に組まれたとして、全体と部分とがどう関係づけられていくかは、それぞれの場所ごとにさまざまに異なっていく。少なくとも、それぞれの状況に密接に関係づけられて決まっていくものである。結果として、さまざまな部分の間に明快な関係づけ——ファミリーとも言えるようなもの——が生じてくる。このように考えてくると、ストラクチュアの最も良い説明である「言語」との間にも、明らかに比較が成立することが理解されよう。

　それぞれの文章はそれを構成している単語によってその意味を生ずる。一方同時に、それぞれの単語は文章全体からその意味が理解されるという具合にである。

　もちろん、大変によく設計された建物には、明快なテーマで統一された思想の一貫性が存在している。すなわち語彙、材料、構成手法などの統一性である。しかし本論では、一貫した戦略に基づいた設計を基本的なものとして考えていこう。各構成要素から着手し、両極端にあるすべての状態が共通のインフラのもとで調和されているかどうかについて、建物の全館にわたって幾度となく吟味して、仮説を検証してみなければならない。その探究の成果によって、仮説やテーマを調整するのである。そうした結果をフィードバックし、設計の構成をつくりはじめ、最終的に、考えられるかぎりの内容を盛り込んだ構成というものに到達する。言い換えれば、すべての予測される内容を網羅した構成に辿り着くのだ。この方法で、空間と構成要素と材料と色彩の統一を意識的に狙うことが可能となる。こうして、さまざまな最大限の利用性というものが叶えられる。

　ストラクチュラリズムに影響されて生まれたこの思考過程は、これとはやや相反するのだが、それぞれの機能ごとに特定の形態と空間構成とを探究する機能主義にも一脈通じるものがある。

　どんな状況や機能にも対応でき、また広い意味でのプログラムともいえるような、一連のすべての必要条件を探究するデザインとは、さまざまな戦略を必要とし、根本的に異なる視野というものを建築家がもつことを要求しているのだ。

子供の家, アムステルダム, 1955-60／A. ファン・アイク（315-321）

　建物の部分と全体とが互いに影響し合って、定められたひとつの統一体を成すという意味で、最初のビルディング・オーダーをもつ建物は、アルド・ファン・アイクの孤児院である。それは「街路」と「広場」と建物のユニットから構成されていて、ひとつの小さな街のようだ。「ひとつひとつの場からつくろう。大きな場といっても、ひとつひとつの家、ひとつひとつの街からつくられる。家は小さな街であり、街は大きな家なのだから」という言葉が、たとえそれがファン・アイクのものだと知らなくとも、ここから伝わってくる

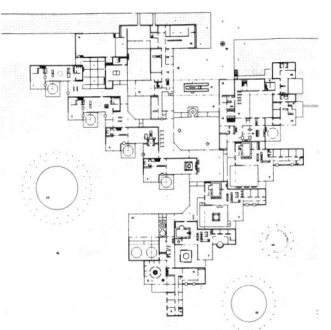

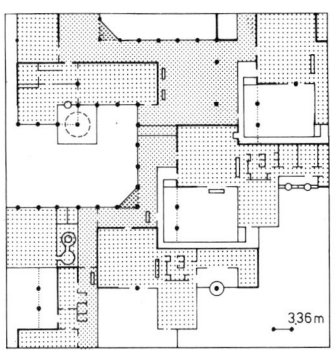

かのようだ。建物を「小さな街」として捉えること，それ自体が素晴らしく創造的で，実に偉大な進歩といえよう。

　設計では，この「関係」が組み立てられて次々に着想が湧き，公共の場の質を決定する新たなスケール感が生まれた。廊下は「街路」になり，屋内照明は「街路灯」という具合に。建築は都市そのものでも，あるいは都市と建築とのミックスでもないが，それでも都市のようなもの——と考えることで，少しでもましな家をつくることになる。建築を「小さな街」として捉えるイメージは，空間の大きさや屋内，屋外といったことにひとつの筋道（アーティキュレーション）を通し，それぞれのユニットを無理なく自然に連結してゆく。もっとも小さいアーティキュレーションでは，ここでいう建築と都市との相互関係は建物と家具との関係にも敷衍されている。大きな造作家具は，大きな部屋ではそれよりインテリア化された小さな家ともいえる。このようにしてそれぞれの部分にその目的に即した適切な寸法が与えられ，それでこそ，そのもの本来の良さが発揮されてくる。

　今日では，これらのことはよく知られている。この計画に影響を受けなかった建築家はいまい。しかし見るたびに感心するのは，どんな細かい部分にでも，全体性の要素が力強く残されているという点である。その全体性は非常に複雑な形態と空間とを，ひとつのイメージに包括する静かなつりあいを示している。素材，形態，スケール，建設などが明快なビルディング・オーダーにまとめられているところに，その統一性の秘密がありそうだ。それはカスバではなく，古典様式の明快さに近い（アルドはその両方を求めていた。明快だが複雑でありカスバだが組織だっているというような。それはどちらかではなく両方を同時に備える包括的メカニズムと呼ばれるものである。今は20世紀なのだから，すべての自由な手段でもって私たちもそれを実現すべきだといえよう）。

　まぐさもまたそのような物のひとつであろう。柱頭のように柱の上に，開口部を広く見せるように水平に架けられている。連続的なそのまぐさは，内側でも外側でも，建物全体にわたって水平性を強調している。

　ランドスケープが地平線によって開放されているように，建物ではビルディング・オーダーの結合力が建物に水平性を与えることで，それによって——奇妙なパラドックスだが——建物もまた同様の自由を得ているようにも思われる。

317 318 319

320 321

空間をつくること，つくり込み過ぎないで残しておくこと　125

建物の外周部で内外の相互貫入を生み出しているのは，ドームのような屋根や丸柱とその上部を取り巻くまぐさである。それによってあたかも屋内外が逆転しているようにも見える。それはダウカーのオープン・エア・スクールを思い起こさせる。そこでは，教室の外周はガラススクリーンで，そのガラスの内側に回り込む一方，コンクリートの飛梁がそのまままっすぐ延びて建物の外郭を読み取らせる部分では，広い屋外の空間（屋外教室なのだが）をつくりだしている。キャンチレバーによって，ダウカーだけがその秘密を知っていたのだが，コーナーはより軽く透明になるのだ。
　孤児院においても，外皮が内側に回り込む所では，外周部にポーチやロッジアやベランダをつくりだしている。同時にインテリアも3つの場所に分割されて，それぞれの動線と眺望を開放するように，内側にはコーナーというものがない。その効果は驚くべきものだ。
　この建築に最初に接したのは建設中のときだったが，今までと違ったメカニズムに基づいた全く新しい種類の建築として，素晴らしい建築になることを確信したものだった。

324

322ab

323

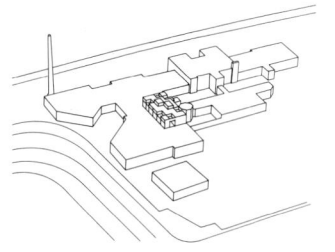

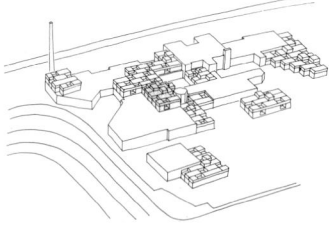

リン・メイ，アムステルダム（322-331）

　今世紀初めから操業しているクリーニング工場の，屋根の上に建てられた作業空間は，拡張の第1期計画であった。当時の予想ではさまざまな部門が拡大するに従って，増築が続くだろうと考えられていた。

1．どの部門がいつ，拡張を必要とするかの予測が難しい。

2．仕事の性格や会社の投資力から，同時に実現できる建物の規模は限られている。

3．既存施設は，まだ十分に残せる状態で，少々陰気で非効率的な配置ではあるが，建物はちょっと改修すればまだ役立つ。将来の成長予測に適合し，また無計画な増築を導かぬように，さまざまな事柄を勘案の上，設計することになった。こうしてさまざまな組合せで，多様な大空間をつくることが可能となっていった。設計の基本原則は以下のようになっていった。

a．ビジネスの絶え間ない変化に適応するために，各々の施設は生産上の幅広い要求に適合しなければならない。例えば，ある特殊な与条件にぴったりくるというよりは，施設自体に手を加えることなく，求められるさまざまな機能に対応するように，十分フレキシブルでなければならない。

b．それぞれの増築が完了するごとに，次の建設がどうであれ，そこまでの施設は全体として完成されたものでなければならない。

　すなわち各々の増築には，その環境的特性や全体性に無関係に，まずそれ自体が強い独自性を発揮する性質が求められた。本計画で，どちらかというとデモンストレーション的に使われているプレファブは，繰返しが必要だったからではなく，実際は――パラドック

スに思えるが——それぞれの部材にそれぞれの表現を与えたかったという理由による。部材は多機能であるために自律性を備える一方、各々の増築は互いに連結されて全体を形づくる。

　既存施設は、その上に1階分が載せられるように建設されていたので、この人工の岩場のような段階的な増築の基礎として十分耐えられるものであった。増築棟は既存棟の特徴をよりいっそう強調している。そしてまた、既存棟は増築棟の構成と創造に寄与している。新旧がそれぞれの特徴を残し、それをますます高め合っているのである。

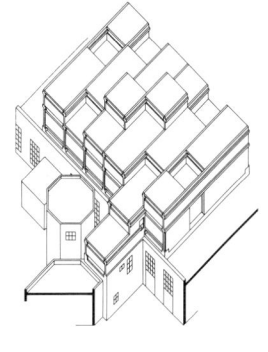

325
327a
326 327b 328
329 330 331

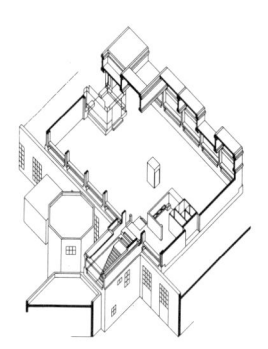

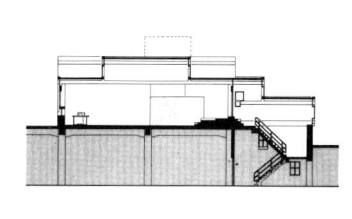

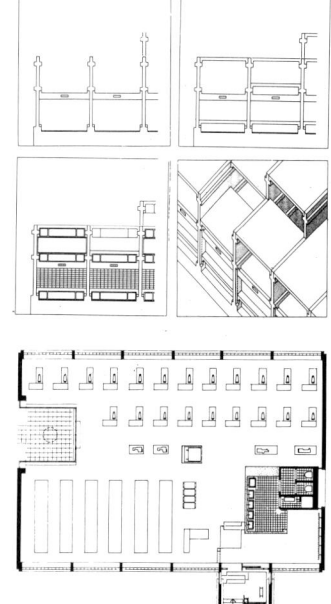

空間をつくること，つくり込み過ぎないで残しておくこと　127

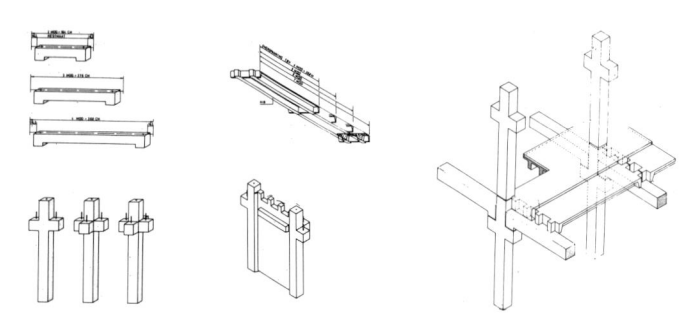

体ではなく，すべての入居者がすべてのアメニティに接し，利用することができるようなミニチュアの街あるいは都市のようなものとして考えられるべきことは明らかであった。こうした考えが，ある共通のモデュールをもち，非常に多様で複雑なプログラムに合致するひとつの連続した構造的フレームをつくるというアイデアを生んだ。計算の結果，どんな広さの部屋にもうまく機能する最小基本部材の寸法は92cmとなった。そして，それぞれの要求条件は，柱，梁，床の構造システムを構築する全体のビルディング・オーダーに適合している。それは92cmの単位寸法を備え，それにより特殊な要求にも幅広く対応するという秩序なのである。

全施設にわたる寸法の統一と標準化は，施設の互換的利用のために重要であるばかりでなく，最も合理的で迅速な施工を可能にし，コストダウンを図って予算内に収めることにもつながった。

建設部材の数を最小限にするため，3種類の寸法のまぐさが選定された。それらは3種類の，92×2＝184cm，92×3＝276cm，92×4＝368cmというベイをつくる。そしてこれらを組み合わせれば92×5，92×6という標準寸法ができる。ちょうど5セント，10セント，25セントという硬貨のシステムのように。

さまざまなエレメントによってつくられた「コンストラクション・キット」ともいうべきものによって，空間や架構は思いのままに組み立てられる。この施設の最初のレイアウトは，大，中，小の3つの中庭をユニットが囲む形になっていた。3つの中庭のうち一番大きな庭は2〜3階建ての建物が囲み，中間の大きさの庭は3〜4階，小さい庭を5〜6階建てが取り囲んでいるので，空間的なコントラストはかなり効果的なものだった。建物の2階建てから6階建てへの変化は，施設の中央で建築的なクライマックスに達し，オーディトリアムの上に突出した窓を表現していた（ここにはさらに，3つの中庭のそれぞれの対角線が直角に交差するという重要性を与えていた）。こんなことに随分とエネルギーを尽くし，設計与条件は完全にマスターしていった。しかし，老人介護の考え方についての突然の閃きによって，それは変わってしまった。

最初のうちは，もとの計画の基本を変えることなく，単なる修正によって，非常に多くの提案が取られた。しかし，しばらくすると，平面計画の基盤となっている回遊動線が，それらを受け入れるにはあまりにもタイトで硬直したものになってきた。そして最

デ・ドリー・ホーフェン，老人ホーム（332-341）

332
333 334
335

この老人と身体障害者のための施設は，ケア付きの看護棟と，独立した居住棟，中央のアメニティ棟から構成されている。それぞれに異なる管理部門や行政府がこれらの棟を管轄しているため，全体の設計では，廊下や居室や各階の高さや幅の規制の違いに対応しなくてはならなかった。各棟はそれぞれ性格は異なるのだが，最大の互換性を備えるようにされており，居住者が体調のいかんによって棟の間を移動しなくてもすむようになっている。この施設が，単なる建物の集合

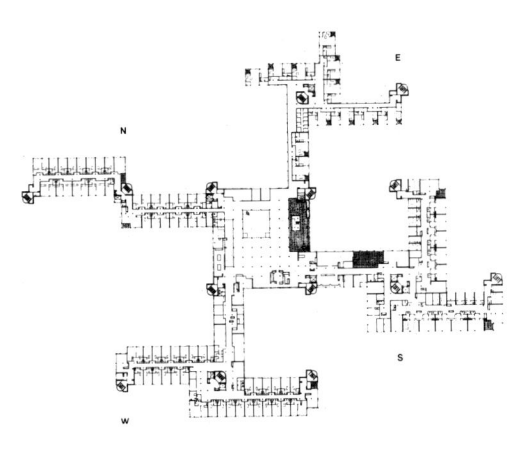

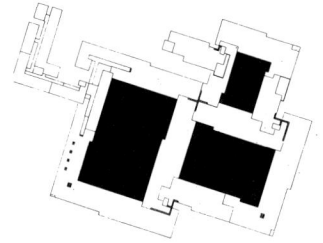

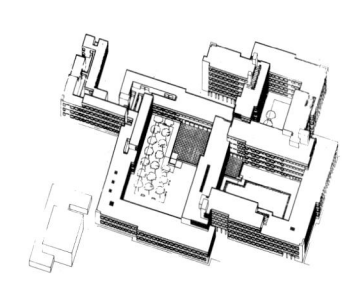

後には，その計画のすべてをあきらめなければならなくなったのだ。このような経験から学んだことは，主要形態をあまりに特殊で明快な構成にしたいと固執し過ぎると，その計画は失敗に終わるということだ。必要に応じて変更や修正に順応し適合できるよう，もっと開放的でフレキシブルな基本構造から始めた方がよほどうまくいく。この失敗の後，新しいコンセプトが考え出されて，このプロジェクトは完成した。今度は第1段階として，建物全体に関わる基本的な施設をまず計画した。階段室，エレベーター，配電盤，パイプシャフト，エアダクト，メンテナンス・スペース等である。これらはすべて垂直のシャフトに納められ，合理的に，規則正しく配された。これは，いわば塔の群像を表出する結果となったが，建設においては建物全体を安定させる機能があった。

計画与条件は，空間のスキームに置き換えられ，タワーによって規定されたグリッドにのせられた。タワーの位置は，結果的に，全体としての空間に秩序をつくる働きもした。「コンストラクション・キット」と呼ぶプレコンの部材は，それによって形作られるさまざまな組合せに，首尾一貫した統一性を与えた。

デ・ドリー・ホーフェンのビルディング・ストラクチュアは，特色のある柱・梁の構成で，その場その場で臨機応変に組み合わされている割には，全体の中で存在感のあるものとなっている。このストラクチュアの設計主旨は，視覚的・構造的な一貫性を失うことはなく，使い勝手の違いに対応する多様性をもちあわせるというものであった。更に，新たに変更が必要となったとしても，それは構造体のフレームの中で全く簡単に行われ，壁や扉や天井の改修が構造体にほとんど影響を与えず，構造体としての機能を損なうことがないように図られている。

336 337ab

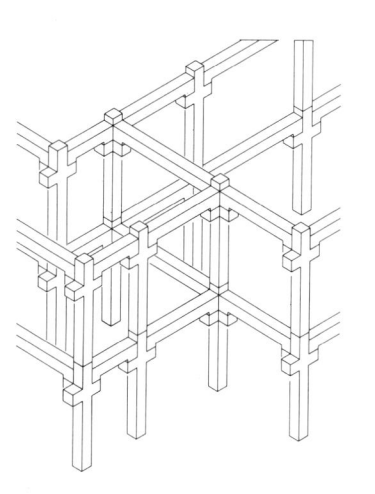

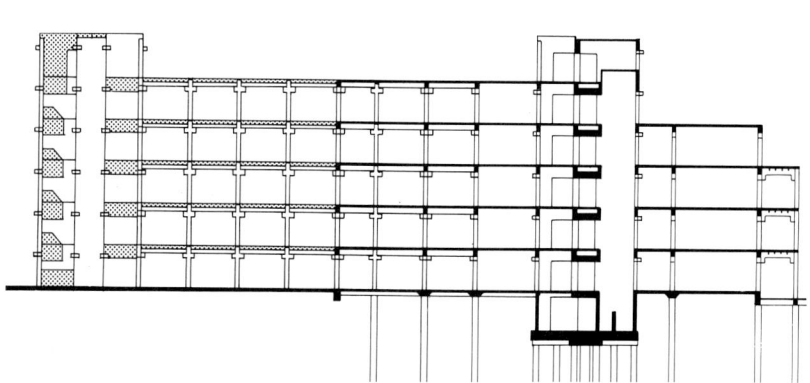

338 339

空間をつくること，つくり込み過ぎないで残しておくこと

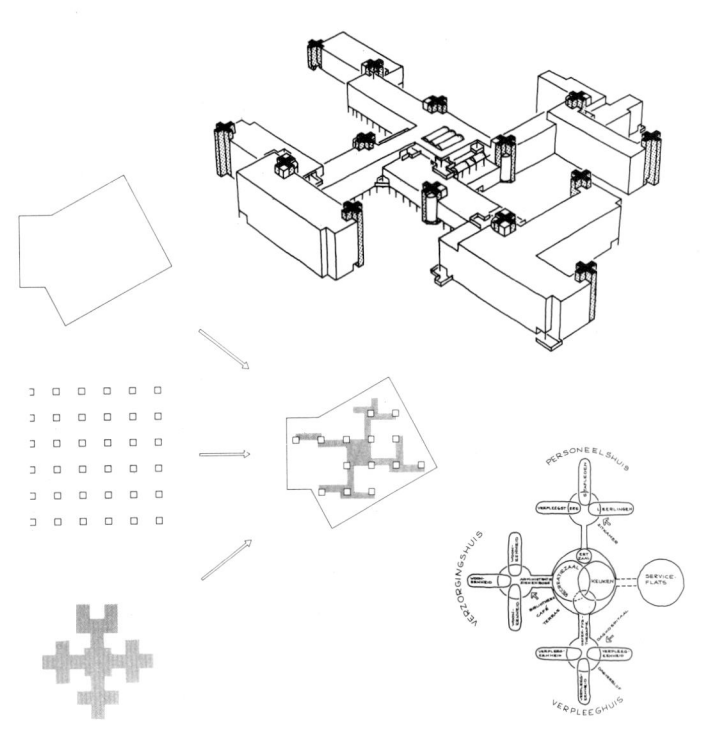

建築家にとって，丹念にデザインしたコンポーネントがなくなったり，断りもなしに変更されてしまうのは苦々しい思いがするものだ。しかし，建築家の考えた全体のコンセプトがそのまま残ったとすれば，それはある種の勝利なのである。ストラクチュアとは落葉樹のようなものかもしれない。葉が落ちて幹はそのまま残り，春になると新しい葉が出てくる。時間とともに使い勝手が変わり，利用者の要求に合わせて適切に変わっていくことが，施設を発展させるともいえる。それは時には，空間的には後退とも思えるかもしれないが，しかしまた既存の状況を改善する進歩であるときもあるのである。

セントラール・ビヘーア・オフィスビル（342-352）

　ファルリンスワールドとアムステルダムで，以前それぞれに行われたタウンホールのコンペで提案されたアイデアが，ついにセントラール・ビヘーア・オフィスビルで実現された。このアイデアは，小さな島々が並んでいるような感じに，同じスペースユニットを数多く集積させるというものである。スペースユニットが建物の基本を構成するが，それらは比較的小さく，その形態や空間構成や寸法はさまざまなプロジェクトや機能に対応できるようになっている。すなわち，このスペースユニットは多目的に使われ得るというものである。

　デ・ドリー・ホーフェンでは，非常に多彩な寸法や空間条件があり，それが幅広い多様性を備えたひとつのビルディング・オーダーを導いた。この事務所ビルにおいては，正方形のスペースユニットの備える基本的に合理的で単純な性格が，実際のさまざまな空間的要求にうまく対応している。その多目的な性格によって，必要なときには，ある空間ユニットが他の空間ユニットの役割も果たしている。これこそが変化に対応してゆく鍵であるといえるのである。

　オフィスの設計とは，単純なものに見えるかもしれないが，対応性こそが勝負であり，それをどう具現化するかが課題となる。組織は絶え間なしに変化しており，部所間の広さを調整せねばならないことも多い。オフィスビルは，全体としてどんな場面のどんなときにも機能しつづけるとともに，それぞれの内部事情にも対応するものでなければならない。つまり，永続的な適応力をもたせることが設計の前提条件となる。新たな局面ごとの繰返しのなかでも，全体のシステムとしてもバランスを保つ，すなわち機能しつづけるためには，その部分部分こそが，さまざまな目的に対応できるものでなければならないのである。

　ここでは建物は，その全域であらかじめ固定された永続的なゾーンとしてのベーシック・ストラクチュアと，それを補強するような変化に富み自由に解釈され得るゾーンによる，ある広がりとして設計されている。

　ベーシック・ストラクチュアとは，施設全体を担う建設の主要な部分であり，ダクトシステムを備え，ま

342

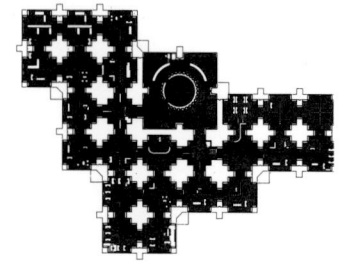

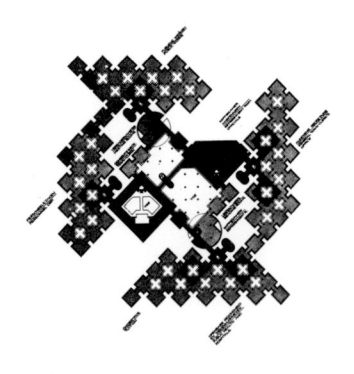

た施設内の主要動線の基盤となる部分である。このベーシック・ストラクチュアは，ふたとおりの表現をもつ。ひとつは連続的な構造（脊柱）として，ひとつは施設の外周を規則的なリズムをつくる小さなタワー（脊椎のようなもの）としての表現である。解釈され得るゾーンとは，空間にある特別な要求をつくりだし，それによって補足的な解決をつくりだすようなすべての予見可能な機能を果たすようにつくられる，さまざまなコンポーネントの部材という基本的な要素で築かれるのが，この解釈可能なゾーンなのである。この基本構造と，その内に秘められた解釈可能なゾーンは，本質としては変わらぬうちに，いろいろなものによって補足されるようになってくる。さまざまな解釈の集積によって，建物はその全体としてのアイデンティティを獲得するのである。

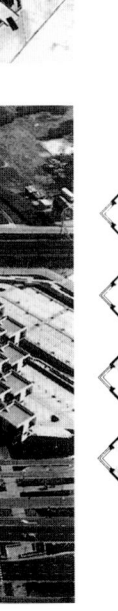

343　344
345　346
　　347　348
　　349　350

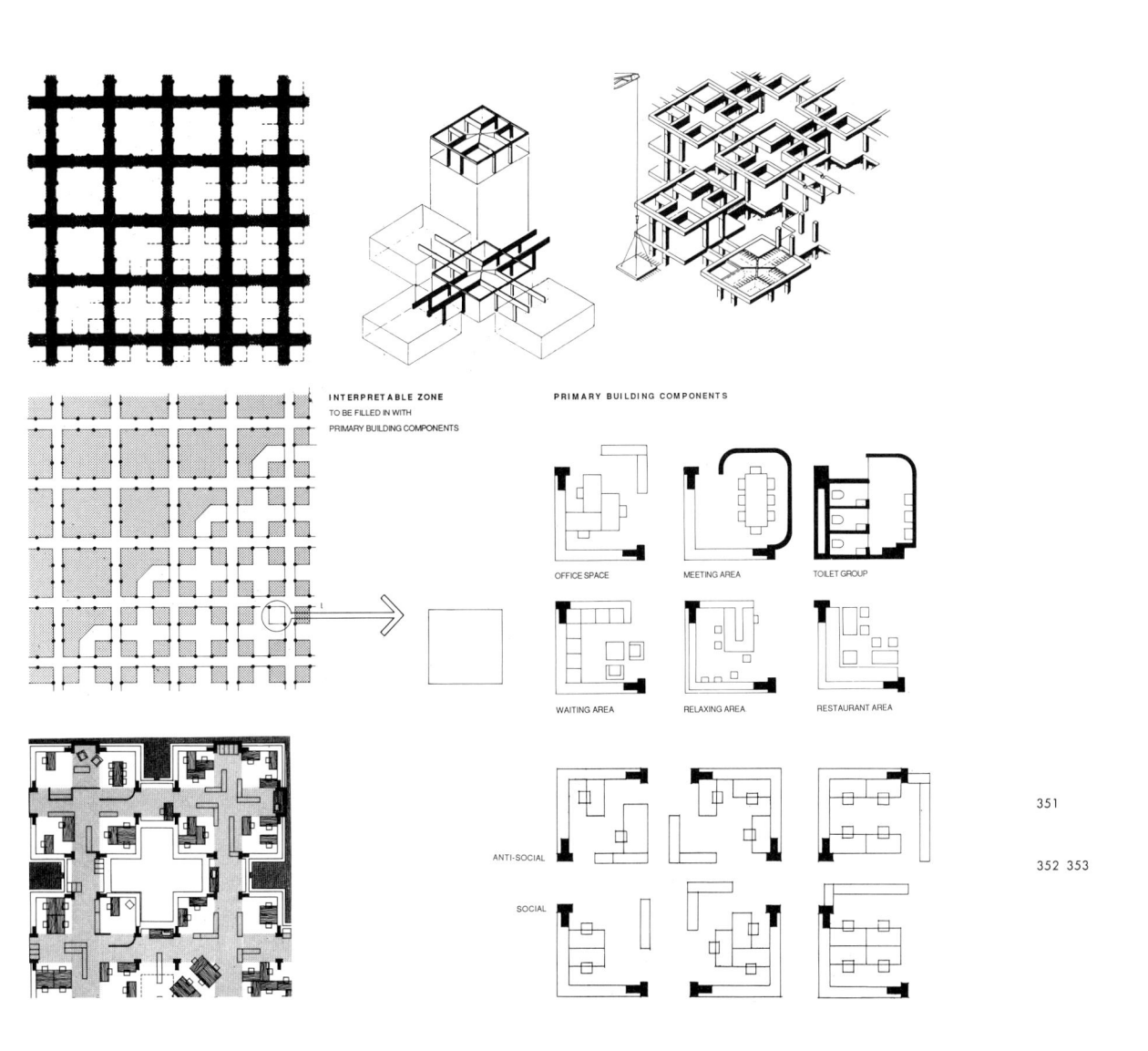

INTERPRETABLE ZONE
TO BE FILLED IN WITH
PRIMARY BUILDING COMPONENTS

PRIMARY BUILDING COMPONENTS

OFFICE SPACE   MEETING AREA   TOILET GROUP

WAITING AREA   RELAXING AREA   RESTAURANT AREA

ANTI-SOCIAL

SOCIAL

351

352 353

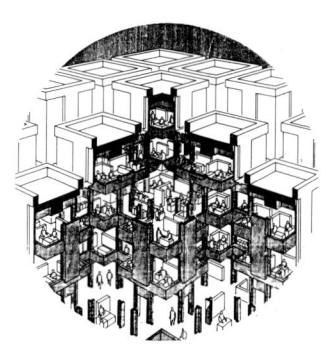

空間をつくること，つくり込み過ぎないで残しておくこと

フレーデンブルフ音楽センター, ユトレヒト (355-360)

建物の外観は不規則であり，とてもひとつの建物であるようには見えない。設計の出発点は，いわゆる「音楽の殿堂」のように周囲から浮き上がったようなオーバーデザインは避けようということだったが，入りやすさを基本としたことが，多面体による外周部の演出という結果になった。これらの面はすべて同じ素材でつくられているので，全体のなかでは単に面の違いとしてしか表現されていない。全体を表現しているのはそれぞれの部分だが，ここでは全体の理論性よりも，それぞれの部分の読取りのしやすさに注意が払われている。それぞれの部材は独立した自主的な存在となり，コーナーでこれらの要素がさまざまに組み合わされることによって，それぞれの間に築かれた関係性はコンスタントに変化していくものとなっている。

外観の変化にもかかわらず，素材と部材とその部材の構成手法とに存在している統一性は，ひとつの建築言語というべきものをこの建物に与えているようだ。ひとつの同じ基本的な素材を，室内にも室外にも使うことで，室内外は視覚的に貫入し合い，それが全体の入りやすい表現を生みだすのに一役買っている。ビルディング・オーダーの重要な役割のひとつに，柱のもつ力強さとその明瞭に認識されやすい形態を利用して，柱を繰り返し使うことがある。同じ間隔でグリッド上に立つ柱は，建物全体を等しい空間に仕切っている。それはちょうど楽譜で符が音を出す間隔を示すように，建物に抑揚を演出し空間にリズムを与えている。

柱の配列は，さまざまな部材が非常にフレキシブルに存在することを可能とし，また複合的なプログラムのつくりだす多様な構成要素を調整する効果を備える最小限の秩序のシステムを創造する。

全体を統一するのに役立つ一方で，この柱のシステムは，それぞれの空間がそれにふさわしい条件と位置づけによって設計されるためのガイドにもなっている。この原則は，コンクリートの柱と床とで構成され

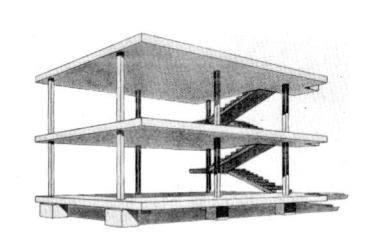

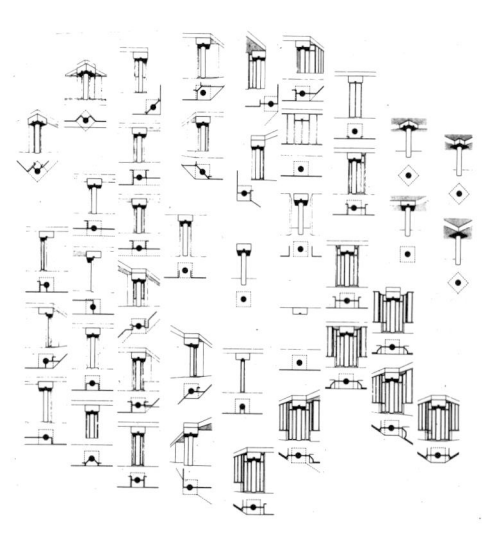

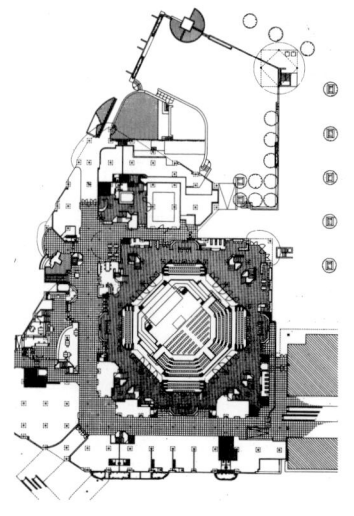

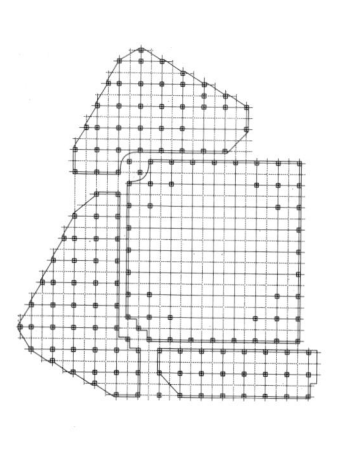

たスケルトンによる今世紀初頭の可能性に満ちた新しい提案であった「自由な平面」と本質的に違うものではない。フリープランの初期の特徴には，時としては，大げさな曲がった壁や空間に自立する柱などがあったが，それらは今日フリープランが一般に広く用いられている方法，すなわち柱が壁の出発点となっている手法とは随分と異なっている。数多くの部屋と囲まれた空間とを構成するストラクチュアとしては，後者の方が明らかに適切な手法であろう。

　独立性としては，もしそれが群集の真只中にあるとしたら，親しみと優しさを備えるという意味で，丸柱が好ましいものだと思われる。

　障害物とならぬように立っているときは，柱は力強く，この力強さは施工上で必要とされる四角いキャピタルによって誇張されることもある。このキャピタルを配列する主な目的は，異なる高さと違う方向からの天井との当りを調整することである。加えて，それは柱より幅が広いため，柱と壁との間に若干の距離をつくり，柱の周囲にある空間性をつくりだす。正面の柱は，そこにふさわしいように，壁を切り開く。正面の開口部はほとんどの場合，この柱に沿って設けられていて，壁に開けられるケースは稀である。空間に自由に立つ柱は，建物中に多様に繰り返されることで，分かりやすく個性的なイメージを備えたモチーフをつくりだす。実際，場所によって違った空間体験が呼び起こされるように，柱はデザインされている。

　そこが開放的か閉鎖的かによって，柱は異なる様相を呈する。すなわち，柱がある場所の特色を決め，それと同時に，その場所も柱そのもののイメージを決めているといえよう。柱による架構は，自由を創造するシステムのように見えるかもしれない。それは，ある特定の状況で有効に働く何かを誘導する能力をもち，空間の反復なくしても理路一貫としたビルディング・オーダーをつくるものなのである。

359
360

空間をつくること，つくり込み過ぎないで残しておくこと　　**135**

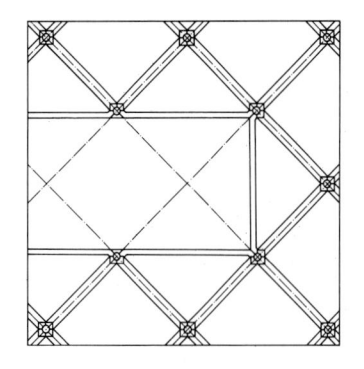

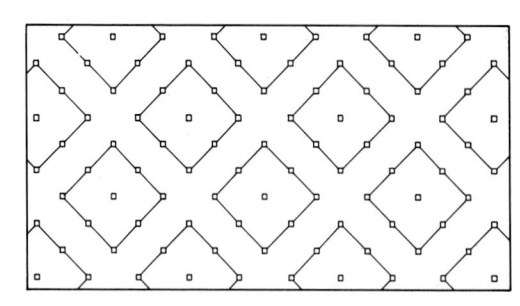

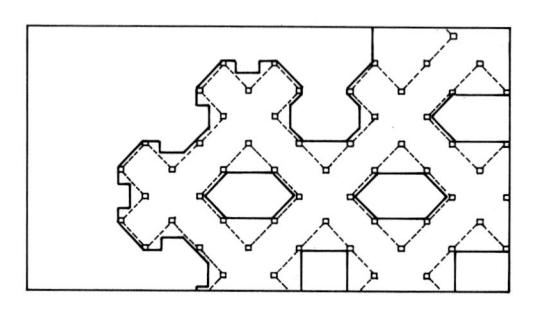

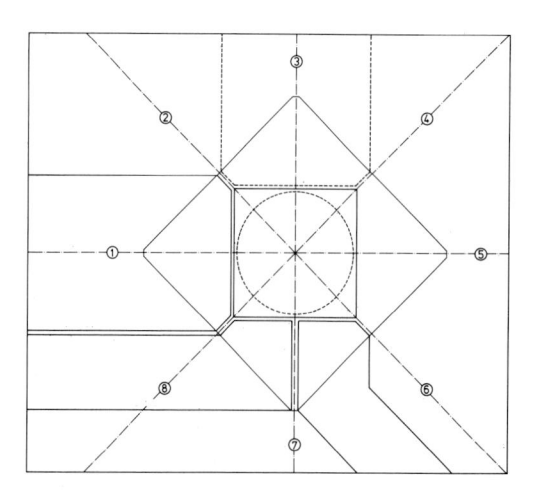

社会省，ハーグ（361-379）

　ここでは，事務所フロアは際限なく続いていくというのではなく，分節されている。一見するといくつかの建物に分かれて見えるが，実は細長いセントラルゾーンの両側にいくつかのグループに分かれていて，小さなオフィスビルが集まってひとつのコンプレックスを形成する感じになっている。これらのオフィスブロックは互いに連結された八角形をしており，それぞれがひとつ以上の部門を収容し，それぞれが直接セントラルゾーンから出入りできるようになっている。

　オフィスユニットは420m²あまりの八角形の領域を，ひとつもしくは複数，連結するか重ね合わせることによってさまざまに変化をもたせながら，空間を創造している。

　各々の空間ユニットでは，1～3のワークエリアの各部屋に平均32人が働くように計画されている。建物は基本的には個室業務型に設計されているが，必要があればいつでもどこにでも，よりオープンな構成が可能なようにもなっている。

　建物の外回りの第一印象は，内側からも外側からも，数珠なりに並んだ八角形の集合という感じだが，オフィスユニットへの細分化に際しても，この八角形のパターンを踏襲している。

　施工上では，このスケルトンは規格化された多数の特徴あるプレファブ・コンクリートの部材によって構成されていて，それらの部材は現場で組み立てられた。それらは，似たような特徴のある空間ユニットの繰返しを築くように組み合わされている。

　対角線上に入れられた大梁には，すべてのフロアを貫通する配管を通している。そのパターンは，主構造の基幹ゾーンの外側に，第2のゾーンとして必ず方形のスペースがとれるような配慮の結果である。そしてこの第2ゾーンは，その端部に小梁の入ったフロアパネルの所で開放されている。第2ゾーンを対角線で納める形態こそ，フロア全体を八角形に切り取るものであり，ここでしか求められないリズミカルな変化をつくりだしている。

　このようにして，要求された構成に従って，さまざまなプログラムをまとめる建物の構造が生まれた。規則正しい意図的な柱の配置は，レイアウトの多様性と可変性を飛躍的に高めるもので，将来的なニーズにも対応できる建物になっている。

　この建物のストラクチュアは，ビル全体に秩序をつくりだすもので，レイアウトの制約になるどころか，

361
362
363
364

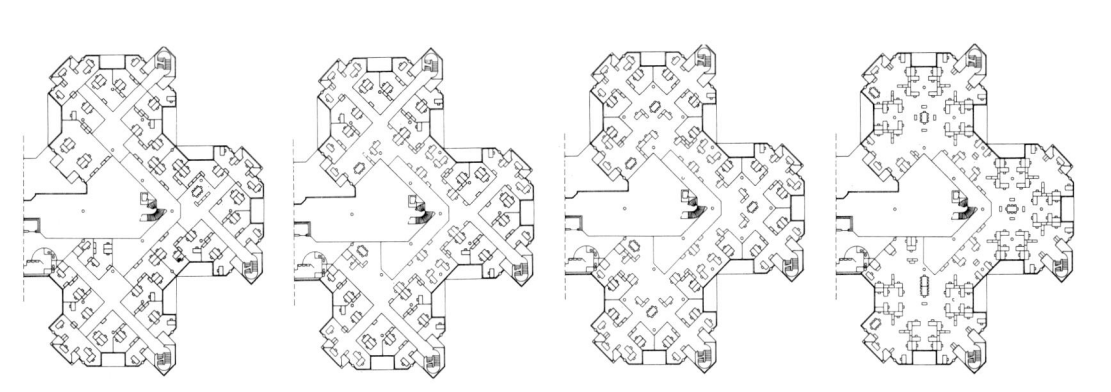

365
366 367

その自由度を高めている。ストラクチュアは，この施設全体を貫いている建築的な共通項として，さまざまな部分を分かりやすく秩序づける。空間的な組織力の他に，このストラクチュアは技術的なまとめにも一役買っている。全館を通る配管シャフトのパターンなど，建設技術とは広範囲にわたって合致されている。

オフィスユニットの主方向は，基幹構造をつくる大梁の方向と同じなのだが，建物全体の方向に対してはすべて斜めになっている。

空間的な中心であるセントラルホールがビルの全長を横切っている方向には，大梁よりは軽い役割ではあるが，少なくとも空間的な視点からは重要な役割を果たしている小梁が流れている。この建物で最も興味のある設計テーマのひとつに，慎重に選択されたふたつの方向軸をいかに結合するかということがあった。問題は，大梁と斜めの小梁とを，小梁が縦方向の空間性を確実にし，またその空間性を連続させるように，組み合わせることに尽きた。8方向からの梁を受ける支持の解決としては，8つに分割された1m四方ほどの机のような形をした，原理的には全方向からの柱を受けることのできる柱頭を設定した。

建物のすべての空間的要求をかなえるためには20もの交差部のディテールが必要だったが，それらはある所は単独に，またある所は全体的視点から，それぞれのテーマに沿って設計されている。さまざまな方向性をもつ重い大梁と軽い小梁とは，高い方に位置する梁が双方の寸法を統一するように組み合わされている。また柱頭は大梁よりも，むしろ吹抜に面する小梁の方

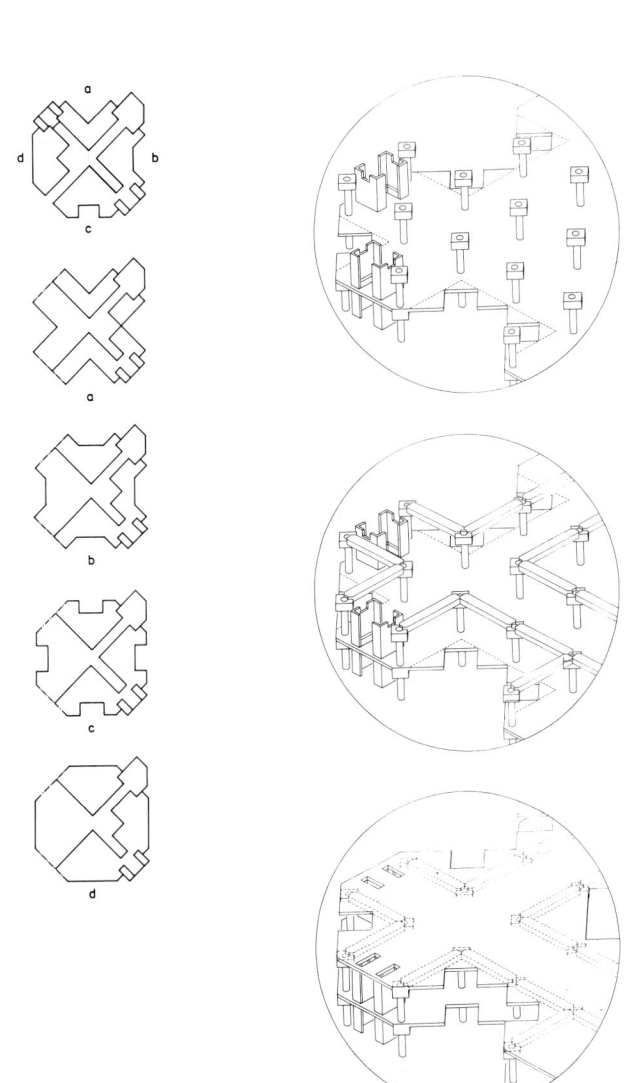

空間をつくること，つくり込み過ぎないで残しておくこと　**137**

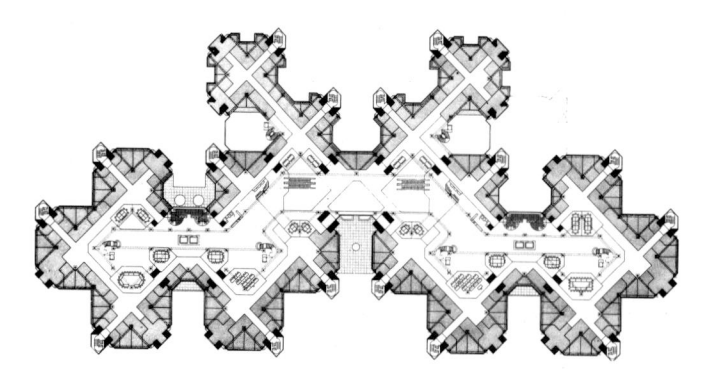

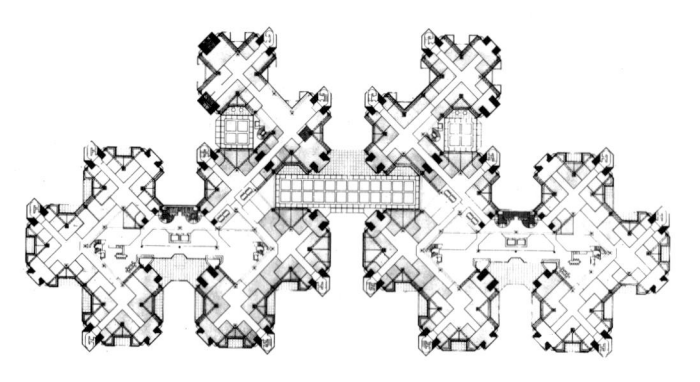

向に合わせてある。このように方向性を選択した結果，セントラルホールの方向性と建物の大梁の方向性の表現とは，ちょうど同じ強さとなっている。またこのようにしてつくられた交差部には，建物の全体の構造の原理が集約されている。そのすべてが集中する1m角の立方体の中に，建物全体の構造と構法の基本方針が表現されている。そしてその統一性と多様性が故に，このビルディング・オーダーのなかでは最も重要な要素となっているのである。

大きな寸法での建設部材の繰返しの利用と，部分的にも全体でも，思いどおりに増床できるという可能性とによって，この建物は優れてコンクリート系プレファブ工法に向いた計画であった。仕上がりの質として，打ち放しのコンクリート部材で十分間に合うということが有利なところだった。構造体の耐力は，基本的には柱，梁，シャフト，床の4つの部材で支持されている。柱頭に載っている梁には，将来吹抜に床を張るためのフロアパネルをひっかけるディテールが工夫されている。ここで要求されていた精度はプレファブの梁によって満足されている。構造の安定性は，現場打

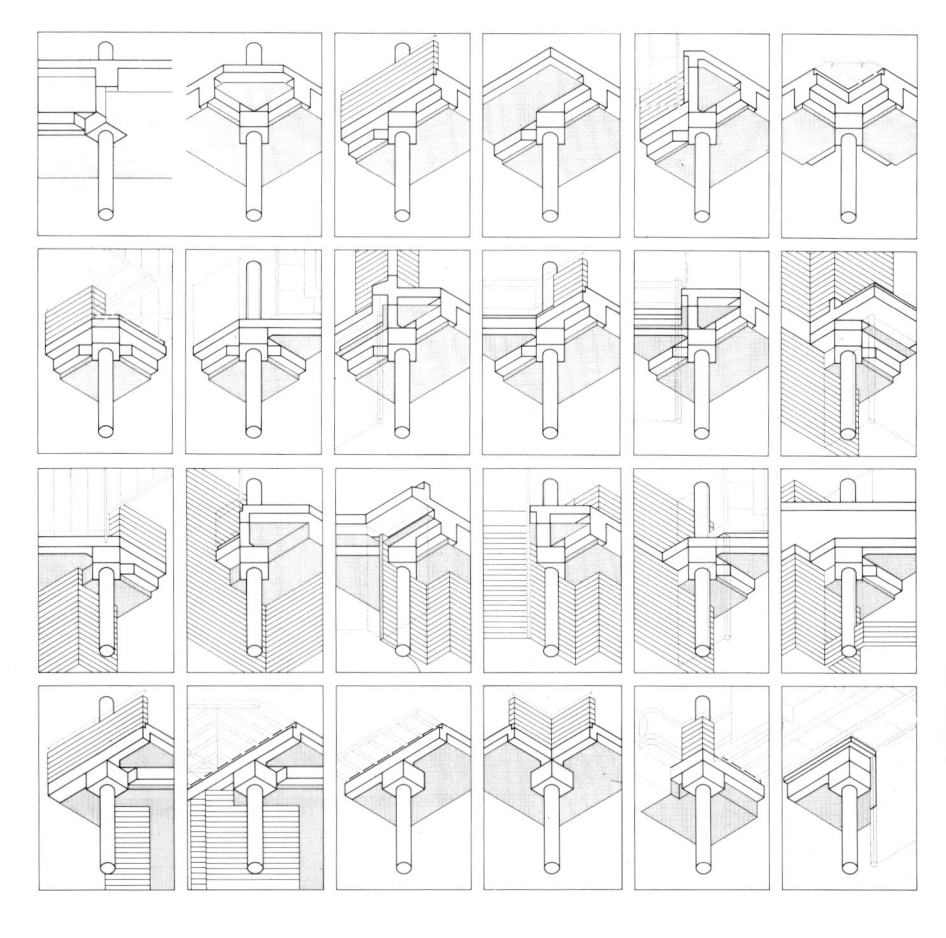

368
369
370

空間をつくること，つくり込み過ぎないで残しておくこと　　139

ちのコンクリートを流し込む穴あきシャフトによって
確保された。梁に架ける床板には，プレファブも現場
打ちも使われた。建物正面の下部にある駐車場もオフ
ィスと同じ柱スパンでつくられた。プレファブ部材の
現場組立てというシステムの導入は，建設コストの低
減に大いに貢献し，限られた予算内でこのような規模
の建設を可能にしたのである。

アポロ・スクール，アムステルダム（380-388）

ふたつの学校は，両方とも文部省からの同じ空間的与条件に基づいて，同じビルディング・オーダーによって，一般解として設計されており，双方には共通項も多くみられる。しかし逆にふたつの建物には，その配置やそれに伴うクラスルームの出窓の方向やそれぞれの学校内の方針に基づく多くの重要な違いも存在している。ここでは，それぞれの建物に特有な問題を解決するのに同じ建築的手法が用いられており，それがこのふたつの建物の形成要素に強い一貫性を与えるこ

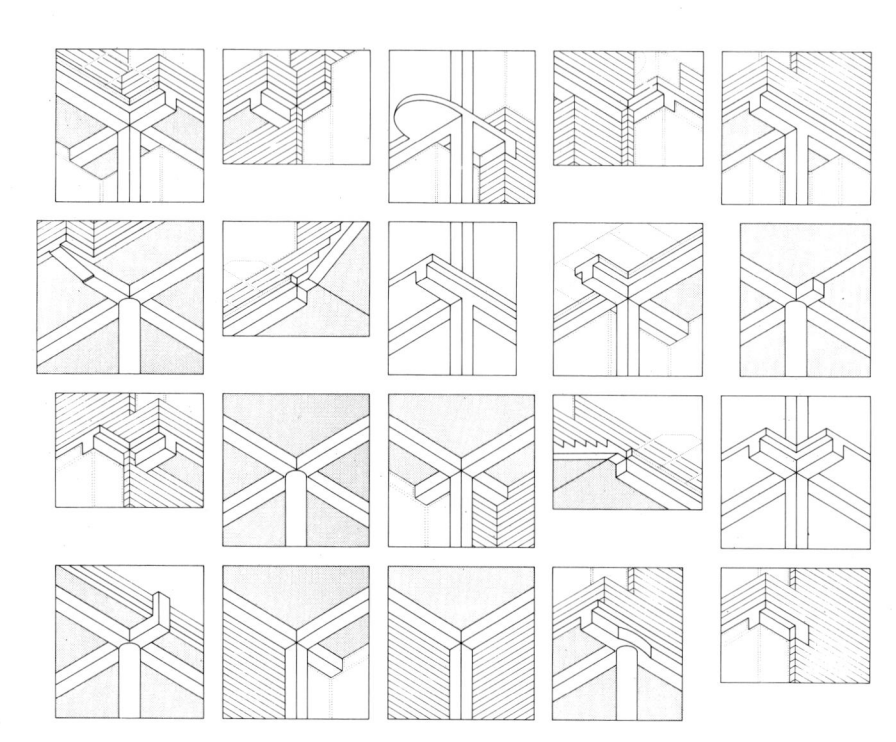

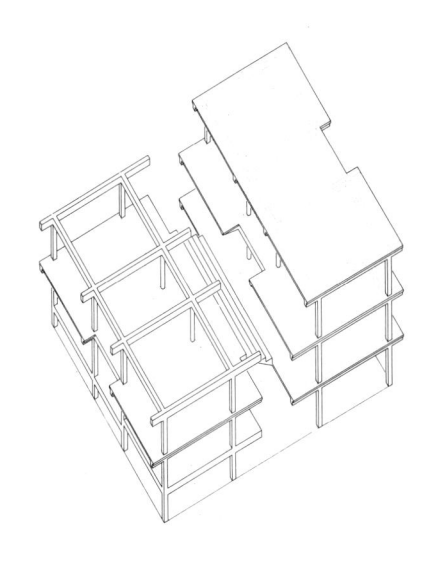

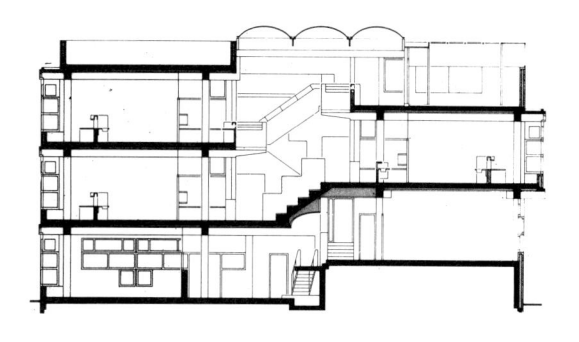

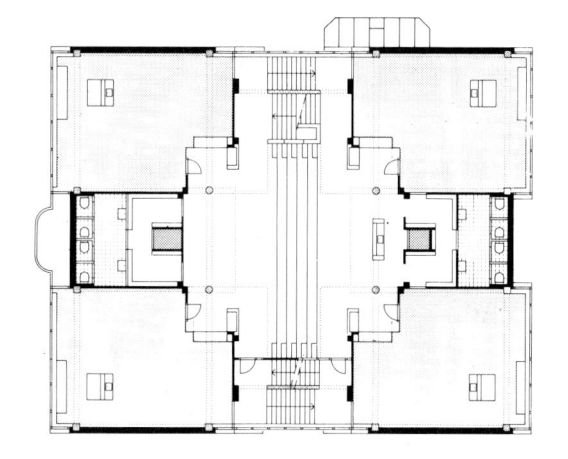

とになったのであった。

　それは，共通する建築言語を発見しようということだけでなく，個別解というのも同じ根から違った枝が出ているようなものだというアプローチで，共通した建築的文法として考えてみようとした結果である。

　この計画の原則は，約20の項目に要約された。例えば，室内と室外，骨格とブロック，窓台，鉄製部材の一貫した使用，普通のサイズと規格外サイズ，交差部

382 383
384
385 386

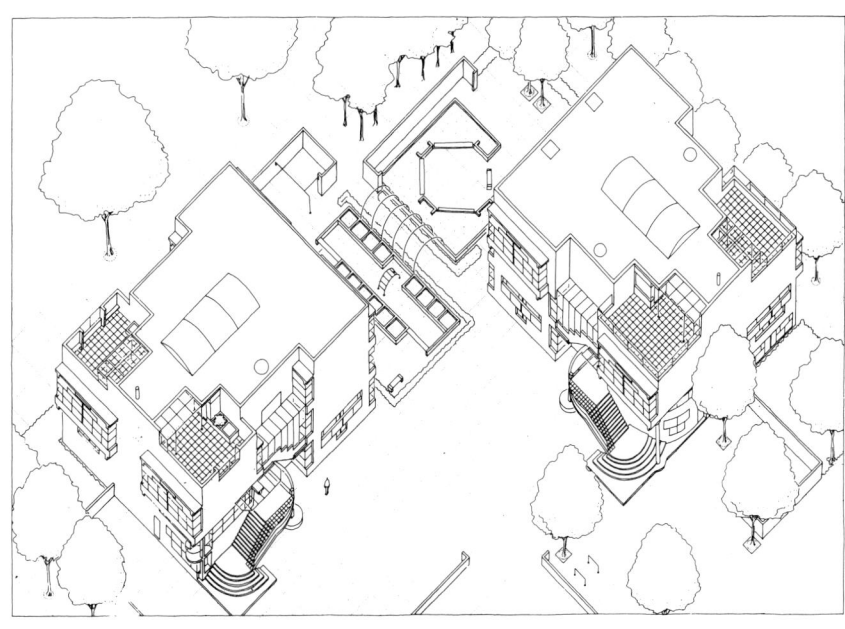

空間をつくること，つくり込み過ぎないで残しておくこと　　141

とTジョイントなどであった。

　設計段階で，それぞれの項目の相関関係を考慮した結果，ここでのすべての要素は家族的な血縁関係ともいうような関係性を備えることになった。

　ビルディング・オーダーによるデザイン構成の方法は建築様式の分類に似ている，と思うかもしれない。それは，そこらにあるような古典主義様式でさえも，表面上はビルディング・オーダーとしての条件を満たしているということによる。ある建築様式では，ひとつひとつの要素はそれぞれに決まった役割を担い，ある特別のルールに従って他の要素と結合している。この点において建築様式は，ひとつのことは表現できても他のことは表現し得ないという意味で，またそれぞれの要素や要素の結合がある特定の決まったことを示しているだけで別の解釈の余地が全くないという意味で，フォーマルな言語に似ている。さらに極め付きは，技術的な制約が空間構成を決定しているということだ。例えば古典様式を採用しようとしたら，キャンチレバーはつくれない。古典様式の建設手法にはキャンチレバーはないわけだから，そこではダウカーやリートフェルトのような柱のない開放的な建物のコーナーなどはつくりようもないのである。

　実際のところ，建築の歴史が建築様式に関わりがあるとすれば，それは束縛から逃れることに成功してきたということであろう。旧式なパターンを断ち切るという不断の努力を重ねることが，建築家の存在理由なのである。そうしないと，既成の方法では命題に対して言わねばならないことが言えないのである。

実際の計画では，ビルディング・オーダーは，使い勝手をその将来にわたってまで見据えるという，その本来の目標に対する深い認識の所産として存在している。ビルディング・オーダーはこのようにして，期待される「言語運用」を予感させる。そしてビルディング・オーダーは誘導的な方法で「言語能力」を再構築するのである。

　実際にはひとつひとつの仕事こそが新しいオーダーの展開を促す原動力となっている。それはオーダーがその仕事に特有な性質から生まれるということに由来している。それぞれのオーダーはそれぞれに特有のメカニズムを表現する。異なる状況では異なる目的が求められる。しかし，ストラクチュアの重要課題は「自由を創りだす秩序づくり」というパラドックスであり，それこそが計画を貫く視野となるのである。

389

魚を日干しする男，セネガル

functionality, flexibility and polyvalence
6 機能性，柔軟性，多義性

　機能主義では，形態は効率を表現していた（だからといって，すべての機能主義の建築が効率的であったわけではないが……）。「機能的都市」や「機能的建築」というものには，明らかに不一致というものが存在していた。それが過度な要求や使われ方を招き，その結果，ものごとを統一するというより分断したのであった。もしこのような傾向に逆らわぬものがあったとしたら，それは時間というものだけだったといえよう。

　実際には，有能なる機能主義者たち，すなわちインターナショナル・スタイルにしばし取り付かれたように熱中した人たちはこのよくある落し穴をまんまとかわして，彼らの軽快で優美な白い四角い建築はさまざまな目的に事実よく適合したのだった。しかし，いわゆる機能的都市というものは，機能の統合ではなく分解ということが建築的課題を解決する思考をいかに妨げてきたかということを如実に示している。すべてがあまりに特殊解であるという過激さは，機能性を損うばかりでなく，深刻な非効率性をも招くことになるのである。

　現在でもそこら中で建設されている傾斜床の駐車場を例としよう。それはとにかく廉価で建てやすいシステムではあるが，もし事情が変わって車不用の時代にでもなったら，他の用途には全く転用のきかぬ代物ではないだろうか。

　建築の病いの万能薬として，フレキシビリティ（柔軟性）が標語とされた。建物の設計をニュートラル（中立的）にしておけば，さまざまな用途に対応できると考えられた。少なくとも理論的には時間や状況の変化をも受容できるとされた。それはひとつの前進ではあったのだろうが，中立性とは個性の欠除，すなわち明快な特徴の欠落ということに過ぎない。変化し得る能力とは，ある特徴に順応し補正されてゆくことではなく，まず自らが何かしらの特徴を備えているということなのである。

　フレキシビリティとは，すべてに正しい解答などというものが存在しない以上，明確な一意的な見解というものを否定するものでもある。フレキシブルなプランとは，適切な解決というものの存在を否定するところから始まるといえる。何故なら，解決を要する課題とは，いつも一時的なものにしか過ぎず，絶えず変化する状態のなかに存在しているのであるから。フレキシブルであるということは一見相対的であるかのようだが，実際は主体性に欠け，どんな行為にもついてまわる責任というべきものから逃避しているようなものなのだ。フレキシブルな設定とは，確かに変化を受け入れはしようが，すべての問題に対する最適かつ最良の答では決してあり得ないものなのである。どんなときにもそこそこの解決ではあるが最適な解決ではあり得ないのだ。すなわちフレキシビリティとは，ある特定のひとつの課題に対しては，適切でない解答の集合であるともいえよう。

　以上のように，変化するものを内在し得るフレキシブルな設定というシステムは，ある特定の問題に対しては，最もニュートラルな解決ではあっても，決して最良で最適な解決にはなり得ない。

変化する状況に対する唯一の建設的なアプローチは，変化そのものを恒久的に全く変わらない要素として捉えた形態，つまり多義的な形態である。それは，それ自体は変化することなくさまざまな用途に対応して，最小限のフレキシビリティでもって最適な解決となり得るような形態である。今日の都市は大量の住宅問題を抱えており，その建設には膨大な資材の生産を伴うが，それはあまりにも均一的である。これらの生産方式による住宅の均一性が住人の平等性と認識され，均質な住宅群が変化のない単調な街区を生みだすという状況に陥っている。

　こうした均質な都市計画や平面計画は，機能を分化することから生まれている。それは，異なる活動にはそれぞれに特別な空間が必要だとして，住み，働き，食べ，寝るといった，空間の目的性の差異に重点を置くことに盲従してきた結果なのだ。それが過去25年間にわたって言われ続けてきたのだった。しかし，住む，働く，食べる，寝るということは行為としては違うことだとしても，それがすなわち特別な空間を必要としているとはかぎらないのだ。必要性を感じるのは人間であって，人間こそが自らの好みに応じて，独自の方法で，その機能を自分なりに解釈したいのである。

　機能的な都市とか機能的な平面計画といわれるもので，当初に計画した人が誰だか分からなくなってしまうというような状況が起きたら，それは，住居の均一性に帰因するというよりは，ひとつの特定の機能にひとつの標準化された概念をあまりに画一的に当てはめてきたことによる。今日において建設されている住宅や街ですら，何ら根本的な変化の兆しを見せることもない。

　人びとはどこにテーブルやベッドを置くべきかなどと，一般通念を幾世にもわたって説き続けることは，まさに均質化を押し進めることになる。このように個人の活動の自由を一般化することが，どの家庭や街にも，同じようなあらかじめ定められた建物をつくりだすことになってしまう。それがあまりにも平凡であれば，アイデンティティを創造する多様性の，そのすべての芽を摘み取ってしまうことになるのだ。

　古い運河沿いの家の住み心地の良さは，どの部屋でも，働き，寛ぎ，寝ることができるからである。そこではそれぞれの部屋が，そこをどのように使うのが最も人間の気持に合っているかということについて，想像力を誘うのである。例えばアムステルダムの古い中心街の多様さは，そこに何かしらの豊かな原則（20世紀の建築に共通する原則は，確かにいっそう複雑になってきているのだが）があるからではなく，むしろ実際には，あまり変り映えのない空間の連続性の備える多義性こそが，個人的な解釈を可能にしているからだといえる。

　個人的な暮し向きを一般的通念で解釈することは慎しまねばならない。必要なのは，さまざまな機能が或る典型的な形態に昇華されることであり，共同の社会生活を自分なりに解釈することで他と適合し合い，それぞれに好ましい機能へとつくり替えを誘うような，そんな空間の多様性なのである。

ここまでの記述や事例は，建築や都市がそのアイデンティティを保ちながらも，多様性と変化に適応する能力とを備えるように設計されたらどんなによいかという願望にほかならない。

　20世紀社会のありとあらゆる複雑さに取り組む建築家のために役立つような，より柔軟で能動的な新しい「メカニズム」（言語学的にはパラダイム）を備える思考や行動を，それではどうすれば手に入れられるのだろうか。大事なことは，建築家の当初の想定とは違った使い方に対しても，混乱したりアイデンティティを失ったりしない建築をつくることである。重ねていえば，建築は，その建物のでなく，その使用者のアイデンティティこそをかぎりなく高めるものであるべきだということなのである。

　ストラクチュラリズム（構造主義）は，言語学においてそのプロセスの有効性を示している。本書でストラクチュラリズムが繰り返し参照されているのは，それが建築の方向性をも示しているからである。建築は多くの場合，依然としてコミュニケーションの手段として捉えられているが，「言語能力」，「言語運用」といった概念のように，数多くの類似点はあっても，建築はやはり言語ではないのである。しかし，「能力と運用」という概念は言語だけにかぎらず，形態の使われ方にも適用され得るし，原則としては形態を導くことも可能なものであり，またそうされるべきものなのだ。

　有用性こそ，第一義とされるべきものであることはいうに及ばない。有用性こそ，その言葉の定義を正確にしなければならないとしても，論議の余地のない唯一のクライテリアなのである。工業製品もそのひとつだが，複数の目的をもたない物や形態がある。それらはその単純な機能に役立てばよく，それ以上でも以下でもない。しかしほとんどの物や形態はどうかというと，日頃からそう名付けられている或る定められた目的の他にも，それ以上の付加価値や可能性を秘めていて，それが故に大いに効率的であるものなのだ。この有用性こそ，多義性と称すものであり，「能力」に最も近いものであり，デザインのひとつのクライテリアとして重視されるものである。

　以下に，次章への導入も兼ねて，上記の主旨を1963年に論じた文章を引用する。

390　391

「形態とプログラムとの互恵関係」

　都市の特性のうち最も重要なもののひとつは，都市が内在する絶え間のない変化そのものであろう。日常的に経験されている都市は常に変化しているが，人びとの意図に反して，有機的で機能的で規則的な成長や発展をしたことは一度たりとてないのである。しかし，毎日でも長期間でも，一時的にも永続的にも，偶然でも必然としても，変化は続く。人びとは転居し，建物は建て替り，くもの巣のように緻密なメカニズムの核心にまで変化が及んで，それがまた他の変化を誘うものとなる。変化と変化が干渉し合って，それは他で形作られた形態の意義にまで，多かれ少なかれ影響することになるのだ。

　都市のすべての人や物が，常にそのアイデンティティを保つためには，どの瞬間でても，その状況が完全なものであることが求められる。

　変化の過程こそが，常に永続的な状態として把握されなければならない。何故なら，変化し得ること自体が，常に最も重要であり，それが個々の形態の意味づけであるからだ。こうした変化に耐えるために，形態は無限の解釈を許容するものでなければならない。そうすることで形態は，変化のなかにアイデンティティを失うことなく，無限の意味を収得し発散させるものになってゆくのだ。

　ある都市の場所がさまざまな時代においてそうであるように，画一的な住宅ですらもあるひとつの時代のなかでは，さまざまな意味をもち合わせられるものでなくてはならない。このアナロジーで，場所と時間は消滅し，ひとつの出発点へと帰結し得る。例えば，意味はそのすみかを替えることができるということが明らかになるのである。

　また，(多くの人にはそこそこよくても，唯一人にとっても真に適切にはなり得ない) フレキシビリティによる中立性や，(適切だとしても誰に適切なものかが分からない) 過剰な表現による特殊性などが，真の解決にはなり得ないことも明らかである。こういう信頼の欠如や自己の過信に立脚する特殊性には，問題解決能力などなく，むしろそれらとは反対のところにこそ解決の糸口があるのだ。すなわち，すべての人びとが，それぞれ自分独特の関係性を見出し，個人によって異なる意味づけができることこそが出発点となるのである。

　さまざまな意味を備えるということは，それぞれの形態が多様な役割を担うということなのである。形態の本質にさまざまな意味が含まれて初めて，さまざまな役割を演じることが可能になる。それは明快な提案というより，むしろ微妙な示唆なのだ。

　各々の意味が形態から引き出されるには，そもそも形態に付随する意味が存在しなければ，何にもならない。社会の本質である複雑性に呼応したいと思うなら，形態を意味の凝結した束縛から解放しなければならない。解放こそが多様な意味づけに至る道ならば，プログラムに基づくだけでなくプログラムを生み出す形態を，すなわち原型となるべき形態をこそ，探求しなくてはならない。

　形態とプログラムは互いに喚起し合うのである。

form and users: the space of form

7 形態と利用者：
　形態としての空間

　前章では，ストラクチュアについて，それをさまざまな状況において，解釈の自由や識見を喚起する可能性の「フレームワーク」として述べた。

　これまでは主に，複数の人びとが同時に解釈できる都市の形態を扱ってきた。そこには多数を扱う状況があり，それは集団的な連想に関連したものであった。

　ストラクチュアとその設計者ということで，主な関心は，建築家とストラクチュアとの関係にあった。つまり実際のところ，利用者は主役ではなく，対象としての役割を担っていた。何故なら，形態をストラクチュアとして解釈しながらも，もともと何が人びとをそのような解釈に導くかの説明はなされていないのである。

　さて，一般的な概念として，形態をストラクチュアのようなものであると考えれば，形態と利用者との関係は理解しやすくなるし，その利用者が個人であれば尚いっそうのこと分かりやすいものとなろう。形態そのものの意味を問うことから，形態に関わる人びと（関わろうと欲する人びと）へと視点を変えれば，今度は，形態の作り手である設計者と利用者との関係を問うことになる。形態とはそれ固有の性質として解釈され得るものだとすれば，今度は，何がそうさせるのかという疑問に行き当たる。

　その解答は，形態の備える包容力こそが，ここでいう「能力」であり，その能力によって形態がさまざまな連想で満たされて利用者との間に相互依存が生じる，ということにほかならない。つまりここでの関心は，形態による空間なのであり，それは楽器が演奏者に弾き方の自由を委ねるのに似ている。

　以前のアリーナの事例では，包容力を，その文字どおりに，収容人数の問題として扱った。しかし今ここで「能力」というもの──すなわち意味として，包容力という言葉の示唆するもの──は，建築に関するあらゆる形態に，ひと味違った光明を投ずるのである。

　すなわちここでは，物とそれを見る人との形式的で融通の利かない関係に基づいた形態の意味について論じるのではない。物の表層の見え方に興味があるのではなく，意味としての形態の包容力や，意味づけの契機としての形態にこそ，関心を向けているのである。形態には意味を与えることが可能なのだ。しかし，その形態の使われ方によって，新しく付け加えられたり失われたりする価値によって，そうした意味づけは除去されたりもするのであるから──すべては利用者と形態の相互関係に依存しているということなのである。

　重要なことは，形態と利用者とが相互に与え合う影響に及ぼす意味を知ることと，意味を通じ合う能力をもつことである。ここでの主題は，形態と利用者との相互関係であり，両者が何をなし得るか，どうやって互いに適切であり得るか，ということである。

デザインとは，さまざまな素材の持ち味を引き出しながら，それらを組織化することだ。すべてはよりよく機能するように形作られるべきなのである。つまり，さまざまなときに，さまざまな状況で，さまざまな人の期待に応えるものでなくてはならないのだ。どんなことでもそうだが，ものづくりにおいては，単に与条件に見合うだけではなく，それ以外の目的にも用いられるようにすべきなのだ。そうすれば，さまざまな利用者にいろいろな形で貢献できることになる。そうした物であれば，利用者の方も自分なりの対応ができようというものだ。自我流に解釈されることで，その物の方も，取り巻く環境のなかに溶け込んでいくのである。

　単語や文章と同じように，形態も，それがどのように「読まれ」るのか，「読み手」にどんなイメージを喚起するのかにかかっているのだ。形態は，人により，状況により，さまざまなイメージを呼び起こし，さまざまな意味をもつのである。これが形態の認識を変える鍵であり，これによってよりいっそう，状況に即応するものをつくりだすことにもなるのである。意味をしっかりと備えると同時に，その意味を本質的に変えることなく，その変化に委ねることで，形態はその重要性をいっそう増すのである。

making space, leaving space

8 空間をつくること，つくり込み過ぎないで残しておくこと

　設計するとき，結果があまりにストレートにあからさまに目的的なものとなってしまわないように，解釈される余地を残しておくようにする。そうすれば，空間は使われ方に即してそのアイデンティティを示すようになる。私たちがつくるものは提案でなければならないのである。提案とは，ある状況に即して，それに特有の反応を何度も引き出せるものでなければならない。提案とは，単に中性的で柔軟なもの——すなわち不特定なもの——であってはならず，もっと広い効能をもつものであるべきだ。それを多義性と呼ぶことにする。

ヴィースパー通りの学生会館，アムステルダム（392-394）
　4階にある生活用通路には大きなコンクリートブロックに埋め込まれた照明がある。このブロックは床面近くに置かれているので，その光で住民が煩わしさを感じたり，高窓からの眺望を妨げられることもない。このブロックの主要な機能は照明であるが，その形態と配置から，住民にさまざまな使い方を喚起している。
　その形態や配置は，これらのブロックがいろいろな役割を演じられるよう，例えばベンチや作業台，暖かな場所であればピクニック・テーブルとなるように考えられた。これら光のブロックは，中心に置かれることで，四周すべてのものの焦点となっている。それはまた，共用通路でのさまざまな出来事を結び付ける磁石のようなものでもあり，廊下での営みに対する刺激剤となり，個人と集団の興味を豊かに重ね合わせるのである。
　何の規定も設けないということは，少なくとも理論上は，空間に対する自由な発想をしたり，建築家にとっても，夢を見る機会がたくさん存在することとなる。しかし，「何が正しく」て「何が誤り」かというように，環境がある限定された意味やそれにともなった現象に基づいて組織化されることには危惧を抱く。住民自身が自ら自発的にできることというものは，とても限られたものなのである。

392 393
394

モンテッソーリ・スクール，デルフト（395-417）

　デルフトのモンテッソーリ・スクールにおける教室と廊下を仕切るドアの上には，幅広のガラス棚がつけられている。そこは，植木鉢や本，模型や粘土細工を置いたり，がらくたを片づけられる所となっている。このオープンキャビネットは，それぞれの集団が自分たちの必要性や要望に従い，思い思いの方法で使える仕組みを提供している。

　学校のホールの中央には，煉瓦ブロック製の台があり，これは公式の集会とか自発的な集まりとかに使われる。計画当初，このブロックは時に応じて動かせた方がその空間のポテンシャルも上がるように思われ，それは長い間，議論の主題となった。しかしそれは，さまざまな場面に応じて，あるきっかけをつくりだす焦点として，なくてはならないものとして固定され，「あるがままであること」がその基本とされた。ブロックは「タッチ・ストーン」となり，また使い方によって空間のアーティキュレーションを促すものとなっている。

　それぞれの場面で，このプラットホームは，独自のイメージを喚起する。その解釈によって，さまざまな役割を果たすのである。逆に言えば，子供たち自身が空間の可能性を拡大していくよう，それを使っていくのである。子供たちはそれに座ったり，工作の時間中には材料を並べ替えたり，音楽の練習をしたり，その他，学校の廊下で起こるすべてのことに使うのである。このプラットホームは木製で，如何ようにも組み換え可能であり，ブロックの中から引き出せば，舞踏や演奏の舞台にもなる。子供は先生の助けを借りずに，形の異なる部材をひとつにしたり，ばらばらにし

395 396 397

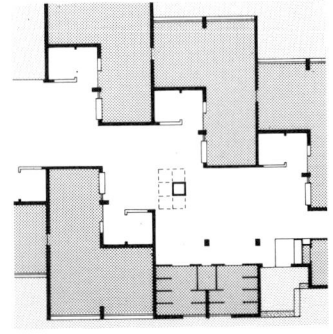

399

398 400

空間をつくること，つくり込み過ぎないで残しておくこと

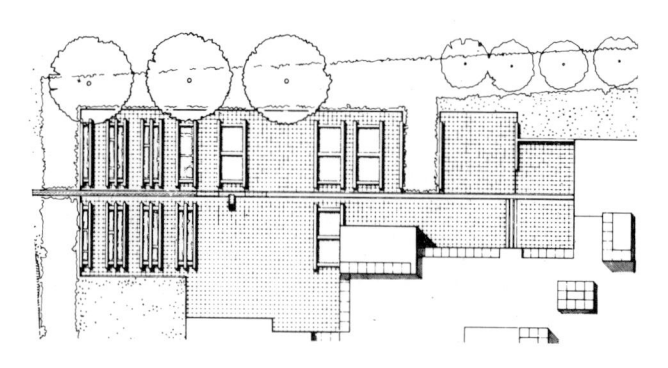

401 402
403
404 405
406 407 408

　たりできる。昼休みには，子供たちはプラットホームやその周りで遊んだり，あるいは周りに空間をたっぷりと残しながら，それにもたれて絵本を読んだりする。彼らにとって，そこは光に満ちた海の中の小島のようなものなのである。幼稚園の廊下の床はその中央が正方形にくり抜かれ，そこには木製のブロックが嵌め込まれている。そのブロックは穴から引き出せ，その周りに好きなように並べられるようになっている。

　これらブロックは低い椅子としてつくられているので，子供でも簡単に持ち運んだり，また塔のように積み上げることも，また列車をつくることもできる。さまざまな点で，このシステムは他の廊下に見られた煉瓦のプラットホームとは正反対のものである。煉瓦のプラットホームが，より良い眺望を得るため丘に上るイメージを喚起するのに対して，正方形の穴は谷や盆地といったイメージを喚起し，それは隔離，隠れ家といった感覚を与える。プラットホームが海の中の小島だとすれば，この穴は湖である。子供たちはそれに飛び込み台を設えることで，プールを模すのだ。

　学校の裏側の空間は分節され，腰壁で細長く仕切られた数多くの空間がある。この平行な壁の間の細長い空間は，主に花壇や砂場として考えられたものであるが，他の目的に応じた使い方も可能である。個々の独立した要素と同様に，この壁のあるエリアは全体の枠

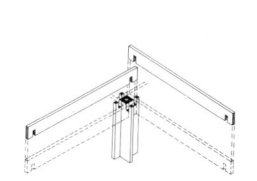

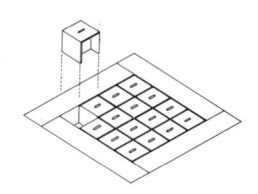

152　都市と建築のパブリックスペース

組みを備えながら，状況に応じてさまざまなもので満たすことができるのである。この秩序は個人の，もしくは集団のイニシアティブということの参考にもなっている。

区画のための腰壁には穴開きブロックが使われた。それはより小さな開口と大きさをもつもので，いろいろな使い方ができる。たとえば，そのいくつかは小さな花壇や砂場を囲む植木鉢となる。またアイスクリームを売るためのカウンターを取り付ける際の受け台となる。あるいは棒を穴に刺すことで，それがテントづくりのきっかけとなったりする。つまり，このように手軽に開けられた穴で，インフォーマルな使い方が無限に可能となるのである。

409 410 411
412 414
413
415 416 417

空間をつくること，つくり込み過ぎないで残しておくこと　153

い。広場の下には以前から駐車場があり，それで，木々が育つのに必要最低限の植土の分だけ煉瓦の箱を嵩上げするようにした。この箱の大きさとその間隔は市場の区画に従って決められた。その結果，この木が目印となって，樹列の前後に十分な余地を残しながら，陳列台の列が配置されることとなった。店主は，割当てかもしくは自らの選択に従って，ツリーボックスに続く空間を，追加のインフォーマルな陳列スペースとする。結果的にこのツリーボックスは，時折，バリの寺院を彷彿させる極めてエキゾチックな様相を呈することとなった。ツリーボックスをつくることはまた，市場や街灯用の電気設備を設置するのに良い契機ともなった。さらに，市場がないときには日陰のベンチとなるようにデザインされた。この多目的デザインの原理は，都市におけるすべての行為に対応できるものとするというものであった。

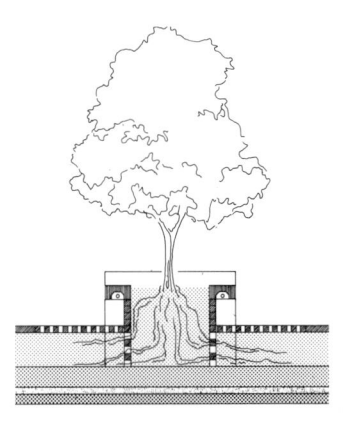

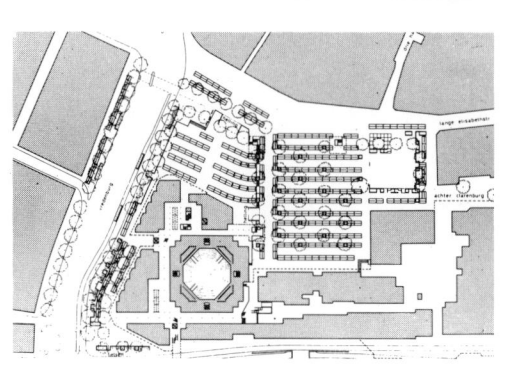

フレーデンブルフ広場，ユトレヒト（418-422）

418
419 421
420 422

ユトレヒトのフレーデンブルフ広場で伝統的に開かれていた市場を再生するための議論は，結局，広場に木を植えることに収束した。木々は市場に馴染み，また市場が開かれないときでも寒々しさを感じさせな

ここまでの事例では，ある使われ方で一時的に機能するものが，必要に応じて元の状態に戻り，また新しい変化をとげるという現象を中心に扱ってきた。それらと利用者との関係は一時的なものだが，考えてみれば利用者も一時的な存在なのだから，これは偶発的なものともいえよう。住民によって運営されてゆくべき場所では，さらに一歩進んで，かなりの部分を未完成の状態で残すことによって，住まい手に自らの必要性と好みとに最もよく合うように，それを完成させてゆく機会を与えることができる。

ディアホーン集合住宅，デルフト（423-445）

この「スケルトンハウス」ともいうべきアイデアは，その8つのプロトタイプがデルフトに建設されているが，原則的に仕上げをしないことにある。プランは，ある程度，非限定的なものであり，住み手自身がどこで寝たいのか，どこで食事をしたいかという要求に従って間取りを決める。たとえ家族の形態が変わっても，この住宅の場合はその変化に適応し，またある程度までは拡大もできるようになっている。

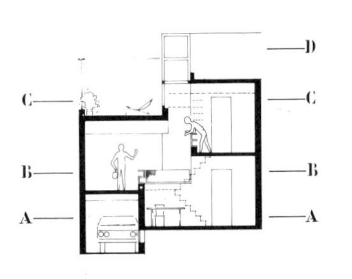

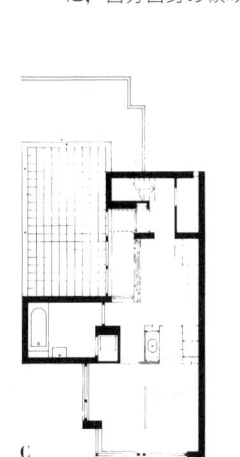

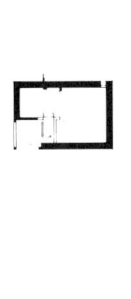

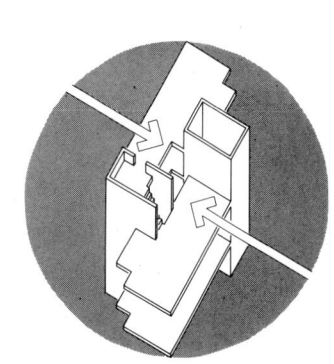

したがって，実際のデザインは，そこに内包されるべきものが収まる「仮の枠組み」として捉えられるようなものでなければならない。架構は半完成品であり，住人は必要や希望に応じて，それを仕上げるのである。

住戸は団欒，睡眠，学習，遊戯，休養，そして食事といったさまざまな機能に適応するよう，いくつかのレベルに分かれ，それらを2つのコアがつなぐようになっている。それぞれのユニットは間仕切りをはずすことで，1室となるようにされており，残りの空間がリビングホール（吹抜をもつ）沿いに「室内のバルコニー」を形成する。こうした「バルコニー」は，住み手それぞれの嗜好に応じて設えることができるので，コミュニティである家族のための居室となる。居間と寝室とは，階段がその間に挿入され，分かれている。家族ひとりひとりが，家という大きな共用の居間的空間のうちに，自分自身の領域をもつという具合になっている。

423

424 425

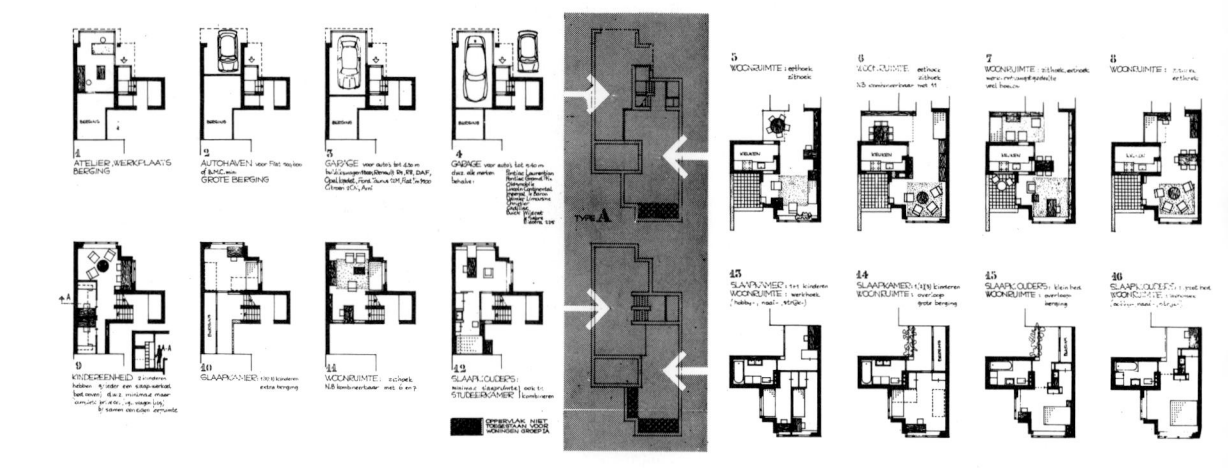

単に可能性を提示してみせるだけでなく，そのデザインに特有で誰でも実現できる具体的な可能性こそ，建築家が示さねばならない。デザインの提案に，住まい手のひとりひとりがどんな反応を示すか，それを認識するのが最も重要なのである。集合住宅は，依然として，自治体や投資家や社会学者や建築家などが考える「住民の望むもの」に従って設計されている。それでは決まり切ったものにしか過ぎず，このような解決では，そこそこ十分ではあっても，心から満足のいくものにはなり得ない。それは大勢の望みを少数の人が考えるという集団的な解釈である。ひとりひとりの個人的な希望について，私たちは果たして何を本当に知っているのだろうか。知るためにはまず，どうすべきなのだろうか。人間の行動に関する研究は，骨の折れる厄介な仕事であり，行動を形成したり真に個人的な意志を抑制したりする幾重もの条件を看破することは絶対に不可能なのだ。誰についても，その人が本当に望んでいることは知りようがないのだから，他人のために完璧な住まいをつくることなど誰にだってできやしないのだ。かつて人びとが自分たちの家を自ら建てた時代ですら，彼らも自由ではなかった。というのは，どの社会も当然ながらそこに属している人びとが

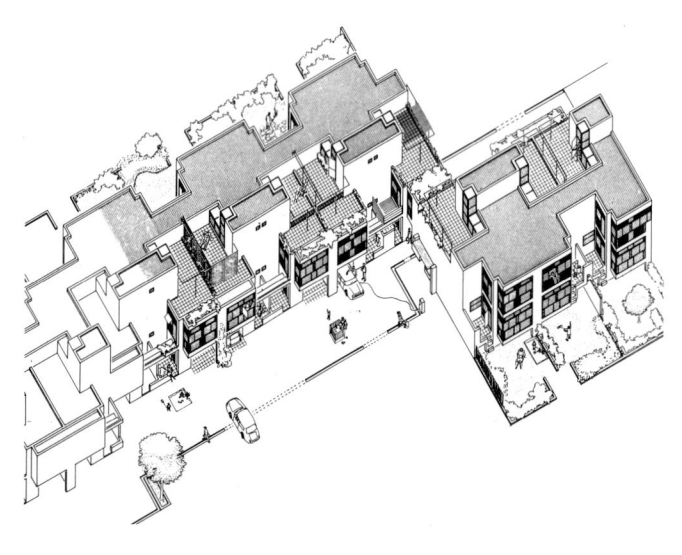

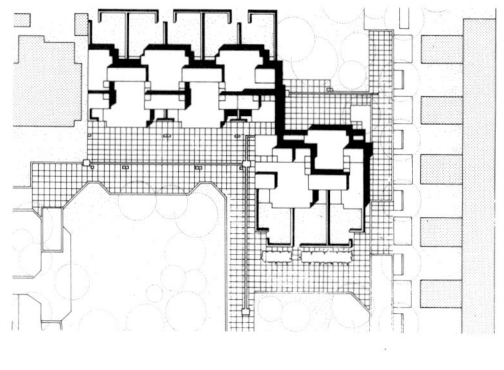

426
428
427 429

156　都市と建築のパブリックスペース

従う基本的な模範以上のものではあり得ないのである。誰もが，他人からそう見られたいという存在であり，それは社会に属するために個人が社会に支払わねばならない代償であるかのようだ。すなわち，人は集団的な行動形式の担い手であるとともに，それに縛られてもいるのだ。自分自身の家を建てるときでさえ，この事実から逃げられないとしても，少なくともそのときには，集団的な形式に個人的な解釈を加える自由ぐらいはあって然るべきであろう。

　隣人同士の関わり合いの程度は，庭先の境界をどうつくるかにかなり左右される。フェンスは互いを完全に分離させる。一方，すべての境界をなくすと，それは隣から全部見えることになり，互いに無関心ではいられなくなる。隣人が望むときにのみ招かれるようなやり方で境界線上に区境の「芽」をつくることで，住民たちは刺激的で合法的なきっかけを手にする。逆にそれがないと，庭を自分たちのものとして使うことに躊躇することにもなってしまう。穴開きブロックの礎石は，煉瓦の壁を建てるときにはその基礎となり，また木製のフェンスを建てるときにはその柱脚の支持材となる。

　裏側にある一段高いテラスは，人びとのさまざまな使い方を誘う。階段は，工事中は最小限のことしか実現できなかったのだが，庭へいくとおりものアクセスができるよう，付替えが可能なようになっている。次に小さなテラスの下は，普通閉じてしまうところを敢えてオープンにしてある。こういう場合，建築家は乱雑さを避けたがって閉じてしまうことも多いのだが，そういう建築家は，このような屋根のある余分な空間がもつ可能性というものを実感していないように思う。最後に，三方を壁に囲まれたこの小さなテラスだ

430
431
432 433

空間をつくること，つくり込み過ぎないで残しておくこと　157

434 438
435
436
437 439

が，それは後に居間を拡大するときに好都合なようになっている。

　隣同士に互いに対面しているルーフテラスは，この場合は金属フレームで仕切られた。このフレームには，キャンバスや葦といった軽いものなら掛けたり付けたりできる。ここでも礎石には穴開きブロックを使ったので，その穴には植物を植えることもできる。仕上げのないルーフテラスをつくることが，さまざまな使い方を喚起した。ある住人は完全な温室をつくった（勾配屋根のものとなったが）。建築家には思いもつか

ない独創的なアイデアというものが生まれるものである。この温室も数年後には，屋根裏部屋を広げるために取り除かれることとなったが，こうしたある程度の変化に対応できるという事実の方が，構造の巧妙さなどよりは，よほど大切ではないだろうか。

　玄関脇には，コンクリートの飛梁のある小さなヤードがある。この梁はその上のバルコニーを支持しているが，梁下はオープンであり，そこは囲われたポルティコではない。しかし例えば，そこにガラスの屋根をつけることなどは，やろうと思えば簡単にできるようになっている。そして住人の必要性や好みや，いろいろな状況によって芽生える住民の想像力によって，この空間は自転車置場として完全に閉じられたり，また内側の玄関ホール（現状では極めて小さい）を拡大するために利用されたりもする。

　上の居間のレベルでは，コンクリートの梁は，窓から出入りする屋外のリビングとして，とりあえずうまく使われそうな感じである。この窓は，大きな窓としても小さなドアとしても使えるものであり，それは個人の感覚に基づいてその位置と形が決められている。こうしたタイプの集合住宅の場合には珍しいことではないが，ガレージはプランの上では明確にはされていない。しかし通りのレベルにカーポート状のスペースがあるのをそれとして使え，またガレージのドアも必要ならば簡単に設置できるようになっている。だがこの余分のスペースは，その他にも必要に応じて，外から直接に入れるオフィス，勉強部屋，作業場といった場所にもなるのである。多くの人たちが車を野外に置き，車の寿命を数年短くしても，この余分のスペース

440 441
442
443

空間をつくること，つくり込み過ぎないで残しておくこと　159

の贅沢さの方を選択しているようだ。

　窓は，その枠組みの標準の設定とされていて，ガラスなりパネルなりは住民の選択によって嵌め込まれる。この枠組みとガラスパネルのシステムは，個人と集団のそれぞれの自由さが全体としての統一をもつような，文脈と秩序を表現しているともいえよう。枠組みは，ある程度の限界はあるとしても，いろいろなものが挿入されるように分割されている。それぞれの部材はそのひとつひとつは違うものなのだが，全体としての一貫性を備えている。

　私たちのすべきことは，できるだけ何の変哲もない中間色の器を考え出すことで，そうすれば住み手が彼らの希望を思いのままに叶えられるのだという結論に至るかもしれない。しかし矛盾するかもしれないが，そんなに自由ならばかえって沈滞してしまうことにはならないかという疑問が浮かぶ。選択肢が如何に豊かだとしても，最良のひとつを選定する難かしさは少しも減らないのだ。レストランで膨大な種別のメニューを見たら，食欲が湧くどころか減退してしまうのに似ている。選択の可能性があり過ぎると，最良の結論どころか，まったく何の結論にも達しないことになってしまう。最高のものだけがあればよい。あり過ぎるのは少な過ぎるのと同じくらいよくないことなのである。

　選択をするためには，選択の幅を知るだけでなく，自分なりの考え方で選択肢をひとつひとつ理解できなければならない。自分なりの経験に基づいて想像でき，意識的にも無意識にも，選択肢を知的に比較できるような連想をもたねばならない。新しい刺激で喚起されたイメージと，経験として既にもっているイメージとの比較によって，選択の可能性が生まれ，それがすなわちその人の世界を広げ，人間としての幅を広げることになる。選択する過程で，経験として蓄積されたイメージを認知したり認識することが不可欠だとすれば，すべての選択肢はできるだけたくさんの連想を生むものであることがなによりも重要である。連想が豊かなほど，対応の幅は広がり，その場にふさわしい連想を得るチャンスがある。そこでは形態は，漠然としたものであってはならず，しかし特別な方向を強いることも避けながら，連想を常に最大限に喚起するような可能性に満ちているべきだ。環境を自分自身の希望に合わせて，自分自身のものにつくりあげる気持を起こさせたりするには，刺激も必要なのである。目的に合う解釈や，使い勝手を誘発する刺激を，人びとの面前に与えなければならない。その刺激を，誰もが心のなかにもつイメージを喚起するものとしてこそ，デザインさせなくてはならない。体験を背景として，その瞬間にまさに求められている使い勝手を，イメージさせなくてはならない。

　ここに挙げた事例でも強調したいのだが，すべての根本は，人びとが皆互いに依存し合うというところに基本的な制約があり，価値観やそれを支えている秩序や自閉的な評価などからは，外部からの何かしらの助けなしに，人びとは解放されないということだ。自由は多くの人びとに多大な可能性をもたらすのだろうが，エンジンを回すにはまず火花がなくてはならない。

　暗い所やニッチを例としよう。多くの人びとにとっては，それは奥まった安全なコーナーであろう。しかしそれは状況に応じて，人それぞれに違った意味をもつ。そこはリラックスできる奥まったコーナーにも，静かな勉強や眠りの場にも，あるいは暗室や単なる倉庫にもなり得る。もしこれらのさまざまな連想を喚起しそれに満ちている住宅があるとすれば，そのどこかには奥まったコーナーがあるにちがいない。小さな部屋，塔の部屋，屋根裏部屋，地下室，軒下の窓……それらはまた次の連想を引き起こす。住宅は多様性に満ちているほどに，住み手の最も豊かで多彩な希望をより多く叶えるものとなるのである。この点では，古い家は法規違反ではあっても，その多様性の豊かさに比べれば，新しい集合住宅は生硬で貧弱なものである。人間の数だけさまざまに変更がきき装飾もできるとい

445

う，古い家での無限の可能性を想い起こしてほしい。たとえそれが新しい家のように画一的に見えたとしても，古い家には新たな連想を生みだす刺激が満ちていて，住み手はそれを本当に自分の空間にすることができるのである。

incentives
9 気をそそるもの

　人びとの心を最大限に誘い，人びとに活力を与えようとするデザインをするには，建築家の側にとっても新しい今までとは違うアプローチが求められる。それは，注意を向ける矛先を少し転じるということなのである。集団的な解釈としての与条件プログラムから，すべての建物のなかで現実に日常的に起きている個人や集団の多彩な状況へと，建築家はいつもの注意力の矛先を切り換えねばならない。そんな多彩な情報を顕在化するために，建築家の自由裁量になる唯一の手段とは，イマジネーションである。建築家は自ら利用者になりきり，どうすればデザインが利用者と出会い，そこで何が期待されているのかを知るために，想像力をフルに活用しなくてはならない。このような想像力とは，建築家ならば誰でもが備えるべきもので，他の技量と同じように鍛練して修得されなければならないものなのである。この想像力だけが，何が設計条件の裏にある本当の条件か，何が基本的事実かを理解する唯一の手段なのだ。

　利用者に連想を喚起させるようなデザインに最終的に到達するために，どのようにしてこれらの事実に取り組むべきかは別として，建物の構成を分析する具体的な手法は，前章で述べた建物の「誘引性（inducement）」や「誘発性（incentive）」の説明の補足になろう。

　建築家よりも使う立場の人の方が，最後の仕上げをうまくフィニッシュすることを期待して，ある部分をわざと仕上げないで残す場合には，そこで使用する基本的形態は，技術的で実際的な側面でその目的にかなうものでなくてはならない。

　すべての未完の部分は，単に改築や増築されるのを待っているのではなく，さまざまな解決が導かれるようにある程度まではデザインされているべきで，あたかも完成されるのを促しているかのようでなくてはならない。部分は，自己充足的でなく他の要素との関係のなかに存在して，それらが互いに適合し合って組み立てられていくように，言い換えれば使い手にそのように行動してもらうように，形づくられねばならない。もっと厳密にいえば，未完成のものは，まさしくそれが初めからのアイデアであったかのごとく完成するように，それを誘う力をもちあわせていなければならない。判断が求められるときに助力すべき建築家がいないなどという場合が少なからず起こる。特にそんなときには，最も基本的な原則（例えば傾斜面や曲面よりも平らな面の方が物を置きやすいというような）がここでは重要になる。

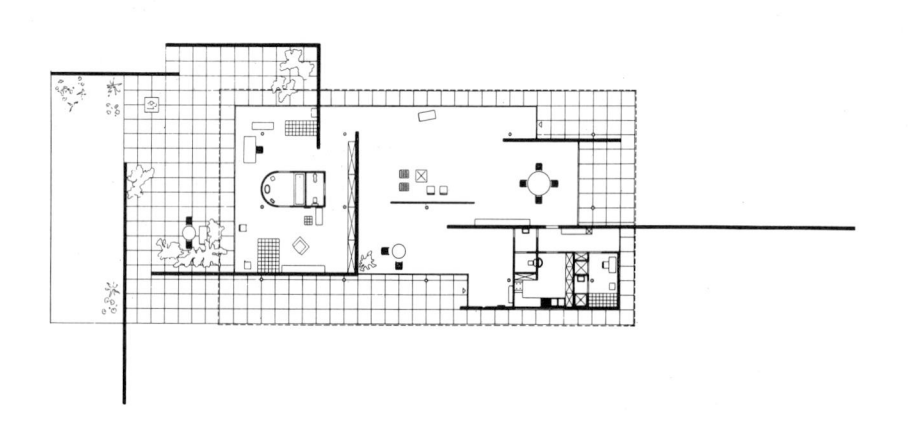

ベルリン建築展の住宅／ミース・ファン・デル・ローエ

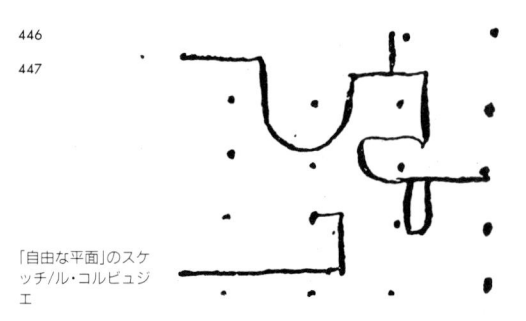

446
447

「自由な平面」のスケッチ／ル・コルビュジエ

柱

　柱と壁や間仕切りとの取合いにおいて，角柱が必ずしも優れた基本形であるとはいえないまでも，丸柱よりは作業はしやすい。特に，柱が空間の構成においてコーナー・ストーンとなるような場合には，それがいかに重要かを心に留めておかねばならない。もっとも，自立する柱が間仕切り壁に関係なく空間の規定をする近代初期の「自由なプラン」では，必ずしもそうとはいえない例外もあるが……。デ・ドリー・ホーフェンの場合と同様，セントラール・ビヘーアのオフィスビルの柱は，壁や低いパーティションの設置に最大限の可変性を与えるように溝付きのものにしてある。また，その寸法もそうした目的に沿うようになっている。音楽センター（それはほとんど間仕切りのないアーティキュレートされた大空間のシークエンスが特徴となっている）においては，丸柱が採用されている（448，449）。多くの人が集まる大空間において，丸い自立する柱は群衆の中で邪魔になることなく，うまく機能するのである。

　アポロ・スクールのホールには4本の丸い独立柱が立っているが，壁との突き合せが発生するすべての場所には角柱が用いられている（450）。その柱は雑然としたなかに毅然と立っていて，そこが空間構成の見せ場でもある。

　構成要素の形だけでなく寸法で，あるいは要素と要素の狭間の空間の寸法で，収容量が決まる。これは，家具レイアウトの可能性を強く左右する。結論として，例えば柱は，構造で必要な寸法より若干太目にしておいた方が具合がよい場合が多い。そこへ「何かを付ける表面」が得られて，利用の可能性が広がるのである。

448　449
450

空間をつくること，つくり込み過ぎないで残しておくこと　163

ディアホーン集合住
宅

451　452
　　455
453　454

支柱

　柱もそうだが，特に支柱は，さまざまな形態でどの建物にも存在していて，それとその位置がもたらす空間の開放性によって，さまざまな目的を満足させるものである。例えば炉胸。多くの古い家に見られるように長い壁を分節するそれは，部屋を仕上げるときに無視することができない要素といえる。実際，このような支柱とは，空間を区切り，空間の起点をつくるものであり，その両側の空間は部屋全体としての可能性と制約に著しく影響するのである。ベッドがニッチに納まるかどうかといったふうに。

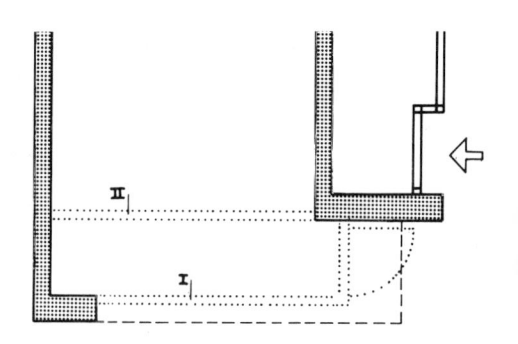

　追加や変更に最大限に対応できるよう設計されたスケルトン・ハウスにおいては，ガレージとしても使われるフロアの両側にある支柱は，正面性あるいはガレージのドアとしてなど，幾多の可能性をもつように設計されている。そこでは可能性を広げるために，あからさまでない解決が意図された。こうした発想の意味は，住人それぞれが彼ら自身の目的にとって最も良い解決を見出せ，また見出せねばならない，ということなのである。

　興味を向けさえすれば，月日の経過とともに住人の自作による増改築の例を，至る所で目にすることができる。管理人や大家さんへの事前の了解もなしに，どこでも大成功しているようだ。

　そんな例では，そんなふうにさせるというような，何らかの誘いがあるようだ。屋根が欲しいといわんばかりのバルコニーとか，いとも簡単に囲われてしまいそうなロッジアとか……（451-455）。

デ・ドリー・ホーフェン，老人ホーム

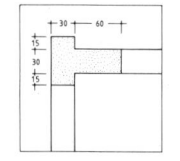

セントラール・ビヘーア・オフィスビル

馬蹄形ジードルング，
ベルリン-ブリッツ
／B. タウト

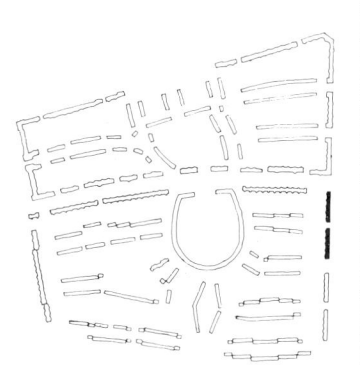

456 457 458
459 460

ベルリンの集合住宅，1925-27／B. タウト（456-460）

　追加や変更を促すことがブルーノ・タウトの意図ではなかったであろうが，彼のベルリンの集合住宅には，まさしく，いったん建てられてからの住民の変更に対応できるように設計されていた，と思わせるものがある。

　ブルーノ・タウトが，その時代の単調でマッシヴな集合住宅にあって，明確に使用者の立場に立った最初の建築家のひとりであったことは間違いない。個々の住宅の長い列の重苦しさや，魂を失わせるような匿名性に対して，建築的な主張として何かをしなければという提案が出始めるのは，彼の以後そんなに時間はかからなかった。

空間をつくること，つくり込み過ぎないで残しておくこと　**165**

デ・ドリー・ホーフェン, 老人ホーム

461
462
463 464

モンテッソーリ・スクール, デルフト

穴開きビルディングブロック (461-465)

　穴開きのコンクリートブロックは基本的なものでありながら，形態と使われ方との相互関係の究極の事例でもある。これらのブロックの穴は文字どおりそこに埋めものをするだけのものである（もし穴が片方だけでなかったとしたら，窓になってしまう）。

　こうした穴開きコンクリートブロックを用いたのは，デ・ドリー・ホーフェンの老人用住宅のバルコニーやアムステルダムのハールレム・ハウトタウンネン集合住宅案，そしてカッセルの集合住宅であるが，その穴はいつも何かを入れるために（たいていは植物だった）使われた。もちろん，植木鉢は窓台が欲しい住人にとっては，植栽のためのほかの手段はいくらでもあろう。しかしこのブロックはその仕上げが住人たちにまかされていて，また何らかの使い道をしきりに促すようなふうなので，それを使って何かしようという刺激になるようなものなのである。

465

形態と使われ方の互恵関係を根本に据えると、自由こそ大切なものだと強調されることになるが、それを、建築家はこうせねばならぬとかこうやってはならぬとかいう具合に、利用者の指示に建築家が従わねばならぬかのようなものとしては、捉えてはならない。

環境を形成するより大きな役割を住人自身にもたせようと、建築家が遠回しに唱えるその目的とは、単により個性的であることを奨励しているのではなく、住人のためにつくりこんでおくべきことと住人に任せるべきこととのバランスを保つということなのである。

利用者に連想を引き起こし、ある場面にふさわしい解決を得るように誘発するには、状況の変化にかかわらず、いっそう綿密な要求プログラムに基づく徹底的に考え抜かれたデザインが、その前提となる。誘発するコツは、そのもの生来の可能性を最大限に引き出すことだ。言い換えれば、最小限のデザインに最大限の可能性を与えるか、最大限の可能性を引き出し得る最小限のデザインをするということだ。どのような状況にも次のことがあてはまろう。「気をそそる（incentives）」＋「連想（association）」＝「解釈（interpretation）」。

「気をそそるもの」それ自体はある種一定のもので、それはさまざまに連想されてさまざまな解釈を生む。ここで「気をそそるもの」を「言語能力」とし、「解釈」を「言語運用」と置き換えると、前述の言語学との類似性の話に立ち戻ることになろう（ところで誰がコンクリート・ブロックのなかの小さな競技場に気づいてくれるのだろう）。ちょうど建築家のつくった一般向けの建物がさまざまに解釈され得るように、利用者に対する建築家の見解も然りで、利用者にさまざまに解釈され得る設計をすることになる。建築家は、どこまでをやり、どこから先は強要してはならないかを、まずよく理解していなければならない。すなわち、ほどよいバランスで空間をつくり、そしてその空間に余白を残して置くことを……。

form as an instrument

10 形態，それは楽器のようなもの

周りにあるさまざまなものに個人的な感情を移入するほどに，人はますますそれに熱中し，気にかけ，惜しみない注意を払い，愛着をもつようになる。

人間は自らと同一化し得るものに対してのみ，愛情をもつことができる。人に同一化の契機を与えるものだけが，献身的に注意を払えるものだけが，人間の一部となり，人間の世界に溶け込んでゆく。注意や献身によって，それが自分を必要としているように思えるのだ。その対象に起こることの大半は自分で決められるだけでなく，対象そのものが自分に向かって語りかけてくるのだ。こうした関係を人間とその対象との相互所有のプロセスと捉えることも，明らかに可能であろう。周りの物や形態に愛着を感じるほど，それらは人間に染まり，人間が周りの物を占有するように，物も人間を捉えて離さない。

こうした人と物との相互の愛着を礎として建築家が刺激を与えれば，そこに住む人びとによって，あるいは時にはその周りの物自身によって，仕上げや色付けを誘うことになる。

利用者と形態との関係は，このように影響し合うのだが，それは個人と社会との関係にも似ている。利用者は，他人とのさまざまな関係のなかで自分のカラーを出すように，形態に自らを投影し，互いに影響し合いながら，自分を発見するのである。

決まった目的にしか合わない形態は器具（道具）としてしか機能しないが，形態とプログラムが相互に喚起しあうところでは，器具は楽器となる。器具とはプログラムされているとおりに適切に機能するものだが，それ以上でも以下でもない。例えば正しいボタンを押しさえすれば，誰でもいつでも同じことがきちんとできるという具合に。

楽器は，それが奏でられなければならないという，その使われ方の点で，本質的にさまざまな可能性に満ちている。楽器自体にも限界はあろうが，そこから何を引き出すかは演奏者の才能に委ねられているのだ。

楽器としての形態とは，利用者が自分のやり方で自分のやりたいようにやる機会を提供するというものなのである。

以下の文章は，「アイデンティティ」と題して，1966年7月号の「フォーラム」誌に最初に掲載されたものだが，今までの記述を要約している。

設計に際して，建築家が常に留意すべきことは，建物の利用者に，それぞれの部屋やスペースをどのように使うのかを決める自由をもたせることだ。そういう個人的な解釈の方が，プログラムにしがみつく型にはまった建築家のアプローチより，よほど大切なのだ。プログラムを構成する機能の組合せは，最も一般的な要素を採り入れているので，大なり小なり誰でもが住める住宅の標準パターンとして整備されている。それが，建築家のプロジェクトの意図を押し付ける要因となり，建築家のイメージに沿って，人は働き，食べ，眠り，家に出入りするのである。しかしイメージとは，人によってすべて違うものなのだから，それらは全く不適切なのである。

言い換えれば，与条件が食い違っていればいるほど，明快な建築をつくることがやさしくなっているのである。

ある状況や場所に応じて，利用者が独自のやり方で，ある機能を解釈する個人的な必要から生じた差異というものが，利用者のアイデンティティをつくることになる。すべての人びとの状況に適切なものを与えることは不可能なのだから，せめてデザインしたものを解釈の可能なものとし，利用者の解釈の意欲をそそるものとしなければならない。

しかしそれは，設計を初期の段階で打ち切り利用者に事を委ねる，というようなものではない。そうすると柔軟性は相当与えることにはなろうが，柔軟性をもつことが機能的であるかというと，必ずしもそうではないのだ。柔軟性を与条件としたら，最適な結果は得られないのである。人びとに選択の幅をより広く与え

ること以外には，型にはまったパターンを消滅させる手はないのである。選択の幅の拡大は，周りのものにさまざまな役割を担わせることから，つまり，本質に絶えず色付けをするところから始まるのである。

　さまざまな役割を設計の段階で優先的に考慮してこそ，つまり重要な課題として与条件のプログラムに対して取り組んでこそ，それぞれが独自の解釈をなし得る環境を創造できるのである。

　計画的に優先順位をつけられた種々の役割は，それが明らさまでなくとも分かるものである。形態に与えられた設定によって，利用者はまるでメニューを決めるかのように，自分に最適なパターンを選択する自由をもつ。彼は彼自身に正直であり，そのアイデンティティは高まる。そしてそれぞれの場所や要素は全体としてのプログラムに調和していなくてはならない。

　もし形態に最も好ましい多様性を備えさせることができれば，プロジェクトの主たる方向性を損なうことなく，無限の可能性がその全体性から導かれるのだ。その見返りは表層でなく奥深くに刻まれた設計の意図としての，使われ方の可能性の拡大ということなのである。

パリ，ビュット・ショーモン公園

466

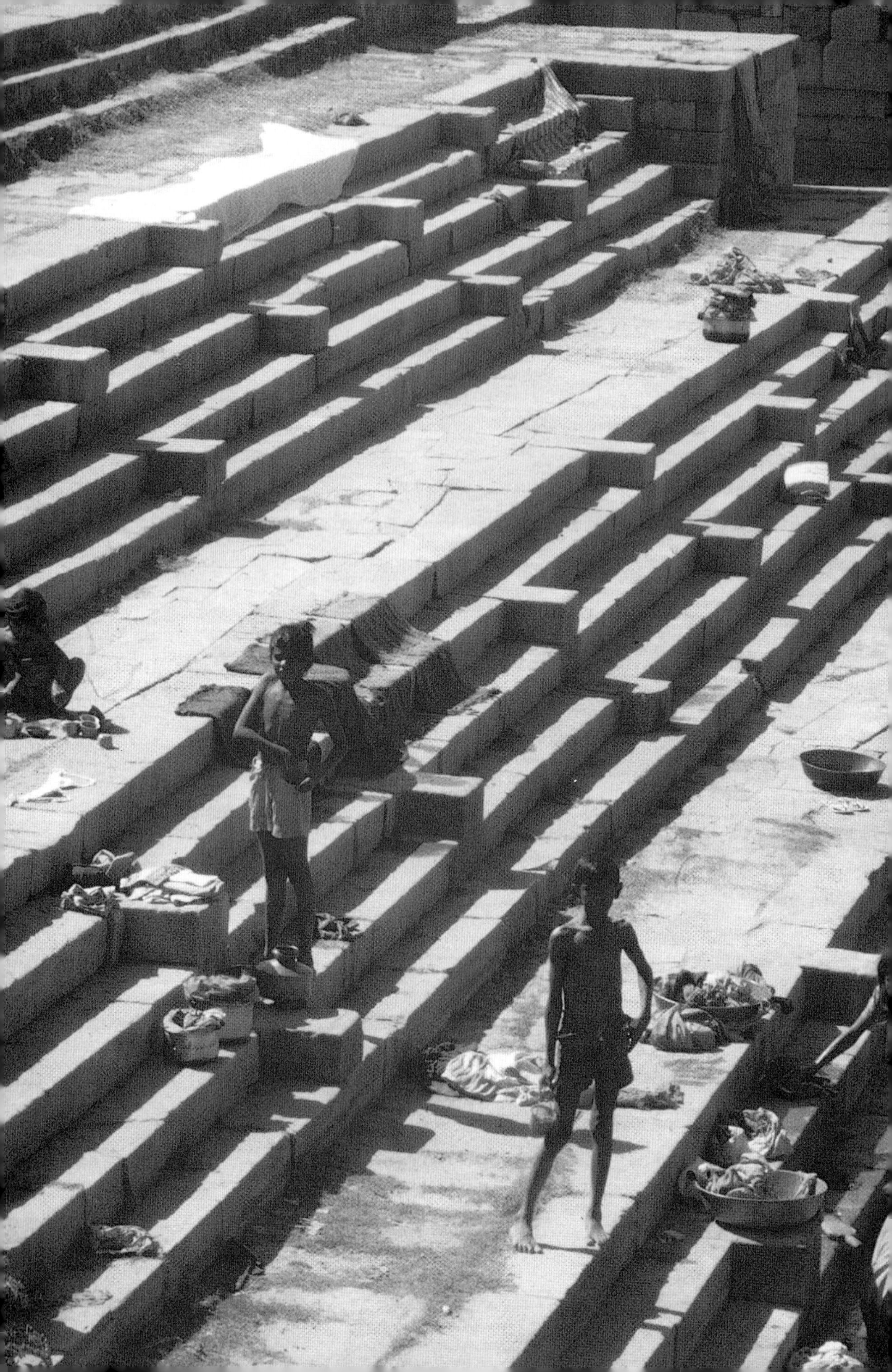

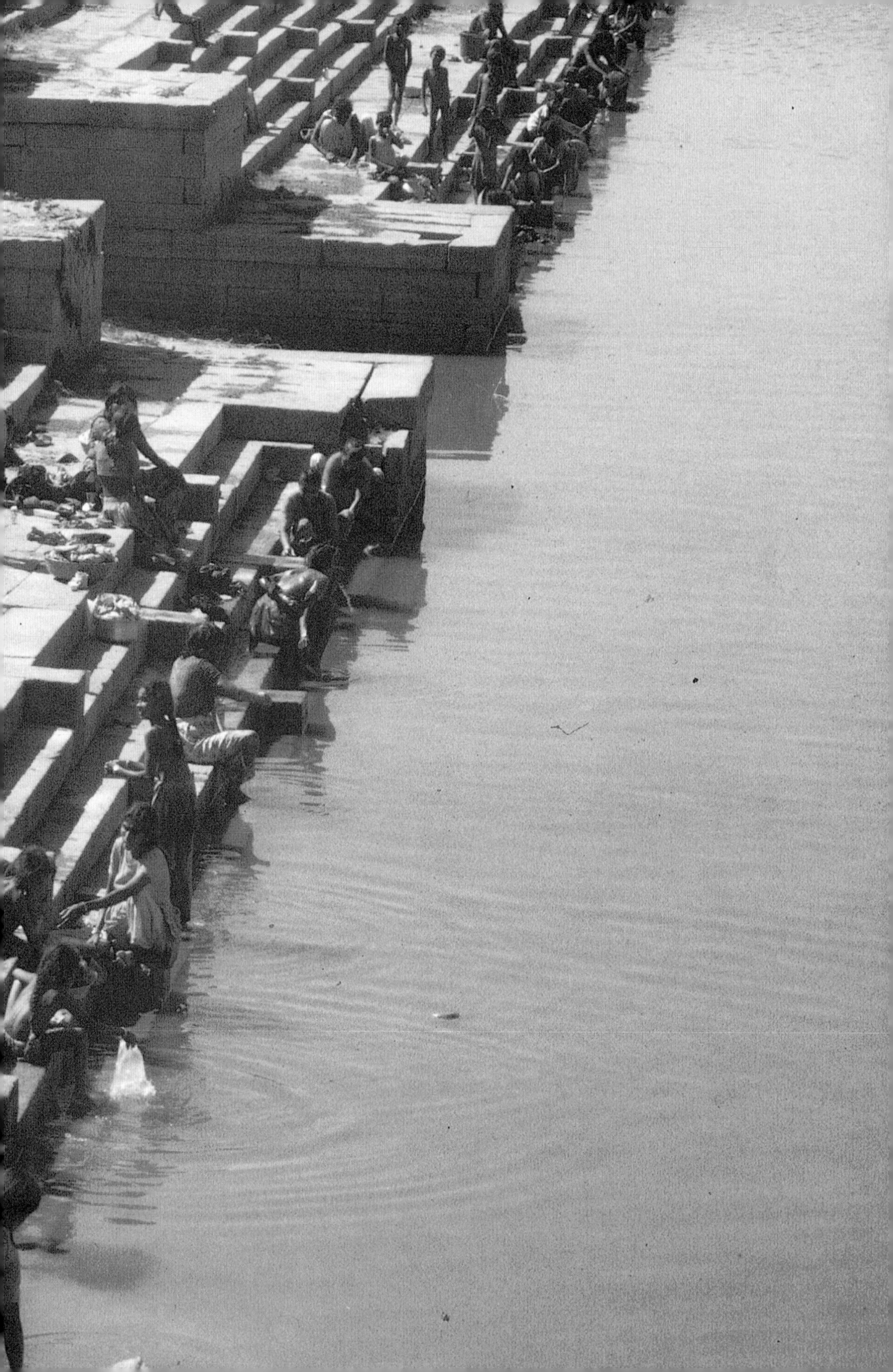

inviting form
第3部　心を誘う形態

　最近出版されている膨大な数の建築関係の書物は，ほとんど必ずといってよいほど，晴天の下で写されたたくさんの見栄えのよい写真で飾られている。それを見るにつけ，これは私などとは違う職業の人たちの仕業ではないかと，その建築家の思考や世界を見る目を思わず疑いたくなってしまうのである。すべての人びとの日常生活にこそ携わる，ということの他に建築に何ができるというのだろうか。建築は，寸法がよいというだけでなくピッタリと当てはまるものでなくてはならないという意味では，衣服に似ているかもしれない。もし外見の良さを構うのが今日的な流行だとすれば，そうすることが何か高尚であるかのように巧みに装われていても，建築は低俗な彫刻にまで堕落してしまうのである。

　建築とは，建築家が何をしようと，どこでどのように空間を構成しようと，人びとの状況に対して何らかの影響を及ぼさざるを得ない存在なのだ。建築とは，いったん建ってしまったものは，それを使う人びとの生活に対して何らかの役割を担わざるを得ない存在なのだ。好きか嫌いかにかかわらず，創造するすべてのものが各々の状況に十分適合するものかどうかを見極めることが建築家の主要任務なのである。すなわち，実際的かどうか，普段の人間関係に調和しているかどうか，人間の平等を確約するものであるかどうか，などということについて……。建築は社会的役割を担う存在かどうか，という問いかけは全く見当違いだ。何故なら，社会的でないことなどはあり得ないことなのである。人間環境では，どんな調整でも，建築家の意図に関わりなく，社会的な意味をもっているのである。だから好き勝手に設計すればよいというものではない。建築家のすべての仕事には人びととその環境に対する責任が生じているのだ。

　ひとりの建築家にできることもそう多くはない。ということは，ほんのわずかな機会をも逃さないように注意することが，なによりも重要になる。もし自分の仕事が世界をより住みよいものに変えられないと考えるなら，少なくとも今より悪くならないように配慮したらよい。建築術とは，単に美しいものをつくることでも単に役立つものをつくることでもなく，その両方を同時につくりだすということなのだ。ちょうど洋服屋が，見栄えよくしかも着心地のよい洋服を仕立てるように。そして望むならば，皇帝だけに着せる洋服だけでなく，誰でもが着られる洋服を。

　設計されたすべてのものは，それぞれの状況にふさわしいものでなければならない。ふさわしいとは，状況に適合しているということだけでなく，状況を刺激するというものでもあるのだ。この基本的で積極的な性質を，ここでは，人びととの共鳴をより深める形態，すなわち「心を誘う形態」と呼ぶことにしよう。

1 **ふとした佇みの場** 174
ブエノスアイレスの一段高くなった歩道
ヴィースパー通りの学生会館，アムステルダム
ラ・カペル，フランス
チャンディガール高等裁判所，インド／ル・コルビュジエ
フレーデンブルフ音楽センター，ユトレヒト
デ・エーフェナール・スクール，アムステルダム
アポロ・スクール，アムステルダム
サンピエトロ広場，ローマ／G. L. ベルニーニ
デ・エーフェナール・スクール，アムステルダム
アポロ・スクール，アムステルダム

2 **場とアーティキュレーション** 188
適切な寸法
ハールレム・ハウトタウンネン集合住宅，アムステルダム
「馬鈴薯を食べる人びと」／ヴィンセント・ファン・ゴッホ
デ・ドリー・ホーフェン，老人ホーム，アムステルダム
モンテッソーリ・スクール，デルフト
セントラール・ビヘーア・オフィスビル，アペルドーソン
住宅の改装，アムステルダム
サンピエトロ大聖堂，ローマ
フレーデンブルフ音楽センター，ユトレヒト

3 **視界Ⅰ** 200
モンテッソーリ・スクール，デルフト
ヴィースパー通りの学生会館，アムステルダム
スイス学生会館，パリ／ル・コルビュジエ
バルコニー
エスプリ・ヌーヴォー・パビリオン，パリ／ル・コルビュジエ
ドキュメンタ・ウルバナ集合住宅，カッセル
リマ集合住宅，ベルリン
タウ・スクール，バルセロナ／マルトレル，ボイガス，マッケイ
フレーデンブルフ音楽センター，ユトレヒト
デ・オーファーローブ，老人ホーム，アルメーア
グエル公園，バルセロナ／A. ガウディ，J. M. フホル
座席の社会学
アポロ・スクール，アムステルダム

4 **視界Ⅱ** 214
ファン・ネレ工場，ロッテルダム／M. ブリンクマン，L. C. ファン・デル・ブルーク
シュレーダー邸，ユトレヒト／G. リートフェルト
デ・オーファーローブ，老人ホーム，アルメーア
デ・エーフェナール・スクール，アムステルダム

5 **視界Ⅲ** 224
万国博覧会パビリオン，パリ／F. レ・プレ
シネアック映画館，アムステルダム／J. ダウカー
フレーデンブルフ音楽センター，ユトレヒト
サヴォア邸，ポワッシー，フランス／ル・コルビュジエ
トンネル歩道，ジュネーブ，スイス／G. デコンブ
ロンシャン教会，フランス／ル・コルビュジエ
アルハンブラ宮殿，グラナダ，スペイン
モスク，コルドバ，スペイン
オルタの自邸，ブリュッセル／V. オルタ
ガラスの家，パリ／P. シャロオ，B. ベイフゥート，L. ダルベ
ファン・エールフェルデ邸，ブリュッセル／V. オルタ
カステル・ベランジェ，パリ／H. ギマール
アポロ・スクール，アムステルダム
聖ジュヌヴィエーヴ図書館，パリ／H. ラブルースト

6 **両義性** 244
オープン・エア・スクール，アムステルダム／J. ダウカー
デ・オーファーローブ，老人ホーム，アルメーア
ヴィラ・ロトンダ，ヴィチェンツァ，イタリア／A. パラディオ
ハイアラーキー
モスク，コルドバ，スペイン
サンピエトロ大聖堂，ローマ
オランダの画家たち
ル・コルビュジエ，形式と非形式
チャンディガール議事堂，インド／ル・コルビュジエ
貯水池，スルカイ，インド

the habitable space between things
1 ふとした佇みの場

　第2部では，設計の対象を単なる道具ではなく楽器のようなものとして扱えばより大きな効果を得ること，さらに，状況の求めに応じるだけでなくその使い勝手を積極的に促すことで変化する環境のなかでさまざまな役割を果たす形態の能力ということについて，事例を挙げてきた。この第3部では，この考え方を一般的な原則へと展開してみよう。求めるものは，設計するすべてのものの，その可能性の拡大である。使い勝手を拡大し向上させれば，ある特定の目的にもあるいは多目的にも，より適応するものとなるはずである。
　もしあるものが，とりわけ明確な目的に合わされていれば，それは期待どおりのプログラムでその機能を発揮しよう。これが機能主義者のいう機能主義だが，建築に期待されている役割としては最も低い次元のものなのである。さまざまに展開する状況のなかでそれ以上のことを成すために，演奏者の望むとおりの音色を奏でる楽器のように，形態や空間に大きな「包容力（accommodating potential）」を期待できないものだろうか。重要なのは，この包容力を増大することで，空間がよりさまざまな状況で使われるものにするということなのである。いったんそれを求め始めれば，全く期待されていない片隅にでさえ，設計者（もしいればだが）が意図しなかった使われ方を発見するようなことにもなるのである。どんな状況でも人びとは周囲の環境を最大限にうまく使いこなしているものだ。時には，人びとの囲りの物が全く意図せずにふとした機会を提供することも多い。それは「通りすがりに」とか，「ついでに」とか，というふうに捉えられるようなものなのである。

467

床レベルの違いなどといった「不規則性（irregularities）」は，至る所に生じている。それを無理して抑え込むのではなく，むしろ意識的に，それらを最大限に生かし形態化することにこそ傾注すべきである。パラペット，手摺，柱，樋などは，建築にアクセントを与えているものだが，それらはいろいろな付加物が取り付けられそうな可能に満ちている。それらは建築の基本文法ともいえる，初歩の要素なのである。それらはさまざまな形や寸法をしているが，思わぬ使い方をされたりする可能性に常に満ちているのだ。

　人びとが環境を直接自分たち自身のものであると感じるようにするために，まず最初にやるべきことは，座ってもらうということだろう。座るというのは，言語学的には，安定という言葉に大いに関係しているようだ。座るということは，一時的にその場所を占有する機会を与え，人びとが互いに交わる環境をつくりだす。もし，普通の家庭のソファや椅子が柔軟に利用されないとしたら，それは多目的には役立たぬばかりか，上記の意味ではその妨げにもなろう。いわゆる座席もそうだが，初めから明確にある目的性を備えているものは，他の目的には合わないようだ。設計に際して機能性ということが行き過ぎると，それは固定的で，柔軟性を失う要因となる。そこでは利用者の望みそうなこと，利用者がしそうなこと，しそうもないことなどがあらかじめ定められていたかのようで，利用者が意の向くままに使うというような自由度が全く失われる。利用者は，形態とそれに付随する約束事とに従うのみとなる。たまたま自分のしたいことが形態の示唆するものに合えば，それを使ってみたり，しばらくの間ちょっとだけ自分専用のものにしてみるのがせいぜい，ということに終わってしまう。

　ソファとは，その存在に責任のある事物や人々，すなわち家具製造者や代理店の人たち，思想，社会，文化などが一体となって，その意味を形作っているものであろう。例えばベンチという強い一連の連想に取り付かれると，ひとりの利用者はそのとき本当に必要としていたものを見失ってしまうのである。本当に必要なのは，テーブルかもしくは，コーヒートレイを置くだけの空いた場所かもしれないのに……。

　思いがけない機会とは，歩みをふと休めたいと思うぐらいの気持から始まるのかもしれない。これ以上親しくするなんて嫌だな，と思うちょっとした仕草かもしれない。この最初の，ためらいがちで優柔不断な仕草が互いに不快なものでなければ，両者は互いの約束や暗黙の了解などに従いつつ，より安定した局面に入ってゆくのである。

ブエノスアイレスの一段高くなった歩道（468）
　歩道が車道より一段高くなっていれば，そこには人びとが座ったりもたれたりするのである。それが例えば急勾配の道で，特に交差点などであれば，なおさら人びとはそこで集まったり時間をつぶしたりする。そこはフットボールに興じる子供たちを眺める観覧席にもなり，露店商はそのいくぶん隔離された空間を生かし商品を並べて，往来する人びとの興味を引こうとするのである。

468

469

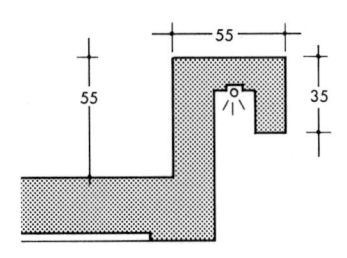

ヴィースパー通りの学生会館，アムステルダム
(470-472)

　長く幅の広い腰壁は，一見したところ目立たないが，ちょっとそこで立ち止まり，もたれたり座ったりする場所となる。時にはつかの間の会話であり，時には長時間の討論をする場所ともなる。食堂が混んでいるときには食事をする場所となり，また，クリスマスの立食パーティの際には食事を並べるテーブルとしても使われる。

　触れ合いが自然に生まれるためには，約束ごとではない，ある種のさり気なさが求められる。触れ合いは，止めることもできるし，続けようと思えば直ちにそうできるものでなくてはならない。出会いとは，いつでも止められることを了解し合いながら，互いに対等に主張し合うという，いわば誘惑のプロセスにも似ている。

　ここでも，意識に蓄積されたイメージがつくりだす共通の連想ともいうべきものが決定的な役割を果たす。交際中の男女をイメージしてみよう。2人は将来の絆を，そして未来の絆に伴う思いを抱いて，ベンチに座っているのだと，誰でもがそう思うものなのである。

ラ・カペル，フランス（473）

　毎日の生活に密着したものになることは，そんなに難しいことではない。老人が階段の上り下り時に摑まる手摺は，近隣の子供たちにとっては彼らの敏捷さを披露する遊具となる。それは公園のジャングルジムのようにもなり，また夏には隠れ家をつくるためにも使われる。

　オランダにかぎらず多くの国で，こんな手摺は主婦がカーペットのごみを落とす物干台にもなっている。このまっすぐ延びた鉄のレールは文字どおり身近なものであり，毎日生活上生じるさまざまな使い方に対応し，また通りを遊び場に変えるものなのである。

　都市のあちこちにある，目的的にデザインされた公園は，目下のところは子供たちにとってはなくてはならない避難の場所かもしれない。しかしそれは同時に，本来それ自身が市民や子供たちにとって憩いの場であるべき都市がいかに苦悩しているか，という証なのである。

チャンディガール高等裁判所，インド，1951-55／
ル・コルビュジエ（474-477）

ル・コルビュジエの後期の作品の特徴でもあるブリーズソレイユは，コンクリートが水平と垂直にグリッド状に組まれたものであるが，この蜂の巣状のニッチは，実は日除け以外の働きもしている。この構造にコルビュジエ自身が惹かれた理由がその強い造形性にあったとしても，そしてコルビュジエがブリーズソレイユの造形表現のみに熱心で，それが日除けの機能以外にもさまざまに役立つという可能性には全く考慮していなかったとしても，彼の実際の作品を見ると，そこには建物全体にわたってそれ以上の使われ方が実在しているのである。

前述の事例では，いずれにしても偶然にその質が獲得されている。どの場合でも，それは熟慮された設計の結果として生じたものではない。しかし，このような質を，設計の明確な与条件に変換することもまた可能であるにちがいない。この更なる質的要求に応えるということが，余計な費用を使うということではない。それは，ただやろうという意志さえあればできることなのである。すなわち，同じ題材をより多くのことに用いること，多様性をつくりだすこと，既存のものにより顕著な性格を与えることなどであり，それは優先順位の問題なのである。

474 475

476 477

心を誘う形態

478

479 480

フレーデンブルフ音楽センター, ユトレヒト (478-482)
　劇場のロビーには，椅子はそう数多くは置かれないものなのである。したがって，幕間の休憩時間にその「公式」の席を確保できるのは少数の観客だけに限られるのであり，その他の人には「非公式」な椅子状のものがあれば，それこそ好都合ということになるのである。
　こうした椅子をつくりだすため，この劇場ではできるかぎりの場所に，ブロックの台座をつくっている。これはもちろん，クッション付きのソファのようには

178　都市と建築のパブリックスペース

快適ではないかもしれないが，それでも機能は十分果たしている。幕間でのもうひとつの問題は，どこに飲物のグラスや瓶を置くかということである。置き場所としては，どこでも平らな所が役立つことだろう。こうした小さな，しかし絶対に存在している必要性に対して，いちいちそのために空間をつくることはやり過ぎになるわけで，腰壁や手摺，パーティションの上端部に必要な幅の木製の横桟をつければ十分といえよう。

ショッピングアーケードの2階の部分では，鉄製の手摺が外側に一定の間隔で弧を描いて張り出し，ベンチになっている。ここから人は吹抜の向う側や階下を眺めることができる。いささかやり過ぎにも見える一段高くなった背もたれは，手摺の高さについて法規の厳しい規定があり，それに譲歩した結果である。そうした譲歩に至るまで，より自然で繊細なデザインの代案を提案したのだが，結局認可には至らなかった。

この椅子は屋根のあるモールの下に設けられていたので，多数の路上生活者にとって格好の居場所となり，特に夜には大量のごみを捨てたり，また通行人に嫌がらせをすることから，現在では破棄されてしまっている。同じ問題は世界中の都市で起こっていると思うが，人間への配慮が招かざる人びとを招いてしまうという逆説的なことになってしまっている。いったんドアを開けたら，それが誰であれ，中に入れなければならないとは！　物事を何でも一般化し，どこからついても欠点のないものにしようという傾向は分からぬでもないが，しかしその結果は，この事例のように，つまらない結果に終わってしまわないだろうか。

オランダ鉄道は美しくデザインされた清潔な公共空間を実現することを言明していたが，ロッテルダム中央駅の周りをうろつく多数の若者が原因で，最近では石のベンチに鉄製の鉤状の棒を設置し，彼らの自制を促す事態になった。こうした非常手段はゴミの投げ捨てや破損に対するオランダ鉄道の対応策のひとつである。（バウ11, 1987）

483

481　482

心を誘う形態　179

デ・エーフェナール・スクール（484-490）
　アムステルダムに建てられた新しいデ・エーフェナール小学校の玄関へ至る階段には、通りから学校への導入をよりスムースにするために、アーティキュレーションが設けられている。階段を踊り場でずらしているので、手摺は互いに湾曲して接合されることになった。この湾曲した部分を生かして2つの小さな座るための場所を考え出した。音楽センターのコーナーシート同様、この形態は支配的なものとなっているが、決して思いつきではなく、極めて論理的な推敲に基づく解決なのである。2階の上端部が湾曲したスチールのメッシュの手摺も、子供たちには、そこは座ってよい場所なのだとすぐに分かる。つまりここでは、形態が機能を触発しているのである。

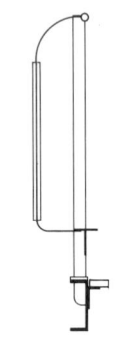

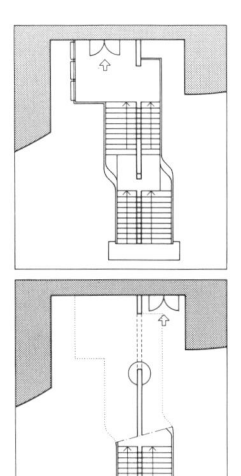

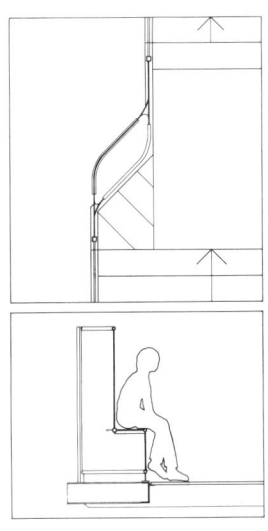

アポロ・スクール，アムステルダム（491-493）
　教室では，窓の横桟や下枠などのちょっとした幅を利用して，とにかく子供の作品を数多く陳列することができる。こうしたことが，子供たちをそこに馴染ませ，落ち着かせることになるのである。それゆえ，できる所には極力横桟などを設けるようにしている。

489 490

491

心を誘う形態　181

今日，柱には古典的様式に見られるような基壇や柱頭が施されることはほとんどない。柱はそのままの形で床へと消えてゆく。しかし床のすぐ上の所で柱の断面が広げられたとしたら，そこは興味の尽きない新たな探究の始まりとなるのだ。

保育園の玄関などで，例えば子供を連れて帰るために母親が集まってくるような所では，母親たちが待つための専用ベンチを設けるというのもいささか大げさだろうし，彼女たちがそれを望んでいるかどうかも少々疑問であろう。ここに見られるような柱脚状の気軽に座れる場所を設けておけば，予想より長い時間待たねばならなくなったときなどには，たいそう喜ばれるのではないだろうか。子供たちも放課後には，この柱脚にコートや鞄を置けるし，それは運動場の片隅に置いておくよりはずっとましだろう。その上，そこは子供たちのかくれんぼなどの遊びの起点にもなろう。

サンピエトロ広場, ローマ, 1956以降／G.L.ベルニーニ (494, 495)

　サンピエトロ広場には, 四重になったコロネードの無数の柱のそれぞれに, 正方形の基壇があり, それはひとりが座るのに極めて快適な大きさになっている。またその柱がかなり太いために, 座る人同士の隔たりの感じがとても素敵なのである。大きな楕円を形づくるこの無数の「ベンチ」に, そんなプライバシー感覚があるため, 広場はだだ広くても, 誰にとってもここは気軽にホスピタリティを感じられる場所となっている。今日, 世界中の何本の柱が, このように後々までそれと付き合う人のいることを考えて, こんな付加価値を与えるように計画されているだろうか。

494
495

心を誘う形態

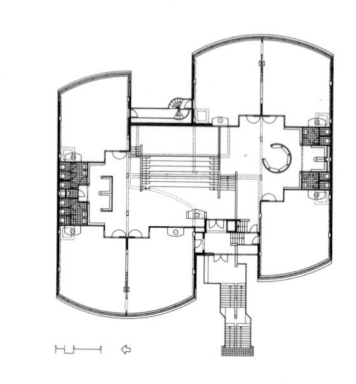

デ・エーフェナール・スクール（496-498）

　階段の腰壁は，普通，手摺の形に合わせて斜めにされることが多い。階段は極めて機能的な観点から設計されるものだから，そうした解決が数多くの建物で見受けられる。しかしデ・エーフェナールのように，見通しを得るために腰壁を慎重に計画すれば，その上に肘をついたり腰掛けられるようになるのである。何か面白そうなことがありそうな所に来れば，人は立ち止まりそれを見たいと思うのである。それだからこそ建築にも立ち止まったり座ったりする場所が必要になってくる。この学校の場合は，腰壁の先端を通常のように斜めにする代わりに，段状のものとし，そこに肘をついたり腰を掛けられる幅を取ったことが良い結果となっている。もし壁が（この建物と同じように）礎石造なら，こうした段をつくることは，何の細工もいらずにいとも簡単にできる。これは全く意図したものではなかったのだが，ベルラーへやロースの建築の精緻さにも通じるものと思う。

アポロ・スクール，アムステルダム（499, 501-503）

　昇降口のまわりの階段やその腰壁の至る所が，子供たちが腰掛ける所となるのである。特に，ちょっと避けたりもたれたりできる柱があれば，なおさらである。こうした認識こそが形態を創造するのだ。そこではまた形が形を呼ぶようなことが起こっているわけだが，これは何かをつくりだすというより，人と物との自然な関係のあり方ということに注意深く耳を傾けることによって生まれるものなのである。

　どういった空間が人びとに心地よく使われるのかを私たちは知っているのである。それを心に刻んで，まず建物の外周部を魅力的にしなければならない。それにはもてる要素をすべて活用することである。例えば正面階段の下になってしまっている幼稚園の前庭部分などはどうだろう。そうした場所は，たいていがらくたが溜まり，猫がうろつく暗く臭い一角となって，人も寄りつかなくなっている。例えば，数段のステップをつくり，そこから階段を始めるのもひとつの改善策で，その階段の下の空間は有効に利用されることになろう。そういうことが，狭間のスペースを活用してゆく上では，最も実際的なやり方なのである。

　どんな狭間も隅っこでさえも，目に触れず生活に役立たずに放っておかれないように，注意を払う必要がある。建築家は，設計の過程でスペースを無駄にする

499

面的ではなく，より実態に即してつくろうと試みるべきだともいえるのである。衝立は，十分な厚みがあれば，物置棚にもなる。イタリアの教会で印象的なことのひとつに，教会の大部分の壁面に沿って延びる膝ぐらいの高さの台座があり，そこにいつも人びとが座ったり寄りかかったりしていることがある。そういえば，古い昔の車には乗り降りを楽にする踏板が付いていて，これもまた，ピクニックのときなどには素晴らしい臨時の腰掛けになったものだ（504，505）。

　形式ばらない平面を更に付け加えて，使いでのあるスペースを拡大してゆくと，なかなか明確になってこなかった要求がより鮮明に見えてくるものだ。このような付加価値が，座ったり物を置いたりできる容量の増大程度だとすれば，なんだそんなものかとしか思われないかもしれない。しかし大事なのは，デザイナーや建築家が，それが一般解であれ特殊解であれ，このような付加価値をできるかぎりの場所につくろうとする意気込みであって，使う側はそんな付加価値を更に次の便宜へと発展させてゆくのだ，ということなのである。

　このように内容を高めていくことこそ，理想的には，建築家の第2の才能であるべきものなのである。それは特別なものではなく，物事の兆しを予測する才能であり，何を設計するかではなく，どのようにして設計するかの問題なのだ。それは設計の内容を高めるもので，設計にあまり手を加えてはいけない（そうすると不必要に想像したり，つまらぬことに気を使う恐れがある）。人びとを引き付けるような形態をつくるには，相手の気持に立って考えることが必要で，それは

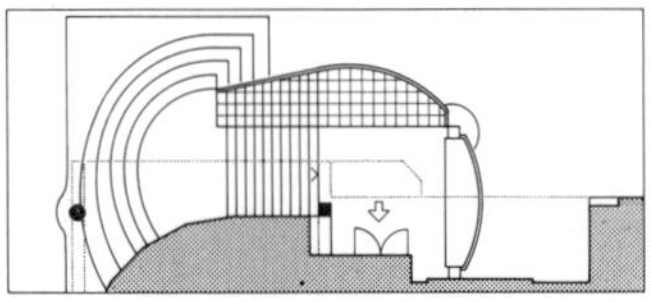

モンテッソーリ・スクール，デルフト

どころかスペースを増殖しなければならないのである。目の覚めるような晴れ舞台だけでなく，普段注目を浴びることのないスペースなどについても。前述の事例は，ふとした場所を終始考慮に入れることで，建築デザインの機能を如何に高められるかを示している。

　建築家が誰も意図しないこのような状況は，身の回りでは本当によく見かけられる。しかしながら，それにもかかわらず，ゾーニングにいっそう留意して，平

500
501
502　503

「浜辺のピクニック」, フロリダ (1941)

「ブローニュの森の貴婦人たち」(1925)

工業都市 1901-04/T. ガルニエ

客の気持を想像してもてなすのと同じである。「包容力」の増大は、形態により多くの適応性を与える。従って形態はさまざまな状況で人びとの要求に更に応えることになり、より多くの選択を人びとに与えることにもなる。

ふと佇める場所とは、形式的なレベルから、寛ぎのレベルへ、普段の日常生活の営まれている場所への、視点の転換を意味している。それは明快な機能という既成概念では捉えられない、その余白の部分を意味しているのである。

ベトンドルプ（コンクリート村落）, アムステルダム 1922/ファン・ロヘム, グレイナー

心を誘う形態　187

place and articulation

2 場と
アーティキュレーション

適切な寸法

　空間の設計の決定的に重要な第一歩とは，その空間の目的は何か，何が目的ではないのか，そしてその大きさをどんな広さにするか，ということである。広ければ広いほど，より多くの可能性があるとは本当だろうか。そうだとすると，何もかも単純にできるだけ広くつくればよいということになるが，それは不可能である。台所が広過ぎれば，本当に必要な分よりはるかに頻繁に動き回らねばならない。必要な物は何でも身の回りの手の届く範囲にあるという方がはるかに便利なことだろう。行動や利用の仕方が違えば，空間的にも違った寸法が求められる。例えば，ピンポンには十分な広さだとしても，テーブルを囲んで談話を楽しもうという少人数の人たちには広過ぎるというように，空間に寸法を与えるとは，その状況や空間の目的に沿って，人びとの距離を如何に感じ取るかということに尽きる。この距離の適切なバランスは，特にテーブルを囲む座席配置の際には大切なこととなる。互いに遠過ぎて必要なときに熱中した会話が盛り上がらないことのないように，近づき過ぎて窮屈な感じを抱かせないように。窮屈さは沈滞を招くものである。見知らぬ人たちと乗り合せた満員のエレベーターのなかでは，いつも会話はぎこちなく，話題もすぐに尽きてしまうではないか。

ハールレム・ハウトタウンネン集合住宅（508-510）

　玄関先の小さな，舗装されブロックで低く囲まれた庭園は，上階のバルコニーと比べても広くはない。それはもうこれ以上小さくできないサイズだが，かといってそれを大きくしたとしても良いものになるとはかぎらないというものだ。それは数人が集まり歓談するのにちょうどよくもあり，また各戸によってあまり異なったものにはなりようがないという広さなのであ

る。そこにはテーブルと数脚の椅子が置ける必要がある。テーブルはできたら丸いものがよい。正方形や長方形のものは規格のサイズしかなく，通常の舗装の幅には大き過ぎてしまうことが実際には多いものである。上階のアパートのバルコニーは，比較的ゆったりしたサイズであり，よくあるような，地上階が上階より専有の庭をより広く備えるというようにはなっていない。そのバルコニーの半分には屋根が架けてあり，それもある所ではガラスの庇，ある所では建物の内部となっていて，隣接する台所からの扉が付けられたりして，内外の空間が連続的になっている。2戸1のバルコニーの仕切りは，60センチの幅だけ，手摺の高さまで下げられているので，気が向けば隣人とも気軽に話せるようにもなっている。

「馬鈴薯を食べる人びと」／ヴィンセント・ファン・ゴッホ，1885（512）

住宅局や建築家が表示する空間の寸法というものは最小限の規制値であって，必要な広さの目安というようなものは，例えばテーブルの周りに人びとが集うときの広がりといったような感覚なのである。絵画の世界でも，構成に対して厳しい目をもち，こうした広がりの感覚を空間把握の出発点に据える画家たちがいる。ここではテーブルの上に吊るされたランプがまず目に留まる。光は周りを照らし，人とその特徴，その形像と空間を融和して，人間性と場所性の究極的な融合を表現している。この「貧しい人たちの最後の食事」と題された絵は，人間と空間の相互の補完を示しており，それは建築にとってもこの上もない教材といえるのである。

目的に対しては狭過ぎても広過ぎても適当ではない。なぜなら，大勢を収容するには十分に広いとしても，広さだけでは，着心地のよい洋服のように人びとに適切な感覚を与えるとはかぎらないものなのである。洋服の着心地のように，窮屈では不愉快だし，ダブダブならば動きづらいものなのである。ほとんどの建築家は，法規の制約がなければ，狭いというよりむしろ広過ぎるように空間をつくる。そうすると，すべては可能なかぎり開放的で広々とするが，一般的な自然な目的というものからははずれてしまうのだ。建築家たちは，彼らのその壮麗な設計方法が，実は多くの

510 511

512

513

デ・ドリー・ホーフェン，老人ホーム

心を誘う形態

クレマンソー広場,
ヴァンス, フランス
ロックフェラープラザ,
ニューヨーク

国立図書館, パリ
アルルの円形劇場,
フランス

514 515
516 517

ことを可能にするどころか不可能にしつつあるということに気付いていない。広く大きくなればなるほど, 最も有効な利用は難しくなるばかりなのである。

都市計画家や建築家たちはみな, 政治的な圧力によるものか, より多くのスペースを路面電車や自転車, 自動車などの専用ゾーンに確保しようと努力を続けているようだ。その状況はちょうど, 成長に合わせて子供の服を繰り返し直さざるを得ないように, 都市の生成に合わせて家と家とを更に離し続けなければならない, いわゆるイタチゴッコのようになってしまっている。

交通のための場所となってしまった所では, どこでも, 建物は遠く離れ離れとなって孤立している。もはや都市空間は, 建物相互の高さと距離から自然に展開され得るものではなく, それらは親近感や疎外感をつくる尺度ではなり得なくなってしまった。その親密な雰囲気は, 交通が主権を握っていないいくつかの古い都市の中心部では存続している。通りの向かいとこちら側とで, つまり通りの両側で, もっと相互の交渉や理解がないかぎり, 公共的な空間が全体として構成され機能することなどありようもないのである(そのときでさえ, 交通騒音で会話は聞き取れるかどうか……)。

デ・ドリー・ホーフェン, 老人ホーム (513)

この建物では, 病室によくあるように窓際に椅子を配置する手法を採らず, 廊下を広げてつくりだされた談話室を2室が共有するようになっている。低いブロックの壁が固定式の椅子を囲み, 実際の廊下と区分しており, 廊下の往来から少し身を引きながらも, 同時にそこで何が起きているかを知ることができるのである。この構成は, スタッフと (たとえ彼らが忙しいときにでも) 居住者との日常的な接触を誘導する。そこに座っている人たちは廊下を斜めに見下ろせ, 反対側の寝室の窓は開けられるようになっており, よりいっそう接触ももてるようになっている。

こうしたニッチは1m角の寸法をもつにしか過ぎないが, そこには4人, 最大で6人が座れるようになっている。そこは訪問者に会ったり, 食事をしたり, 時にはテレビを見たりラジオを聞く場所として使われている。壁には可能なかぎり棚がつくられているので, 寝室に入らない貴重品を飾れるようにもなっている。このスペースの大きさや備品は, そこにいる人数にピッタリの最小限の居間といった印象を与えている。もしこの部屋がもっと広かったとしたら, こんなには機能していなかったと思われるのである。

空間の適切なプロポーションは, その空間の利用のされ方で決まる。ある場所の建築的な空間的な状態は, ある特定の使われ方を引き出す一方で, 他のものを妨げる。すなわち建築とは, 多かれ少なかれ, 空間のなかで起こり得ることと起こり得ないこととに関して大きな影響力をもつものなのだ。空間の広さひとつについての建築家の判断すらが, その空間の向き不向きを定めてしまう結果となるのである。

第1部と第2部で記述したアリーナ, ロックフェラープラザ, ベニスの広場, パリの国立図書館 (514-517) などのインテリア空間は, 公共的な活動に使われている点では共通しているが, さまざまにその利用に適したサイズを備えている。ロックフェラーセンターでスケートをしている人たちは, 国立図書館で読書をしている人たちと同じように, 自らの行為に没頭しているわけだが, スケーターはその周りの一般の見物客と一体となっているし, 読書家もまた, 全体に漲る集中力の醸し出す雰囲気と共存しているのである。

このことはスペースの大小に関わりなくいえることである。空間の広さはそこで行われることと釣り合っていなければならない (逆もまた言える)。空間の寸

法は，大きかろうが小さかろうが，その空間に期待される機能に適切なものでなければならないのである。

場をつくる

建築家は「場（place）」をつくることに専念し続けてきたが，私たちが無視できないような概念を最初に提起したのは，アルド・ファン・アイクであった。場と空間に関する数多くの彼の書物から，2つのよく知られた記述をここに引用しよう。

「時間と空間が何であれ，『場と機会（place and occasion）』の方が大切だ。われわれにとって，空間とは『場』であり，時間とは『機会』なのだ。」

「それぞれの家や都市が『場』を備えるような，そんな国を築こう。何故なら，1戸の家はひとつの小さな都市であり，ひとつの都市は大きな家なのだから。」

（アルド・ファン・アイク，1962）

モンテッソーリ・スクール，デルフト（518-520）

保育園児のクラスが自由行動となると，いつも子供たちは，われわれが思うよりずっと少人数のグループをつくる。砂で城をつくったり，ままごと遊びをしたりするには，少人数の方が気楽にできるもののようだ。こうしたことを考えると，砂場も，大きなものをひとつつくるよりも，小さなものをいくつもつくった方がよいのではないかと思えてくる（園児たちが大人数で遊んでいるときは，いつも先生が付き添い，その共同作業を見守っていることに注意してほしい）。デルフトのモンテッソーリ・スクールには，ちょうど砂の城をつくれるぐらいの広さの，小さく仕切られた砂場がある。こうした砂遊びをする年代の子供たちは，1人か2〜3人で遊び，4人で遊ぶことは稀であり，5人以上ということは全くないといってよいのである。

砂場が大きい場合，目立ちたがりの子供が，他の子供たちの集中力や仲の良さといったことを，いともたやすく邪魔してしまう。したがって，ここではこの小さな砂場の寸法はその使い方に適合し，上手に使い方を喚起したりするようにしてある。その広さは想定される遊び方に即してつくられるのだけれども，一方で，その広さがそれに一番合った使い方を導くという場合もあるのである。

この砂場は全体として，さまざまな使い方に対応するように小さく分割された砂場が一列になったものだが，アーティキュレーションの原則の基本的な事例でもある。

518
519
520

心を誘う形態　191

アーティキュレーション（分節によってめりはりをつけること）

空間は「場」をつくるようアーティキュレートされるべきである。「場」は，適正な寸法と適切に囲われた感じとによって，そこを使う人の生活様式を受け入れるものとなる。そこで，空間を如何にアーティキュレートするかが決定的要素となるのである。というのは，そうすることによって，その空間がひとつの大勢の集団に適するのか，小さなそれぞれの集団に適するのかが決まってしまうのだ。

面積はすべて同じである。

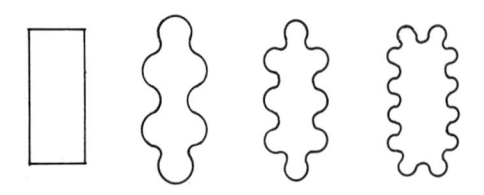

数多くアーティキュレートすれば，それだけひとつひとつの空間単位は小さくなる。そうすることによって，焦点の数が増えるほど，全体に及ぶ効果は個別化されたものになる。すなわち，別個の集団により同時に複数の行動が行われるようになる。

521

522　523ab

524

アーティキュレーションは小さな空間にばかり適用されて，スケールの大きなものには向かないようにも思われがちだが，それは誤りである。アーティキュレーションのよく効いた大きな空間が，ひとつの集団に使われにくいということもないし，アーティキュレーションのない大きな空間が多様で同時的な使われ方をしないということもない。ひとつに集約した使われ方にでも，多様な使われ方にでも，その両方に適するように空間をアーティキュレートすることは実際に可能なのである。その空間をどのように解釈したいか，という気持に沿って大きくも小さくも捉えられるように。しかしそれはあくまで原則であって，これらの原則が実際にどのように応用されるかによって，実際の空間の質的可能性が決まるのはいうまでもないことである。

より小さくなるようにアーティキュレートしなければならない──という意味は，必要以上に大きくせず，より扱いやすいものにするということである。アーティキュレートするということで適用力を増すのだから，そのとき空間性も同時に増すといえる。すなわち，私たちのつくろうとするものは，より小さくなると同時により大きなものとなるのだといえる。使われやすいようには，なるべく小さく，最大限の使われ方をもつという意味では，できるだけ大きくというように。アーティキューレーションはこのようにキャパシティを増大させるのであるから，手元の材料で大きな収穫を得ることにもなり，節約にもなるとはいえないだろうか。

すべてのものには適所な寸法が与えられねばならない。適所な寸法によって，それは最大限に利用され得るものとなるのだ。もし，寸法を間違えたものづくりをやめようとするなら，ほとんどすべての対象について，それをほんのわずか小さ目につくりさえすればよいということを知っているだろうか。小さな単位がまとまってゆくことでのみ，大きなものであり得る。スケールオーバーな形態はたちどころに，距離による分離を招く。それでも世の建築家たちは，大き過ぎ広過ぎる虚ろなスケールのデザインに固執し，物と物とが離れ過ぎているために疎外感を撒き散らす大スケールの生産者になり下がっている。小さなものが集まって大きくなる場合は複雑にはなるが，その複雑さは，全体を構成している各要素が多様に関係し合うことによって，利用者の使い方の解釈の多様性を拡大するという具合になっているのである。

セントラール・ビヘーア，オフィスビル（522-527）

セントラール・ビヘーア保険会社のオフィスでは，空間のアーティキュレーションが設計の基本的な原則

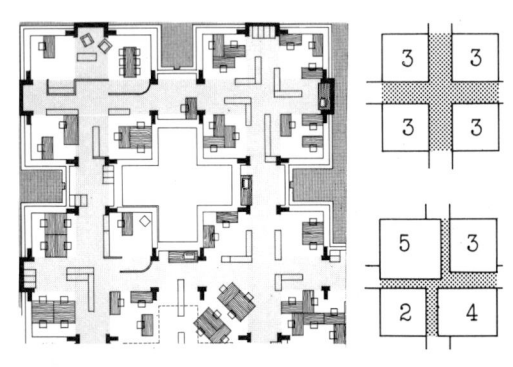

であった。出発点となったのは，息抜きも含めてすべての仕事は，ひとりでも大人数でもなく数人のグルーブで行われるという確信であった。また，設計条件に記されたすべてのさまざまな要素は，3mグリッドとい

525
526 527

心を誘う形態　**193**

フレーデンブルフ音楽センターのホワイエ

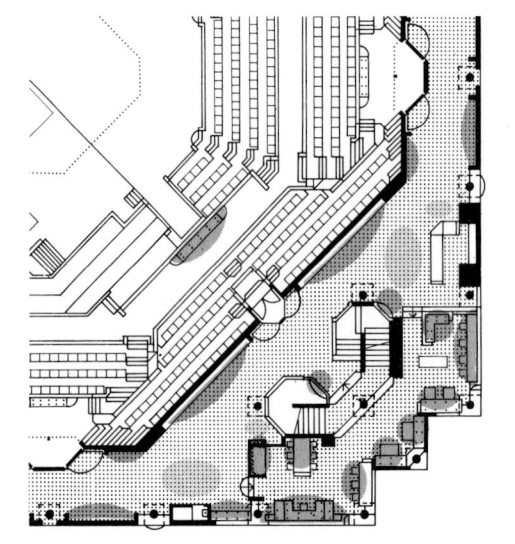

528

529 530

決定的な
場所

可能性の
ある場所

アムステルダムの
集合住宅
A：オリジナル

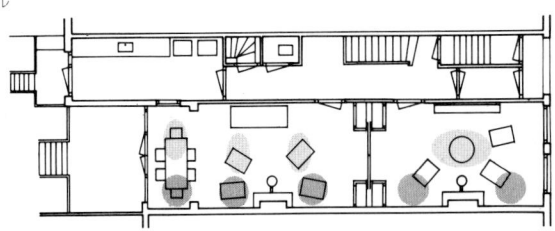

B：改装後

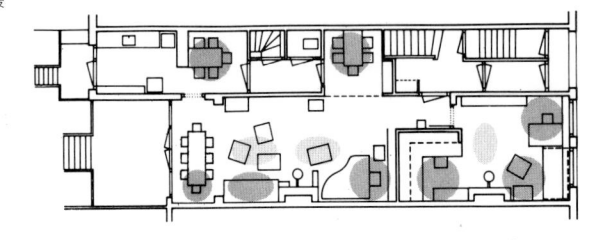

う空間単位に置換され得ることを示していた。そして実際には，何事も正確に数字で表せるものではないので，調整の必要なときには動線部分で吸収されるように考慮されている。もし建築が，幅広く内部の改装に対応できるようになっているだけでなく，全く異なる用途にも供されるものだとしたら，それは分節化に負うところが大であるといえよう。つまり，実際によくある例として，建物のなかで美術展が催されるとすれば，そこは，たちどころにギャラリーのような性格の空間に変化しなくてはならない。

ありとあらゆる用途のそれぞれに，実際につくられた空間が適合されるという夢がここで完全に叶えられているというわけではないが，しかしかなり近いところには来ている。場を多様化させる完全なアーティキュレーションなどは実在しないのである。ここで場と呼ぶ空間単位の大きさは，社会的な交流のパターンと称される空間的な要求に基づくものであり，したがって建物とは大なり小なりそうした要求に応えるだけの基本的な構造を備えるに過ぎない。建物の可能性とは，構造とそこから導かれるアーティキュレーションの密度によって決定されるのである。

オフィスとしては十分機能していても，例えば全従業員が集まる会社のパーティに使うのには極めて不満足な環境となることもある。しかし，そうした行事は隣接する建物の大きなホールで行われるというのが自然な解決でもあろう。このホールは建物群全体を結合する中心施設であり，どこからもアプローチしやすくなっている。

「場」をどれだけ創造できそうか，という視点から平面計画を評価することもできよう。そうすると，多様な活動をどこまで許容し得るかという，その空間の可能性に関して，ある種の感覚が芽生えてくる。オランダの集合住宅の伝統的な平面計画に，引戸を収納する造付けの食器棚によって，区分された2つの部屋をコネクトするプランがある。長い間，大勢の人がそれをひとつの大きな空間にしてしまおうと，その邪魔くさい棚を取り除こうとしてきた。しかしその大きな空間では，家具の配置ひとつとってもなかなか難しく，どう使ってもみても失望させられるばかりであった。古いアーティキュレートされた部屋の方が，空間的に多様さがあり，「場」をつくる刺激に満ちていたのだった。このように，空間を分節して空間にめりはりをつくることで，より多くの余地を生みだすことができるのである。一方，「場の包容力（place capacity）」というものは，住まい手にさまざまな使い方の必要性が増すにつれて，増大していくものなのである。

住宅の改装，アムステルダム（529）
標準的な住居の，この一見なんの変哲もない小さな改築は，1階部分をよりいろいろな使い方ができるようにして，かつそれぞれの行動が互いに邪魔しないものとなるように行われた。改装前のプランは，台所，食堂，そして居間という月並みなものであったが，各人の仕事がそれぞれに異なる家族の要求に対応した改

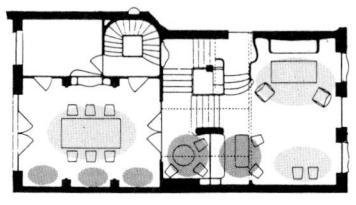

V. オルタの自邸

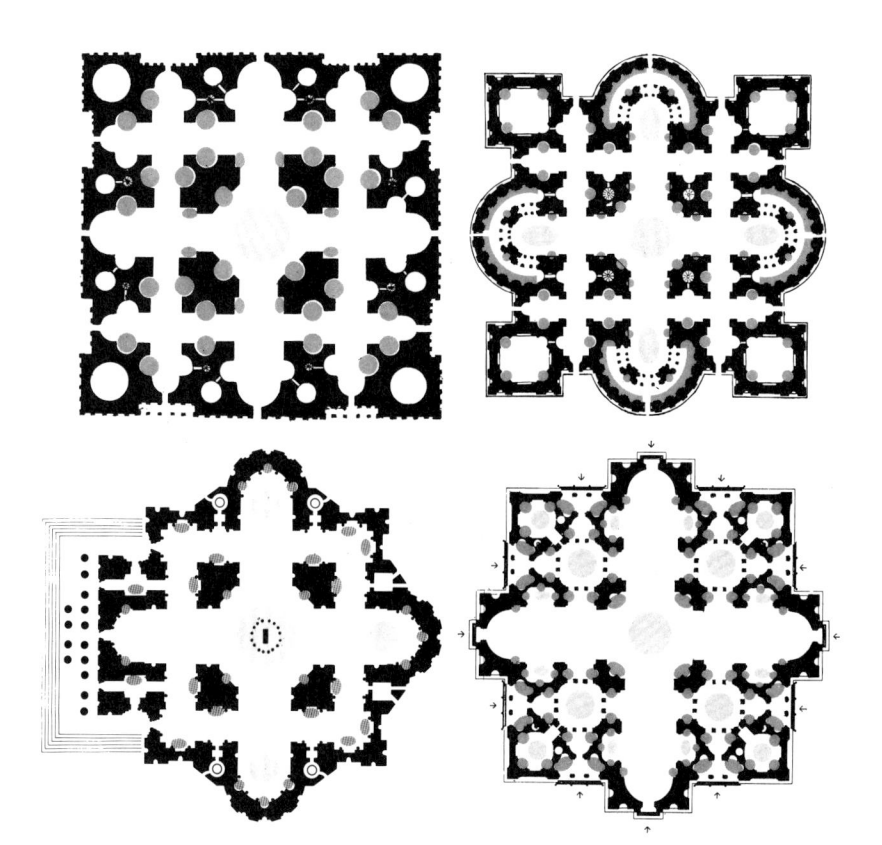

サンピエトロの平面：

ジュリアーノ・ダ・サンガッロ
ペルッツィ（右）

ミケランジェロ
ブラマンテ（右）

築後には、最低でも3つの作業場をつくり、台所には椅子とテーブルが備えられた。また使われなかったコーナーなども生かされて、全体として、共同の居間としての使い勝手が向上することになった。

「場の包容力」とは、ある空間の質に関することであり、物理的な広さを要求するというものではない。平面計画の出来不出来の主な評価基準とは、すべての空間が最大限に有効利用されているか、動線に余分なものがなく必要最小限になっているか、ということであろう。すなわち、「場の包容力」が最大限に達成されるような空間構成になっているか、ということなのである。「場の包容力」は平面図で簡単に調べられる。まず動線に絶対必要な所、次に動線に利用される可能性が高い所、そして最後に、残っている場所のうち、「場」として最低限必要な所をマークする。こうすると、その場所の寸法や開放性と閉鎖性とのバランス、その場所の使われ方に実際に対応できているかどうかが考察できる。図示したように、3段階の機能を平面図にマークする方法で平面計画の検討を重ねれば、空間の「場の包容力」を高めることは建築家としての第二の天性にもなってくるのである。

サンピエトロ大聖堂、ローマ、1452年以降（531-534）

この教会が実際に建設されることになったミケランジェロの計画に先立つ、バルダッサーレ・ペルッツィの作とされる初期のプラン*のひとつを見ると、それがダイアグラムを超えるものではないとしても、その複雑で創造力に富んだアーティキュレーションに感銘を受ける。明快な全体像を失うことなく、驚くほど豊かなパターンを生じせしめるような空間的な連続性というものがそこにはある。それはまるでミケランジェロのプランとは全く縮尺を異にするもののようである。

主空間と呼べるような空間とそれに続く空間との間には、そのアーティキュレーションやプロポーションにはほとんど違いが見られない。どれが主空間で、どれが従空間かは、もはやそこでは判別不可能となっている。何かが何かを支配するという構造は、そこには存在してはいないのである。

実現されたミケランジェロのプランもその原則はペルッツィのそれと同じものであるが、空間の寸法を変え、プロポーションを変えることで、結果的に支配的な中心空間を生み出している。その他の空間には従属的な役割が与えられ、もはや中心空間と別々となって独立しては使われようもないほどに、その独自性は失

531 532
533 534

*この平面計画（533）はおそらくブラマンテとの共同である。サンピエトロ大聖堂ではそれぞれ多くの建築家たちによるとされる幾多の計画案があり、特定の計画の作者を正確にいうことは難しい。以下に参考著作を挙げる。L.ベネヴォロ著『都市の歴史』、クリスチャン・ノルベルグ＝シュルツ著『西洋の建築』、ペヴスナー著『ヨーロッパ建築序説』、ファン・ラーヴェステイン『ローマのサンピエトロ大聖堂についての考察』1952。

心を誘う形態　195

われてしまっている。主空間が他を併合する方向性は、ミケランジェロの計画の高さと、それと同じ高さと幅の比例をもつペルッツィのそれとを、想像し比較してみたりなどして断面構成を考えてみれば、ますます明らかになってくる。ここでは、アーティキュレーションの変化が空間に何を及ぼすか、を知ることができる。すなわち、わずかな寸法の変化の交錯が、空間の囲まれ具合を減じ、より小さな空間の集まりとして認識されるほどに、空間を変化させてゆくのである。

この囲い込み具合あるいは場と性質といった概念は、空間がそのプロポーションと形態に応じて、どれくらいの人数の人びとにとって魅力的なものになるかにも関係している。これは閉鎖性と開放性、内向性と外向性などの厳密な調和ということだが、それこそが、例えば、全員がひとつの大空間に集うときでさえも、それぞれの場所がそれぞれに人を招き入れる魅力に溢れるようになるための要因なのである。

サンピエトロ大聖堂のさまざまな計画、つまり、ブラマンテ、ペルッツィ、サンガッロ、そしてミケランジェロによるとされるそれぞれの計画を比較すれば、それぞれが本質的には同じものをもちながらも、アーティキュレーションと主空間の支配性という点では明らかな違いを見せているということが理解されよう。

これらのプランの相違は、その使われ方を左右する決定的な要因となっている。ブラマンテの計画に見られる主空間と従空間のプロポーションとペルッツィのそれとでは、前者が主空間をより重視しているという違いがある。さらに、ペルッツィのプランに典型的に見られる、教会の本質である、塔に囲まれた4つの空間と中心的空間とによる構成は、宇宙を再現するものであるが、それも失われている。その代わりに、この空間はエントランス状の場所となり、通過動線となっている。その上、主空間の端部にある4つの円形をした拝廊もなくなっている（これはブラマンテによるとされる別の計画で復活する）。

すべてにわたって、空間を特徴づけていた囲い込みが取り除かれていく。このようにして、ペルッツィの計画の独創性とは、塔と主空間との間にもうひとつの完結した空間的世界を挿入するところにあることが理解される。さらに、すべての細部の独自性と、細部の相互依存性とが完全にバランスがとれるように、プロポーションが関係づけられているのである。

フレーデンブルフ音楽センター、ユトレヒト（535-539）

人びとが集まる音楽ホールは、出会いや交流の場としても非常に重要である。したがって建物には、少なくとも社会的な交流の機会を数多く与えられるように空間を構成することが期待されているといえよう（これはまさに適切なアーティキュレーションということであり、すなわち全館内の利用者の間の交流関係に調

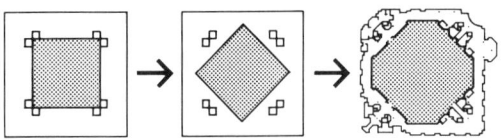

離がある程度図られた，数多くの場を用意することであるともいえよう。多くの人びとが同時に建物を利用するということで，大きな一体的な空間が必要となるが，実際ホールほどたくさんの人を収容する施設も他にはないといえよう。バルコニーのようなコンパートメントを構成する座席は，上から下まで劇場の形に沿って広がる通路や階段の間に展開している。ホールには数多くの出入口があり，各階で観客を自然にホワイエへと誘導するのである。

またいくつもの階に立食用のカウンターがあり，幕間に短時間でサービスできるようになっている。そして，建物の内部階段とは別に，中央のヴォリュームの四隅に対称に設けられた階段がそれぞれの階を連結し，外部とホワイエを繋いでいる。私たちは，大きな階段を少数設ける代わりに，2〜3人が会話を中断する

和するプロポーションを把握するということである）。

したがって空間の寸法は，さまざまな場所や場面で，人びとが自然にグループをつくりやすいというように決められなければならない。グループの輪に入るかひとりでいるのか，人に見られるのか背景でいるのか，ある人と話すのか彼らを避けるのか，ひとりひとりが自由に選択できなければならないのである。

すべての観客が舞台に集中しているときには，全員が一丸となっているのであるが，その前後ではこうした人びとも小さなたくさんのグループに分かれてしまう。空間的にいえば，ホールとは異なった，接触と隔

心を誘う形態　**197**

ことなく並んで歩ける幅の階段を数多くつくった。薄い被膜状にホールを囲むホワイエの設計では、屋外庭園やアーケードのように、それぞれの場所が喚起する可能性を最大限に生かすことが計画されている。

設計の初期の段階では、それは単純に主ホールを囲む形で、全く伝統的な方法で計画されていた。しかし設計が進行するにつれ、さまざまな性格の空間の連続する形態へと発展していった。そこでは、自然光が人工光に代わり、天井に高低差が演出され、ところどころには窪んだ天井が設けられ、通路に沿ってはニッチが壁に付けられたが、こうしたことが空間を豊かなものにしていった。移動という目的には狭い幅の通路で十分であるとしても、そこは常に単なる通路以上の空間なのである。ホワイエには、腰壁のような軽便なものから、テーブルが付いた木のベンチやクッションの付いたニッチなど、座る場所が点々とある。ホワイエが広くなっている所には、大きな丸テーブルと椅子が備えられている。こうした多様化はライニングを木で仕上げ、コーナーには回り縁が付けられることで、空間にアクセントを与えている。

館内を歩いていくと、そこにはさまざまな場所がある。窪んだコーナーでは、人は群衆を避けることができるし、そこでの出来事のすべてを望める場所もある。ホール内から、外部の街並みへの眺望も設けてある。このように空間をアーティキュレーションすることによって、空間認識の幅は広がっていくのである。このように、小さな空間をいろいろに設計することは、人びとはホールの単純な空間よりこうした空間にいることを好むものでもあるからして、建物全体としての収容能力にも貢献しているともいえよう。

スケールの概念は、単にサイズを示すものとして見境なく使われている。設計した建物が大き過ぎ（小さ過ぎ）ないかとか、日頃慣れ親しんでいるものより大きい（小さい）のではないか、などというような具合にである。しかし「大きいスケール」とか「小さいスケール」とかいう形容は、何ら実際の寸法を示してはいない。ある物がとても大きく（小さく）ても、それはその必要によるものであって、必要に対しては大き過ぎ（小さ過ぎ）ることもあり得ないというわけである。

留意すべき大事なことはアーティキュレーションである。そうすればスケールの概念をめぐる混乱が、明察力を曇らせるということはなくなるであろう。

客船を見てみよう。それは大きなスケールの建造か否か。無論それは（太洋ではほんの点にしか過ぎなくとも）大きな船であり、街の通りには納まらない。ところが、それはたくさんの小さな船室、間仕切り、廊下、階段などから成り立っていて、そして船では、そういうすべてのものが陸上のそれらに比べてはるかに小さな寸法でつくられているのである。

アーティキュレーションとは一般的に、建物の壁面やファサードが、律動的にあるいは韻律的に形作られていることを意味する。それは建築の歴史を通して繰り返されてきたテーマである。だからこそ、アーティキュレーションは形態形成のひとつの要素であり、建物の外壁面や建築様式の最も有効な表現手段であり得たのである。音楽では、リズムもしくは曲を分節し明瞭さを与えるように、建築では、寸法が距離や大きさを明瞭にし理解されるものとしているのだ。ある対象が見なれた大きさに分節されていて、その大きさから全体が分かるのに対して、もしその対象が平板単調で

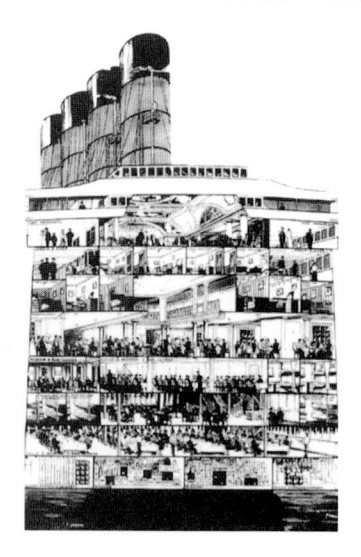

何の分節もされてないものだったとしたら、その大きさを推測するのははるかに難しいにちがいない。それは、非常に大きなものが視覚的な分節化によって理解しやすい部分に分解されることで、その巨大さを減じ、より感覚しやすいものに変わる、言い換えれば、塊のようではなくなる、という理由による。すなわち、アーティキュレーションとは、対象を読みやすくする手法として、空間認識の上では基本的に役立つものなのである。しかしそれは、視覚的な認識がその全体像に暗示される空間構造と一致しているかぎりにおいては、ということだ。つまり、建築の外観が、その内部とは全く関係なしにいくつかの小さな空間単位に分節されていたとすれば、こんな例が実際いまだに多いのだが、そんな類いのアーティキュレーションはファサードの装飾という以外の何物でもなく、形態要素の意味のない導入という結果に終わってしまうのだ。事実、オフィスやホテルに模様替えされた古い集合住宅の歴史的ファサードなどは、強いていえば、単なる都市の装飾に陥っているともいえよう。ファサードの絵画的な、あるいは形態的な構成が、実際にその内部空間の構成と関連しているときのみ、そのファサードの構成から、建築全体の空間構成や形態的パターンを知ることができるのである。建築では、そのすべての方法や手段は、多様で豊かな生活様式を最大限に反映する内部空間をこそ、形成するように意図されなければならないのである。

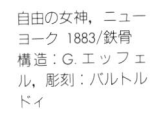

自由の女神、ニューヨーク 1883/鉄骨構造：G.エッフェル，彫刻：バルトルディ

サンマルコ広場，ベニス

心を誘う形態　199

view I

3 視界 I

　見える範囲と他人の視線からはずれる範囲とのバランスを，いつも考慮しなければならない。それによって，誰もが他人に対して自分の位置をいつでも選べるような空間構成が可能になる。アーティキュレーションの章では，統合というよりは，分割や分離ということに注目した。しかし一方では，さまざまな場所の開放性は，分離性と同じように実に基本的な事柄である。実際，開放性（openness）と隔離性（seclusion）とは互いに他方があるから存在するという，補足的，弁証法的な関係にあるのである。

　互いにどのぐらい隔離（もしくは開放）されているかというその程度，そしてどのようなやり方でそうなっているかという手法，それは設計者の手中にこそある。というのは，例えば，他人の視界の広がりをあまり邪魔せずに自分の必要なプライバシーを確保すると

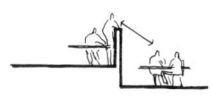

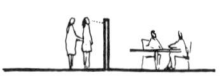

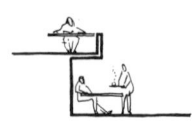

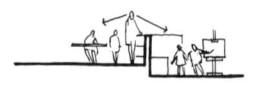

547
546　548

いったように，ある特定の状況で求められている接触のあり方を，設計者が調整できるということである。床のレベル差は，このような可能性をさらに拡大する。レベル差のあるときには，高い位置にいる人が，低い所の人を見おろすことになることを念頭に入れておかねばならない。平等な位置関係にない，「低い所（lower-downs）」では，「高い所（higher-ups）」からの視線を防ぐ方策を講じることなどを理解しておく必要がある。

モンテッソーリ・スクール，デルフト（546-549）
　教室の中のレベルを変えるというアイデアは，低いレベルで生徒が絵を描いたりまた模型をつくるなどして多少騒がしくても，他のレベルにいる子供たちがそれに妨げられずに作業に集中できるようにするために考え出された。先生は，立ち上がるとクラス全体を見渡すこともできる。

　何が行われているかを見ていなければならない先生の立場からすると，低い方のレベルに作業のためのスペースを配した方がいいにちがいないのだが，作業する子供を「落ち込んだ」気持にさせないようにと，ここでは敢えてそうしていない。「自己表現」の場を廊下にぴったりと面させること，さらに普通のクラスルームとして使う部分には外壁から直接採光するという条件なども，こんなレベル差のある計画をした理由になっている。

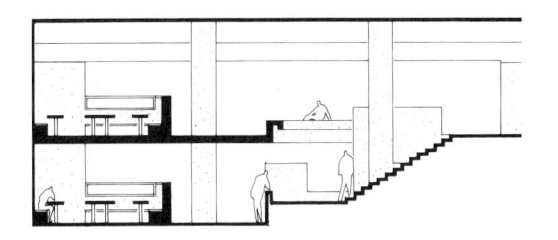

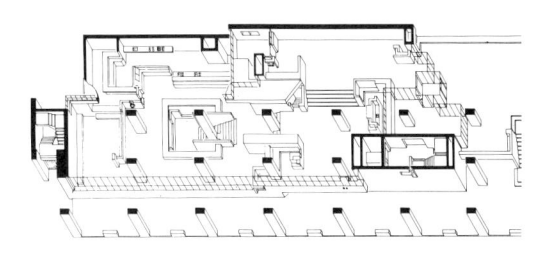

ヴィースパー通りの学生会館（550-552）
　プライバシーを守ったり，目と目の会話を促したりするように，適切に空間を分割するものはといえば，それは「視線」にちがいない。それ故，空間の高さ，とりわけ上下階のレベル差のある空間の扱いが何よりも重要なこととなる。この階段の踊り場は，低い方のダイニング（最近はディスコとして使われている）からほどよい高さにあり，その背の低いパラペットに座ると目の高さがダイニングを歩く人とちょうど同じになり，それによって気軽な触れ合いが生まれるようになっている。

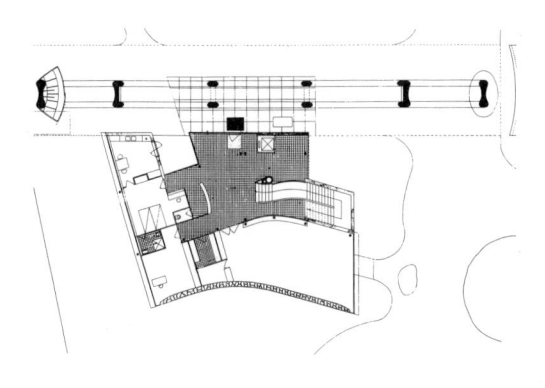

スイス学生会館，パリ，1932／ル・コルビュジエ（553-558）

階段を6段ほど上がったところにある通路のような踊り場は，それによって階段室は少し引っ込んでいるのだが，共用のリビングルームの全体を見渡せる，つまり逆にそこからも見られる，場所になっている。この踊り場は，階段を使う人の視界を開放すると同時に，この踊り場によって，リビングルームにいる人のプライバシーがホールに入ってくる人の視線から守られているのである。

バルコニー（559）

たいていバルコニーは建物の幅いっぱいにつくられている。これは，コストと施工性からは悪いアイデアではない。しかしそんなバルコニーで不都合なのは，奥行きを深くとれないことで，そうすると下の階の日当りを悪くしてしまうのである。相当な面積をバルコニーにあてているアパートでさえも，バルコニーは，奥行きが浅く長細く，そこで何かをするのはとても無理というのだ。もし，もっと違う形，例えば正方形に近い形であれば，そこに数人が囲んで座れ，そこにみんなで食事ができる屋外用のテーブルを置くのもたやすいことになる。矩形のバルコニーは，その奥行きのために，より引っ込んだ形になり，スクリーンで簡単に仕切ることができるようにもなる。そして，そのバルコニーによって外部に直接面するリビングの一部ができる。そこは最早，光がさんさんと当たる「リビング」であり，いわゆる「バルコニー」に出る必要もなく街路を直接見おろすことができるというものとなる。

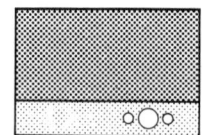

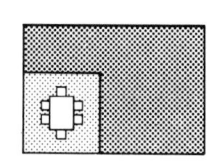

553 554
555 556 559
557 558

エスプリ・ヌーヴォー・パビリオン，パリ，1925／ル・コルビュジエ（560-564, 566）

ル・コルビュジエ以上に空間要素の構成に対して鋭い目をもった建築家はいない。いかに彼が，さまざまな視点を通して，いわば陳腐な決まり文句を取り除き，それを新しい「空間のメカニズム」に変化させたかという事例は世界中に存在している。

都市的空間が計画されていないということで否定され続けてきてはいるが「輝く都市」という彼のデザインを忘れてはならない。そこではすべての住居には2層分の高さの屋外空間であるロッジアがある。ル・コルビュジエは，1925年パリで開かれた国際装飾博覧会のために建てられ，今はイタリアのボローニャに移築され

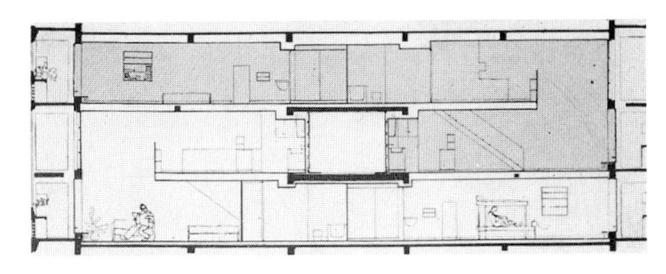

ているエスプリ・ヌーヴォーでも，このようなバルコニーのようなロッジアを設計している。しかしその彼も，マルセイユのユニテ（565）といった大きな集合住宅計画の設計という現実の状況に直面したときに

ユニテ・ダビタシオン，マルセイユ 1945／ル・コルビュジエ

560　564
561　565
562
563　566

エスプリ・ヌーヴォーのパビリオン，ボローニャの再築，イタリア

心を誘う形態　203

567 570
568 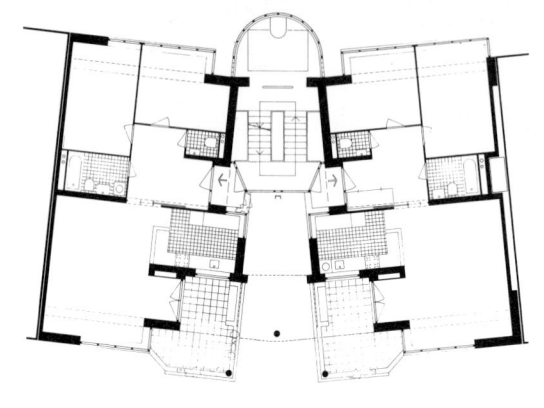
569 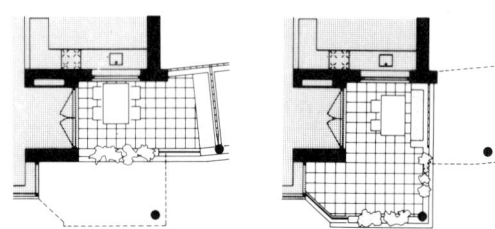

は，経済的な理由で従来型の狭いバルコニーをつくることを余儀なくされたのだったが，それでもよく考え抜かれており，それは現在のものよりはずっと空間的であるといえよう。

　空間構成の初歩的な原則を使って，隔離と開放の感じに非常に多くの段階を設定することができる。隔離されている感じは開放感の程度と同じように，細心の注意をもってつくりだされねばならない。そうすれば，周囲を無視し得るという状況から一緒にいたいと望むという状況まで，本当に多様に交際し得る状況を備える環境を創造できることになり，自分の望むような他人との関係を空間に求めることができる。すべての人びとの個人性が最大限に尊重されるべきは勿論のことで，つくられた環境が社会的接触を強要したり，社会的接触の欠如を押しつけたりしないように注意しなくてはならない。建築家は壁を建てるだけでなく，同時に，眺望や視界を得る開口部をつくっていくのである。壁と開口はともに重要なのである。

ドキュメンタ・ウルバナ集合住宅，カッセル（567-570）
　この集合住宅の断面計画のテーマは「垂直の街路」としての吹抜階段で，「戸外の部屋」というコンセプトをもつバルコニーと一体的に考えられている。空間性の豊かなバルコニーが，隔階ごとに正面と側面とから交互に突き出すように配されているので，どのバルコニーも上の階のバルコニーで塞がれることがない。
　このバルコニーは，囲われたロッジアのような部分と，開放的なテラスのような部分からなり，2層分の高さがあって，空に抜けていくような開放感にあふれている。囲われた部分の一面は不透明なガラスブロックで仕切られている。このデザインによって，人びとは他人に見られることなく，また他人を気にすることもなく外部で過ごすことができる。さらに，他の家のバルコニーを見る位置や，他の家のバルコニーから見られる位置を選ぶことすらできるようになっている。ひとりで孤独を楽しんだり，あるいは砂糖を借りたり，

天気について他人と雑談したりなど、自由にふるまうことができるのである。

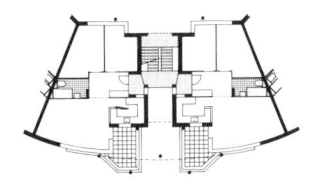

リマ集合住宅, ベルリン (573-579)

　カッセルで展開したテーマが、ベルリンのリンデン通りの計画で再び採用された。ベルリンは、フーゴー・ヘーリングが空間性の豊かな魅力的なバルコニーを設計した所で（571, 572）、最もバルコニーが用いられている都市でもあるともいえる。ベルリン計画の住戸数はカッセルよりも多く、状況によってさまざまに異なる要求が、それぞれの場所性を最大限に生かすさまざまなバルコニーの配置をつくりだしている。

集合住宅、ジーメンス・シュタット、ベルリン、1929-31／H ヘーリング

571 572
573
574 575

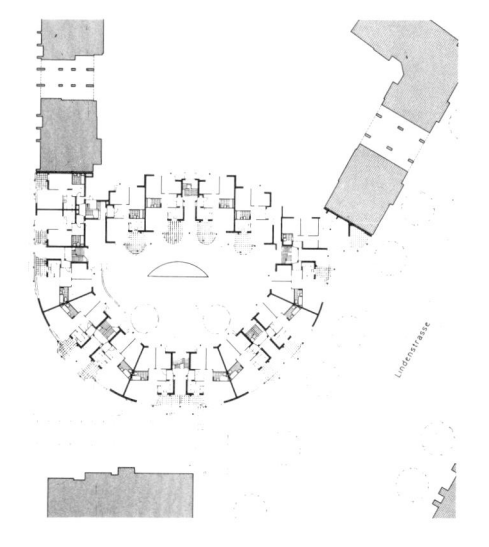

心を誘う形態　205

576 577 578
579

206　都市と建築のパブリックスペース

タウ・スクール，バルセロナ，1972-75／マルトレル，ボイガス，マッケイ（580-583）

　この学校の主階段は外壁面に沿ってまっすぐに上っていて，それぞれの階では少しずつずれた位置に出入口がある。階段は建物の端まで延びているので，階段の一番下で，天井が一番高くなっている。各階の階段に面する部分は全くのオープンであり，階段の外壁面はガラスのファサードであるので，階段を使う人も各階にいる人も外部を完全に見渡せる。各階のレイアウトはとにかく明快で，階段を上り下りする人や，座ったり，よりかかったりしている人同士が絶えず触れ合いをもてるようになっている。階段室という伝統的な空間の代わりに，ここでは連続したひとつの階段空間が各階を結んでいる。それは，クラスの違う子供たちに何か共通項をもたせる空間装置でもある。ここでは，階段を使うたびに，クラスの違う友達を見つけたり友達から見られたりするのが，日常の学校生活の一部となっている。

フレーデンブルフ音楽センター，ユトレヒト（584-586）

　この建物で，気さくな場所の代表といえば，それはアーチスト・ホワイエであろう。ミュージシャンやテ

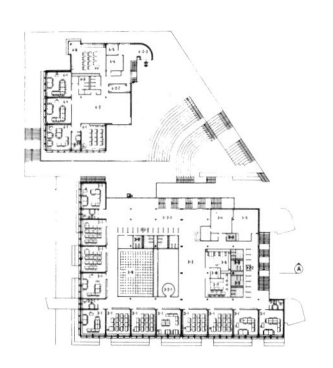

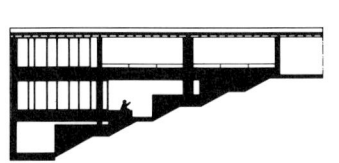

580
581
582 583

心を誘う形態　207

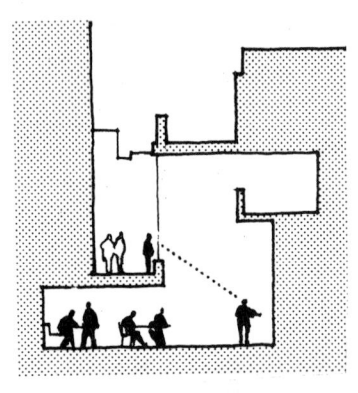

のサービス部分に押し込まれている空間と街路での日常生活とのギャップを埋める試みなのである。

大切なのは，建物の中で働く人の注意が建物を訪れる人に向いていく，あるいはその逆をさせることである。同じことが，セントラール・ビヘーアのオフィスビルにも配慮されている。そこでは食器の洗い場を見下ろせるようになっているのだが，それはまた，最も目立たない皿洗いという仕事をしている人に，他の世界から隔離されたような印象を抱かせずにすむということでもある。

デ・オーファーロープ，老人ホーム（587，588）

オーファーロープは，ドリー・ホーフェンと同じような高齢者のための集合住宅の計画である。ここでは，共用施設が集まっている中心部に，村落の広場のようなスペースが設けられている。こうすることで，居住者は食事はもとよりお茶をするなど，一日のうちのどんな時間をも，この中心部で過ごすことができる。つまり，ここではすべてが行われるのであり，個別の住居ユニットでの孤独から逃れられる場所でもあるのだ。

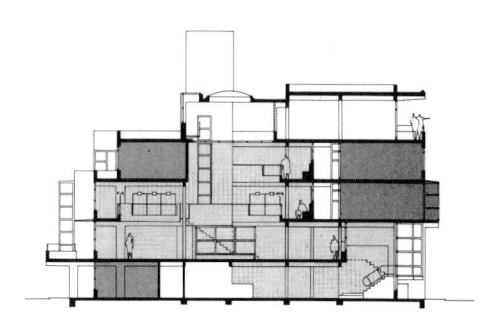

居住者の歩行距離を短くするために，すべての居住ユニットにつながる廊下はセンタースペースという一点に集中しなければならない，という発想から設計が始められた。どの階も疎外しないようにと考えて，センタースペースは建物の最上階に配置されることになった。こうして設けられた大きな吹抜には，ガラス張りのエレベーターがあり，センターホールに出入りする人びとが眺められる。上下方向の移動の主役は何といってもエレベーターではあるが，階段も併設されている。これらの階段は各階ごとに違う場所にある。その位置は，空間における視線の方向や見え方が繰返しにならず，変化をもつように決められた。この階段とは別に，各棟の端部には法規に従った階段も用意されている。

584 585
586
588
587

クニシャンがパフォーマンスの準備をする場所であり，パフォーマンスの後で，しばしば夜遅くまで，くつろぐ場所でもある。いつでもよく利用されているこの場所は，衣装室や倉庫，その他のサービス室の近くに位置している。また，上階のパブリックな通路と視覚的につながっているため，通りすがりの人にとってはこの音楽センターの舞台裏で繰り広げられていることを垣間見ることもできる。またアーチスト・ホワイエにいる人にとっても見上げるだけで外の世界が感じられる。

これは限られたスペースを用いながら，普段は裏方

グエル公園，バルセロナ，1900-14／A.ガウディ，J. M.フホル（589-591）

　バルセロナのグエル公園のメインテラスを囲んでいる，ガウディの曲がりくねったパラペットふうのベンチでは，座る所によって全く視界が変わるのである。パラペットのカーブが内側に曲がった所に座ると，半円形に人と人とが向かい合う。外側に曲がった所に座ると，波形のパラペットに囲まれてはいるけれど，広い中心街へと視界が開き，屋外にいることが実感される。凹凸の変曲点は，どちらも得られる有利な所ともいえようか。

　S字を描いて連続していくベンチは，さまざまな具合に外を向いたり内を向いたりして，途切れることのない連続を，適切な背もたれとともに，つくりだしている。ここには，家族のピクニックにもよく，また例えば，目前に広がる景色に静かに見入ったり，人を待ったりというようにひとりでリラックスするのにもふさわしいという，実に幅の広い質の高さが実現されている。

　ベンチはカラフルな陶磁片が象眼されていて，魅力的なリボンのようにも見える。それは，ガウディだけでなく，弟子のフホルのデザインでもあろう。そこに座る人は着ている服の色にかかわらず，ごく自然に全体に溶け込み，そこに素晴らしいコンポジションを描き出す要素のひとつになっていくのである。

座席の社会学（592-596）

　さまざまな場面で，他人と向かい合ったり背中合わせになったりするものである。公共の交通機関，電車や路面電車，バスなどに関わる設計者は，そういったことを考慮しなければならない。見知らぬ人同士が互いに接近を強いられることを，もっと生き生きとした出会いにすること，短い時間でも長続きするものにすることが可能なのである。そんな座り方を構成する方法は，建築家が建物を組織化するのと，その本質においては何ら変わるものではない。かつて路面電車の椅子は広い通路の両側についていた。椅子に座る人は皆，窓を背にして真ん中の通路に向かい合い，車内は待合室のような共有の空間となって，困惑することもなく普段の目でお互いを見ることができた。

　しかし往々にして，通路は立っている人で混んでいて，車内を見渡すことができなくなっている。今日では，乗車人数を増やすためにこの配置が選ばれているのであり，ニューヨークや東京の地下鉄がその例である。この配置では，さらにもっと乗客を乗せようと，

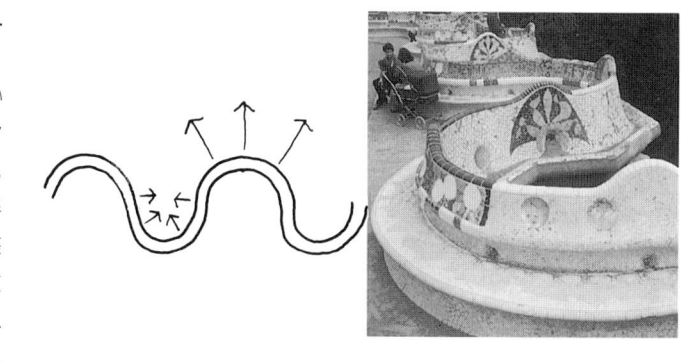

589 590
591 
592 593  

心を誘う形態

立っている人も座っている人も詰め寄せることができる。各々の乗客に割り当てられた空間は、前もって決められているのではなく、状況に応じて決まっていくのである。

　列車では、向かい合っているか背中合わせになっている2〜3人掛けの椅子が並んでいる。狭い通路に沿ってガラスのパネルとドアで仕切られたコンパートメントが、ちょうど小さな部屋のように並んでいるのは、伝統的なD-トレインの設計であるが、そこでは、旅の友をゆっくりと落ち着いて選ぶことになる。というのは、そこでは全く見知らぬ人と、数時間にもわたってかなり接近して過ごさなければならないのである。いったん席に座ると、同じコンパートメントに出入りする乗客や、駅に着くたびに席を探して廊下を行き来する乗客を見る他は、列車の他の部分で何が起こっているかは知る由もない。コンパートメントの中では、狭い通路を隔てて相客とまじまじと対面するか、窓の外を眺めるか、あるいは列車の中の唯一の立ち席である廊下にいる乗客を見るか、ということになっている。

　現代の列車やバスや飛行機では、伝統的な教室のように、座席は全部前を向いて配置されている。他の乗客と非常に近くに座っていても、その人が知り合いでもないかぎり、何か話をしたりといった接触はない。他人との触れ合い方が存在しないこの種の座り方が一般的になってきた理由のひとつには、他の環境でもそうなのだが、個人主義への傾向が紛れもなく反映しているといえよう。同じことが、駅のプラットホームや公共の場所でも見受けられる。オールドファッション・スタイルの長いベンチは、各々の座る部分が適当に離れた「カフェ」スタイルの椅子に、そのほとんどが取って代わられている。距離をおいて一列に並んで座るこの新しい型は、隣に座っている人から煩わしさを受けることや、またベンチに横になって寝てしまうのを防ぐことを目的としたものだ。しかしこの結果、ふたりが寄り添って座ることも、他の人のために座る場所をつくってやることもできなくなった。座る間隔が決まってしまって、座り方や使い方の多様性が失われたのである。

　大勢の人が短い時間に利用するような場所、例えばカフェとかカウンターとか社員食堂のような場所では、省スペースを考慮したおびただしい数の同じ形をしたテーブルやカウンターが置かれている。したがって、たいていは6〜8人の仲間と座ることとなり、その人数はテーブルの大きさによって決定されてしまう。しかしこのような場面でも、例えばレストランでは人数の違うグループが座れるテーブルが用意されているように、利用者の社会的な交流のためにさまざまな座り方のパターンがある方が望ましいといえる。

　小さなテーブルか、大きなテーブルかは、その場合によって異なる。友達と一緒のときは、2〜4人用の小さなテーブルを使い、自分が目立ちたくないときに

594

595　596

ヴィースパー通りの学生会館

は，6～8人用の大きなテーブルが好まれる。そこでは，同じテーブルの人に自己紹介する必要もないし，邪魔していないかなどとも思わなくてもよいのである。さらに，自分にとっても他人にとっても「自分自身のための場所」であるような所があるべきである。ひとりで新聞を読んでいたり，ずっと黙りこんでいても，窮屈な気持になる必要がないというような。窓際のテーブルは，この種の使い方にはもってこいである。なぜなら，たとえ話題になるほどの眺めでなかったとしても，他人と顔を合わせないように座っていられるのだし，それによって，ひとりでいたいという意思表示も明快に示せているのだから。ひとりぼっちなのだけれど他人と一緒に過ごしたいという人には，とにかく長いテーブルが役に立つことになる。とにかく長いので，どこに座ってもよいことになり，触れ合いは偶発的にテーブルのあちこちで始まるのである。テーブルの形もまた，社会的な交流に強い影響を及ぼしている。長方形のテーブルと円形テーブルとでの席順の感覚の有無などはその例である。

アポロ・スクール，アムステルダム（597-602）

コート掛けのある廊下に沿って教室が一列に並ぶという校舎は，今日でも昔のままに建てられている。そんな計画にはそれなりの理由があろうし，教室そのものはよくデザインされていて，機能的でもあったりする。しかし，このような配置決定では，それぞれの教室は独立した自己完結型となり，よくても直接隣り合うもの同士でしか，教室間の関係というものが芽生えないということがある。違うクラスの子供たちが出会う場所は，授業の合間の廊下であろうが，そんなときは廊下は大変に混み合っているものだ。そんな出会いのために集会用のホールがあったりすれば，それは大変に恵まれたケースとなる。公共のホールを中心にして，そのまわりに教室をレイアウトするとすれば，教室を出た子供は自然と中央に集まることになり，年齢の違う子供たちの何気ない自然の触れ合いの機会を大いに増やすことになろう。違うクラスの先生や子供たちが，互いに見かける機会が多いということだけでも，一緒に何かをしようという発想が豊かになるものだ。

このふたつのアポロ・スクールのホールでは，スプリット・レベル（半階のレベル差）をもつ劇場のような中央廊下部分の空間構成が，視覚的接触の機会を大いに増大させている。そしてそこでは演者と観客という関係が自然に生まれている。すなわち，2つのレベルをつなぐ階段に座る子供は観客のようであり，低い方のレベルで何かやっている子供をあたかもパフォーマンスをしているかのように見立てるのである。

中央のホールをスプリット・レベルの構成にしたことによって，劇場のような空間という考えが導入されただけでなく，スプリット・レベルは6室の教室を親密に結び付けている。特に3教室ずつ，ふたつのグループには，最大限の視線のつながりを与えている。この視線的連続が，すべてのクラスに統一感を与え，階が違うことではっきりと区別されてしまうことを避けている。

このホール空間は，大きな教室としても機能している。ホールの最上部のバルコニー状の空間には教職員のスペースがあり，校長のためのスペースはスクリー

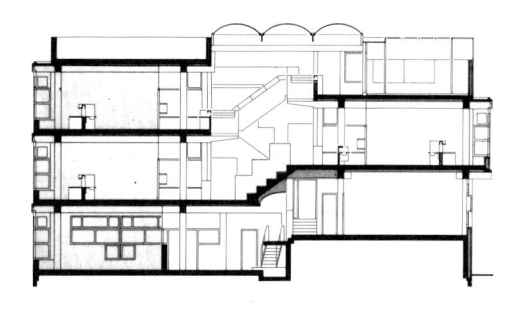

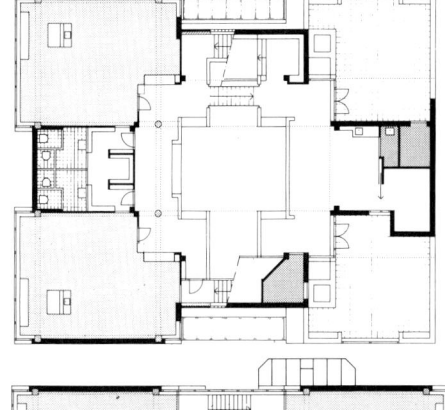

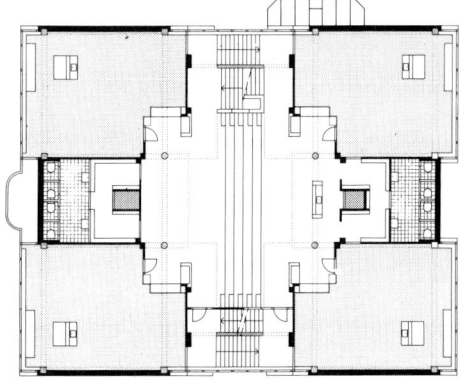

597
598

ンで仕切られている。この先生たちのコーナーは開かれているため入りやすく、子供たちが、いつでも上がっていくことができ、したがって、ホール全体は大きなリビングルームのように感じられる。教室のドアが閉められていても、ガラスのスカイライトによって、バルコニーからホールを見下ろしたときにも十分に明るい。

最上階の階段は、視覚的な妨げにならないように、またスカイライトからの日差しが奥まった場所にまで差し込むように設計されている。

閉じるか開くか──建築家のすべての行為は、たとえ意識的に何もしないつもりでいても、そういう意図とは関わりなく、社会的相互作用の最も基本的な形成に影響を与えている。仮に社会的な相互作用というものが、あくまである限られた範囲でしか環境的な要素の影響を受けないものであっても、それだけで、人と人とを平等な立場で対峙させるような空間構成を意識して目指していくことの十分な理由となっているのである。

建築の備える潜在力を顧みなければ住民の自由を損なう結果を招くというのに、建築家が社会学的な心理学的なアプローチを避けているのは理解に苦しむところである。未だに私たちは、「社会的相互作用のための空間」などは、ユートピア社会や人びとの行動を予知できると単純に信じ込んだ建築家たちによってでっち上げられた役立たずのロマンチックな観念だ、という古い時代の誤りに取り付かれているのではないだろうか。一般的に建築家は芝居がかるほどの単純化が大好きなのである。心理学的や社会学的には避けて通ることのできない事柄が、建築界で主要な関心事となったことは一度もない。注意深く計算された寸法、適切なアーティキュレーション、そして開放性と隔離性の上手なバランスなどという事柄が、「ふと佇める場」を考えてゆく出発点なのである。

社会的建築というものは存在しないが、そうかといって、人びとの相互関係やそのさまざまな状況でのさまざまな変化について無関心ですますというわけにはいかないのだ。例えば、扉ひとつが内開きか外開きかということすらが、この逃れようのない責任の表れと

いえる。扉の開き勝手ひとつが，入った途端にその部屋の出来事が一瞬で見えてしまうか，あるいは入る間にちょっと片付ける時間の余裕をもてるかを，決めてしまうことになるのである。

明らかにここまではディテールについて論じてきた。建築の全体像が重要であるのと同じように，全体像にとって重要な無数のディテールというものが，どの建物にも存在しているのである。建築は，ちょうどバレエダンサーの幾千もの筋肉のように，一団となってある統一された全体像を創造するような，そんな小さな表現の集合なのである。真に歓迎される建築をもたらすものは，適切な配慮と十分な注意でなされたひとつひとつの決定の，その総体なのだ。

view II
4 視界 II

外界をインテリアに取り込む：
　建築の発生史で特に強調されるのは，建築のシェルターとしての要素である。人類の歴史や都市の発生の過程で，小屋から家へと，建築は次第にアーティキュレートされた形態を備えるようになってきた。さて，視界の歴史はシェルターのそれと同じぐらいに重要であるといえる。それは人間同士の視線ということではなく，外界を視野に取り入れるということである。ちょうど，空間関係が人間関係に影響するように，それは人間と環境との関わり方を決めるものなのである。20世紀に暮らす私たちは，インテリアとエクステリアについて，それを基本的な対立としてではなく，相互的な関係として捉えている。つまり立っている位置や向いている方向によって決まる関係として。

　20世紀の建築は，過去に比べれば途方もないほど開放的であるといえよう。現在では，技術があるだけでなく，開放性への要求も高まってきている。現代建築はそのすべての窓を開放して，外界を取り入れたのである。もし，オランダの建築が現代建築に大きな役割を果たしたとするなら，それはオランダが自然のプロセスに対する20世紀の新しい認識とともに発展したことを考えれば驚くにあたらない，その開放性であろう。それはオランダ社会の変わらぬ特性なのでもある。オランダでは居間は完全に見通せてしまって，あたかもその生活に参加できてしまいそうな感じがして外国人を必ず驚かせるが，それは伝統なのである。それは，所有地や家屋を外界から隔離し閉鎖する傾向のある他の多くの国に比べて，オランダの人びとは外界の恐怖に煩わされることが少なかったということにもよろう。オランダの建物の，ことのほか大きなガラス張りは，温暖な気候や相互の信頼関係にもよるが，それに増して外向的な，他人の意見に対する興味や心の

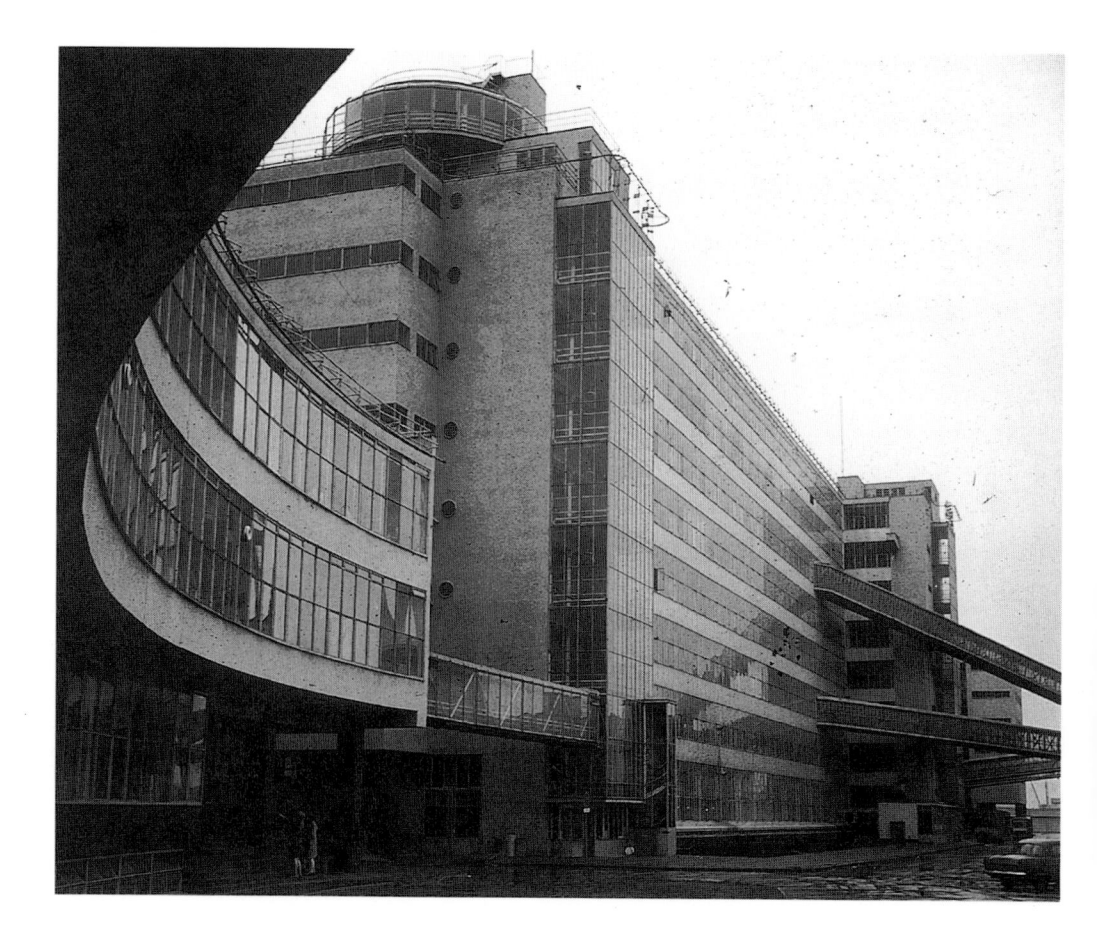

603

広さを反映しているのである。

　オランダが「開放的な小さな国」だとしたら，それはすなわち空間と形態に関するオランダの表現でもある。それは，全体的にも部分的にも社会的環境の合理的な調和を保つために，人間関係のあり方や他人との付き合い方の裏表をどう調整してきたかということの表現であるともいえよう。

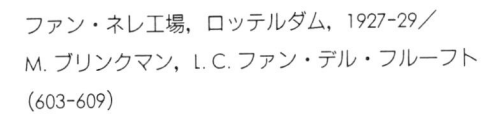

ファン・ネレ工場，ロッテルダム，1927-29／
M. ブリンクマン，L.C. ファン・デル・フルーフト
（603-609）

　オランダ機能主義の最も明快な事例のひとつで，今世紀で最大の計画はロッテルダムにあるファン・ネレ工場である。その巨大な大きさはスケールオーバーではなく，建物の中を見せると同時に，中で働く人に最大限の開放的な視界を確保し，それは外の眺めばかりでもない。湾曲した外側のオフィス部分は，横を通る道路によってそうなったのでもなければ，またこの建物のヴォリュームの配置の結果によってそうなったのでもない。ファン・デル・フルーフトが，協働者のマルト・スタムの意見に逆らってまで，この壮大な取り囲むようなカーブを採用した理由は，合理的な言葉では説明不可能であるようだ。この建物で興味を引かれることに，工場とオフィスとが互いに見える位置に配置されているということがある。これはフルーフトの功績といってもよい。

　このアイデアは階段室でも繰り返されている。その階段は建物の壁面より突出しているので，どの踊り場からも建物の長いファサードを見渡すことができる。オフィス部門のエントランスの右側にある階段室は極めてユニークだ。その階段室は建物に納まりきらずに，はみ出したかのように壁面に浮かび上がっている。階段を使うたびに，建物の壁面より外に出て，ファサードが見え，その向こうに運動場が見え，はるか遠方にはかつての干拓地が展望される。艦橋を思わせる屋上の円形の部屋からも，広大なパノラマが眺められる。しかし，建物の最上部にあり，水平線上に港の構築物が印象的に見えるこの場所は，司令官だけのものではなく，工場で働くすべての人たちのものなのである。この建物は全体として，合理的な幅の広いアプローチで計画されており，過去のものとは一線を画し，人間のより良い関係という意味で新しい世界の幕開けともいうべきものだ。何がこの建物を劇的にして

工場の頂部のお菓子箱は，私自身の考えとは全く正反対だったけれども，私自身が絵を描き設計したものだ。オフィス部分の湾曲した壁にも全く共感できないのだが，そこはファン・デル・フルーフトが担当していた。（バケマへの1964年6月10日付の手紙より。J.B. バケマ，ファン・デル・フルーフト，アムステルダム1968年より引用）

604 605

606 607

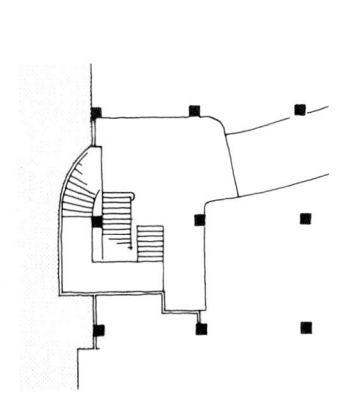

心を誘う形態　215

いるのかといえば，大きな透明な機械のように見えるということではなく，合理的な建築の構成の中に階級のない関係の原理を持ち込んだということである。

1932年にここを訪れたル・コルビュジエがこの建物について書いた文章を読めば，この夢はたぶんオランダ以外では実現不可能であったのだということが理解されよう。

608
609

モダンライフの光景：

　新たな時代の創作——ロッテルダムのファン・ネレ煙草工場は，かつて労働階級という言葉に含まれていた絶望という意味をすべて消し去ったのである。そして，その自己中心的な所有本能ともいう歪みが集団的活動という感覚へ向かう方向性は，すべての人間的な進取の精神へ個人が参画するという最も幸福な結果を導いた。労働というものには基本的な資材としての性格は残るものの，それはそこでは精神的に輝くものである。すべては「愛情の証」という言葉の中にこそ存在しているのである。

　……ガラスは歩道か芝生の高さから始まり，そして空と出会うまで，連続して立ち上ってゆく。そこではすべてが平静であり，すべてが開放的である。そしてそれは全館で働いている人びとにも広く示されている。何故ならばその内部は，光の詩で溢れ，清らかな叙情が漂っているからである。秩序に対するまばゆいばかりの洞察。すべてに満ちている誠実な雰囲気。ここではすべてが透明で，働いているときでさえ，見えもするし見られもするのである。

　……工場の管理職はガラス張りのオフィスにいる。彼は見られている。彼自身も，彼のオフィスから，オランダの地平線を，そしてはるか彼方には偉大な港の生活を眺めている。広大な食堂においても，上級管理職から下級管理職まで，労働者も，男も女も，ここでは皆一緒に同じ大きな部屋で食事をする，そこには果てしない草原へ向かって開け放たれたガラスの開口部がある。ここではすべてが一緒なのである。

　……工場に働く若い女性の顔を観察することも楽しいことだと気付いた。どの顔も生命に満ちている。歓びも哀しみも，情熱も苦難をも映し出している。しかしここには「労働者階級」は存在しない。単純な職階が明快に定められて尊重されているのである。このよく運営されている勤勉な工場の雰囲気は，秩序，規則，時間，そして公平さや親切心といったことに対する普遍的で主体的な尊重によってもたらされている。

　……私は私の職場を維持し続ける，仕事が楽しい，だからトラブルが起こってもそれは楽しさの源だ——毎日の互恵関係の事例である。なんと徳の高い人たちだろう。すべての人びとが堅固な連帯を築いていて，大きくも小さくも責任を分担している。これが参画というものだ。そう，参画こそがファン・ネレ工場が創造しているものなのである。建築家の仮計画に1年が与えられ，そして最終計画には5年を費やした。ひとつひとつの問題を論議した5年間の共作。打合せに参加したのは役職者や建築家や管理職だけではない。さまざまな部署の代表者や各々の専門職から熟練工や事務方の人びとも参加したのだった。アイデアはどこからでも寄せられたのだった。大量生産では，小さな近道が編み出され得ることが，極めて重要なことはよく知られている。そこではどうでもよいことなどは存在せ

ず，正しく計画されたものだけが機能するのである。参加するということの素晴らしさ。この工場を訪れたことは生涯で最も素晴らしい体験であった。
(ル・コルビュジエ，「輝く都市」，1933, pp.177-179)

シュレーダー邸，ユトレヒト，1924／G. リートフェルト（610-614）

リートフェルトのシュレーダー邸はオランダ機能主義の真髄を表していた。今日の公共住宅と比べると小さめであるが，アーティキュレーションが効いていて，構成要素はあたかも家具の一部のようにつながり合っている。

この設計を3次元のモンドリアンの絵と評する向きもあるが，モンドリアンの場合はなんといっても，平面以上には拡大しなかったという事実からして，そのような比較は，モンドリアンの考えもリートフェルトの考えも正当に評価していないということになろう。シェーンベルクが色の音を作曲したように，モンドリアンはあるひとつの色の備えるさまざまな重みの調和を試みて，そうすることによって真のデモクラシーのための模範を描き得たといえる。それに対してリートフェルトは，物理的な重量をもつ建築の素材を扱って，その重量を消去するように建物をつくり，それにより新しい相互関係を確立し，新しい目的を創造したのである。その目的というのは，距離をおいて外から眺めていると，面と線による一種の客観的なコンポジ

ションという抽象にあると思われがちで，実際にシュレーダー邸に関する多くの出版物でもこの点が最も強調されている。しかし内からの視点で眺めるとき，そのさまざまなすべての構成要素は，いろいろと違うのだけれども，それぞれ関係づけられていて，日常の生活という範疇を逸脱するものではないということが分かる。

空間は，内部だけでなく窓回りの外周部においても，それぞれに想定された目的にそって十分に利用されている。それぞれのコーナー，知らぬ間に家具と一体化されていく窓や扉に仕組まれたたくさんのベンチ，カップボード，ニッチ，細い棚など……。この住宅は実際にはとても小さいが，それはメインフロアーのただの一室から構成されていて，必要に応じて仕切ることができるようになっている。しかしそこは無数のアーティキュレーションがあり，それが空間を非常に大きくも，また小さくも見せるものとなっている。

この住宅は，そのすべての性格づけが親密で本当に住める家を目指しており，鳥の巣のような居心地の良さを与えているとともに，開放性と閉鎖性のバランスをも創出している。

リートフェルトはシュレーダー邸の以後，いわゆる什器，備品の類は全く製作していない。この建物にかぎってリートフェルトが関わりをもったのは，シュレーダー婦人の影響を強く受けたためと思われ，この建物では，彼女のために彼女とともに設計したのであった。リートフェルトが常に彼女の話を聞く姿勢であったということから，彼の本来の性質と建築に対する深く正しい姿勢がうかがえる。

この住宅の設計の根底にある思想がもっともよく表れているのは，リビングフロアのガラスの突き合わせであろう。コーナーの大きな窓はまさに「ウインドー・オン・ザ・ワールド」といえよう。ここでは壁と壁が直角に交わって空間を形づくり，そのコーナーには障害物がなく空間は外に向かって広がっていく。それが独特の空間的体験をもたらしている。外部と内部に同時に立つ，というこのセンセーショナルな体験には想像を絶したものがある。それは従前のものを最も根本から覆すものであり，私たちの多くにとって，それは新しい技術的な可能性の象徴でこそあった。しかしこの窓は，実際には，職人仕事のなせる技でしかないともいえる。リートフェルト自身が鍛冶屋へ行き，特別な長い留金を注文している。技術的には，シュレーダー邸はそれより1世紀前にでも，建設可能なもの

であった。新技術に着想を求めたダウカーやファン・デル・フルーフトとは違い，リートフェルトは初源的で永遠のデザイン，あの大工職人の世界の夢をつくりあげたのであった。

バルコニーの下，リートフェルトの書斎の窓の傍ら，玄関の左側にあるベンチは，シュレーダー夫人のために設計されている。そこに座ると，彼女はリートフェルトが中で働いているときも彼と話ができた。いわゆる住居部分からバルコニーや壁の面を突出させる方法は，内部空間にとっても屋外庭園にとっても，ここでは防護と触れ合いとの適切な組合せとなっているが，どちらかというと古典的な手法であるともいえよう。ここで新しいのは唯一その形態なのである。

リートフェルトのシュレーダー邸では，オープン・コーナーによって，室内にいても外界と切り離されず，その真只中にいるかのようである。ファン・ネレ煙草工場の屋上のオープン・サークルでは，インテリアが外に張り出して，地平線を室内に取り込んでいる。2つの作品はオランダ機能主義の典型だが，かなり急進的で過激なところがある。それは建物の外周に構造的な支持材がないということである。この先例のない新しい空間体験をもたらしたものは，鉄筋コンクリートの利用で可能になったキャンチレバーの原理であった。

構造は軽快になり，インテリアとエクステリアは，例えば，ファサードの凹凸の関係として捉えられるようになった。透明性と軽快さという大センセーションは，とにもかくにも，構造的な隅柱がなくなったこと，ファサードが全体支持のための構造の役割から開

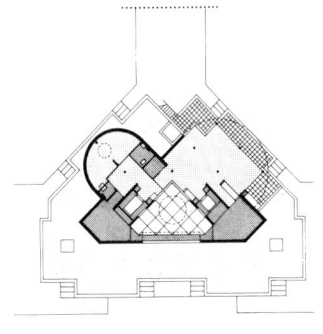

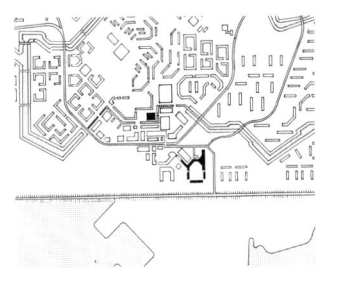

放されて，とにかく薄いものになったことなどによる。その最も透徹した美しい事例は，ダウカーのオープン・コーナーであった。スヘーヴェニンゲンの工芸学校や外気浴のサナトリウム，そしてアムステルダムのオープン・エア・スクールなどの架構方式は，それまでは見たこともない薄いガラスの外観という贈り物であった。これらの比類なき建物の影響は，今日でも世界中で感じられるのである。

デ・オーファーロープ，老人ホーム（615-619）
　高齢者は動くことが不自由で外出することが少なく，自己完結型の組織構成を備える高齢者のための集合住宅はとかく要塞のようになりやすいものである。この場合は，その立地が住宅地の中心ではなく，フェルーウェ湖岸の堤防の下にある町はずれの，余ったような敷地であり，それがさびしい隠遁生活というイメージをさらに強調するといった具合であった。
　内部空間の構成は居住者の視覚的な広がりが最も得

心を誘う形態　219

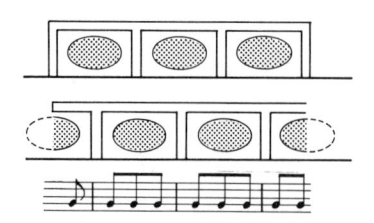

られるように設計されるとともに，外観では施設全体がいわば引っ込み思案のように見えないよう留意して設計されねばならなかった。

　建物は，通りすがりの人からはそこでの生活をちらりと見ることができ，そして特にそこに住んでいる人からは外の世界との視覚的なつながりの機会が多くあるべきなのである。この理念をできるだけ明快に表現するように，集会スペースにはフェルーウェ湖から彼方の地平線までが一番良く見渡せる場所があてられ，式典やお祭りなどの行事に使われている。そこは，三方の大きな窓と半円形の屋根の突出によって，タワールームというより船のブリッジのようにも見え，オランダ表現主義の船のような建物を連想させるものとなっている。

　コーナーの開放による視界の拡大とは，確かに優れた手法だが，それが唯一ではない。ファサードから突き出すようなベイ・ウインドーは，何といっても，あたかも外に足を踏み出してしまうかのような感覚に満ちていて，通りを見下げたり空を見上げたりできるものである。建物のコーナーが出窓どころでなく本当に

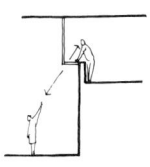

開放されてしまうと，ちょうどそこは建物の重量感を感じる所であったのが軽くなり，どっしりとした印象がなくなる。このバランスの変化で重心が崩れ，構造のもつリズムが変化して，音楽によくあるアップ・ビートのように，最初と最後が開け放たれた感じになるのである（620）。

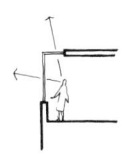

心を誘う形態

626
627
628 629

　デルフトのモンテッソーリ・スクール（621，622，625）やラーレンの個人住宅（624）のように壁と天井が突き合う部分の視覚的な開放，あるいはアムステルダムの学生ホーム（623）のような低いパラペットの工夫などは，目線を上に向けるか下に向けるか，あるいは外の通りを見るかなど注意の焦点を幅広くもつことになり，視覚を広げるものである。窓を通して入ってくる光の質も，上から入ってくるか，直接光か，反射がないかなどで，変わってくる。また光は外部空間の質も運んでくる。このことは，学校の共有スペースのように外部の世界と直接的な関係が重要となる場所で，とりわけ大切なことである。

デ・エーフェナール・スクール（626-629）
　ファサードのカーブの裏側にふたつの教室を接して

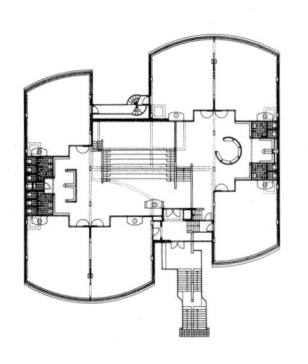

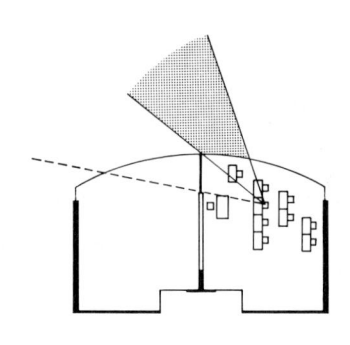

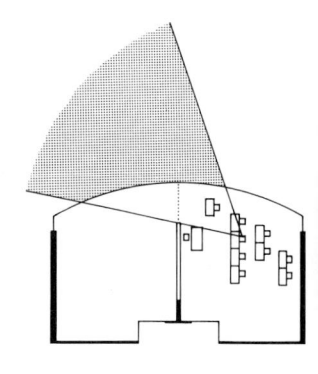

222　都市と建築のパブリックスペース

設けることで，部分的な共有スペースをつくりだしている。教室の隔壁はこの窓側の隅では引戸になっている。引戸を閉めれば，ふたつの教室は視覚的に分けられ音も遮断されるが，開けたときは，この窓側の共用部分が効いてごく自然にひとつになる。そして，引戸を開けていれば，どちらの教室からも，かなり広々と外を眺めることができる。

　2つの壁面が交差する部分を開け放つ効果は，それが壁と天井とが完全に開放するものであるときには，さらに強烈なものとなる。そこは壁と天井や床面が交わる部分として構造であったわけで，そこを開放することは，まさしく伝統的な空間の言彙の一大革新であった。そこでは窓はもはや壁や屋根の開口部や額縁ではなく，面と面の接続面の開放なのであった。全体的にも，重くどっしりした印象がなくなり，周囲の環境に溶け込むようになった。

　このようにして，オランダの機能主義は外界を身近な環境に取り入れたのであった。建物は非物質化され，開放的になった。もしこれらの現代建築が船や鳥を想わせるとしたら，それは単に世界的な賞賛を博した海軍のモダンな建物の機能主義的な形態がそうさせるのではなく，眺望の利く無限の空間が喚起する自由への感性と，避けがたく傷つきやすいものに対する認識とを，それとなく示唆する何かが，そこにあるからなのだ。

オープン・エア・スクール，アムステルダム 1927-30／J. ダウカー，B. ベイフット　630

631
外気浴サナトリウム，ヒルヴェルスム 1926-31／J. ダウカー，B. ベイフット，J. G. ヴィーベンハ

心を誘う形態　223

5 視界 III
view III

世界を見渡す窓（window on the world）

オランダの機能主義運動による建築の技術的な空間の拡大は，20世紀の出来事としては，その一部に過ぎない。相対性に関する思索もまた，建築の領域と空間を拡大したのであった。絶対的な真理というものは，もはや存在しない。立場によって，目的によって，多層的な真実を経験するのである。次元の違う体験を理解できるものにしたり，物事の仕組みや関係を明らかにすることなどが建築にまかされているのである。20世紀の世界では，空間体験は視覚以上の意味をもっている。20世紀の美術と科学とによって思いもよらない数多くの意味の発見がなされ，それは物の見方や感じ方を想像もしなかったほどに変えてしまった。ありとあらゆるものが見えるようになった今日では，上面だけの楽しげな外観や装飾的な建築に満足できるわけがない。建築空間は，いわゆる建築以外の社会現象や，社会の多様な考え方をつくる幾重もの意味についても，それを反映するものなのである。

万国博覧会パビリオン，パリ，1867／F.ル・プレー（632）

建物の写真や映像といえばたいていは日中のものだが，これはそうではない。昼と夜の逆転とともに，部屋の内と外も逆転しているように見える。円弧を描く構造体は巨大なランプのようにその周りを照らしだし，等間隔の吊り照明をもつ突出したガラス屋根は人びとを迎え入れるようで，実際に建築へと入る以前に，あたかも既に建築の中にいるかのようだ。この建物の完璧な透過性は，新たな商業マーケットのために広範囲な商品を揃えるこのモダンな場所への，まさに招待状のようである。それは新しい世界観を授ける輝く惑星のようにも映るのである。

シネアック映画館，アムステルダム，1933／J.ダウカー（633, 634）

ダウカーとベイフフトの設計したシネアック・ニュース映画館もまた，新しい世界の到来を告げるものだ。前テレビ時代に，気軽に立ち寄れる情報機械装置として世界に開く窓としての機能を表現するべく，それはすべてのディテールにわたって全く新しく構成されている。高くそびえる照明付きサイン（実に堂々としている）や表通りから館内へのスムーズな導入（ガラスの覆いと心地よいコーナーにつくり替えられた歩道によって達成された）の他に，またエントランス上部のカーブしたガラスのファサードが目を引く。

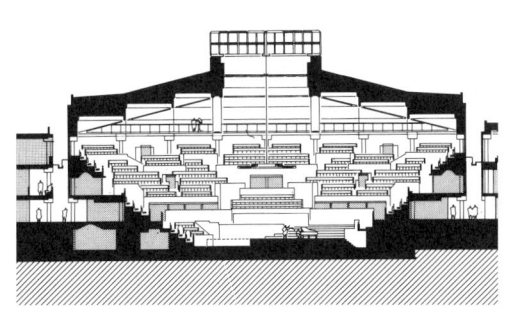

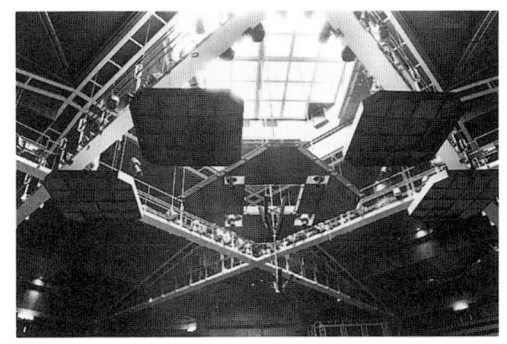

このカーブしたコーナーガラスによって，2階の映写室が表通りから見えるようになっている。オペレーター（今日では自動映写だが）からも通りの風景がうかがえる。ダウカーとしてはプロジェクターのテクノロジーを見せることを狙ったのだろうが，結果としては，いつも隅に隠れている映写技師の毎日の生活のすべてを注目の場所に引き出すことになった。

　この小さくて残りかすのような扱いにくい敷地条件と機能的な映画館という，設置条件に寄せる建築家の関心が全く新しい空間構成を生んだのであった。照明付きの高いサインは1980年11月に壊され，ガラスのポーチは木材で覆われてしまった。カーブしたガラスの壁面だけは残されたが，そのオリジナルの方立はもっと太いものに入れ替えられてしまった（オープン・エア・スクールでも，後年同じようなことがあった）。

　このようにしてダウカーの偉大な最後の作品は修復不可能なほどに台無しにされてしまった。そして，その時代から，それまで比較的完全な状態で残されていた多くの作品も，たったここ20年の間に，驚くほど少なくなってきている。それらは古い車や汽車や船のように博物館に収めることもできず，また昔の建築家として保護されるほど古くもないから，そのうち数枚の写真だけがこれらの素晴らしく軽快な建物の印象を伝えるものとして残されるだけとなろう。そんなことで，一体誰が，将来これらの建物が発信し，喚起する感覚を描写し得るというのだろうか。

635 636

フレーデンブルフ音楽センター，ユトレヒト (635-642)

637 638

　音楽センターの頂部にある大きな四角いスカイライトからは，日中晴れてさえいれば，照明なしに演奏す

心を誘う形態

るのに十分な採光がある。補助照明が必要な状態でも，天候や時間の経過などをうかがうことができるし，ミュージシャンたちのリハーサルは照明なしでできる。太陽光の導入は，整っている照明設備に更に選択肢を増やすことにもなるし，スカイライトは館内で行われているアクティビティを外に知らせる発信装置の役目も果たしている。

　この建物の一番の見所は，野外劇場の形態をもつ1700席のメイン・オーディトリアムで，中央のステージが素晴らしくよく眺められる。ホールはシンメトリーなデザインである。コンサートホールでは音響の良さはもちろん最重要課題であるが，よい眺めというのもよい音の一部なのである。ミュージシャンの演奏を見るということが，聴衆，特に音楽のトレーニングを全く受けたことのない人びとにとっては，微かな音色を聞き分ける助けになる。さらに聴衆が一体となって感動を高めれば，それが今度はミュージシャンを触発するようにもなる。現代の録音技術によって自宅でも演奏が聴けるわけだが，ライブの演奏とは音質も違うことが多いし，プログラムが進んでいくあの独特な雰

囲気はコンサートホールでしか体験できないものである。さらにコンサートホールでは，レコード・ジャケットを飾っているヒーローやヒロインに会うこともできるわけだ。

伝統的なコンサートホールというよりも，円形劇場に近い計画によって，このオーディトリアムはクラシックよりもパフォーマンスが主題とされるようなタイプの音楽に適した施設となっている。更にステージは1階の客席部分を取り込むように拡張することが可能で，完全に観衆に囲まれた演奏も行える。

このオーディトリアムでは，すべての種類の劇場用照明機材が聴衆から見える頭上の横架材に取り付けられている。広範囲な音楽演奏に対応する一方で，理想的にはコンサートホールとは，その全体の雰囲気や仕事の状況を強調することで，そこで行われている事象に何か寄与しなくてはならないものなのである。また座席数やその配列のみならず，ステージの広さや配置のフレキシビリティを確保するというような技術的・構成的な可能性とともに，空間それ自体が，それぞれの演奏で求められる開放性や内省性に微妙に対応しなくてはならない。結局のところ，聴衆同士のあるいは聴衆と演奏者との一体性の中から何が生まれるのか，が問われるわけである。

野外劇場のような形態は，すべての聴衆が演奏者をよく見られるようにするだけでなく，聴衆も互いによく見え，そして座席の間隔や空間のアーティキュレーションによって，すべてがひとつの方向に並べられた座席配置の通常のコンサートホールでは考えられない，ひとつのまとまった共有できる雰囲気をつくりだすことが可能になる。この建物は催し物の特性に対する適応性（これを可変性というのは間違った建築専門用語である）だけでなく，その多用性を発揮しているのである。クラシック・オーケストラ，室内楽，ジャズ，さらにはバラエティやオーケストラとは対極的な実験的パフォーマンスともいうべきライオンの登場するサーカスにまで，それにふさわしい環境を提供するだけでなく，その空間自体が，これらすべてのいろいろなイベントを奏でる楽器の役割を担うのである。

■建築は，その理解や使われ方に影響するすべての多様な状況を包容するものでなければならない。昼夜を問わず利用され，変化する天候やそれぞれの季節に適応するだけでなく，これらすべての現象に感応するように意図して設計されねばならない。建築家は更に，年齢や期待感，可能性や制約などが異なる人びとの感性や希望についても考慮しなければならない。最終的な設計は，イメージできるかぎりの知性と感情によるデータに基づいて，しかも空間の感覚的な認識に結びついていなければならない。空間感覚とは，視覚，聴

覚，触覚，臭覚，そしてそれらから連想されるもので構成される。

　こうして，建築には実際には見えないものを提示し，それまで意識したことがない連想を喚起することが可能となる。人間の意識のなかに幾重にも積層された，本当にさまざまな現実というものを設計に反映できるように，建築を多層のものとして構築できれば，建築的な環境はこれらの心に刻まれた現実をより「視覚的に表現（visualize）」し，何か「この世界のこと（about the world）」を利用者に語りかけ始めることであろう。

サヴォア邸，ポワッシー，フランス，1929-32／ル・コルビュジエ（643-647）

　この別荘の囲われた屋上の大きなリビングルームは，建築化された外部空間として，最も印象深い作品のひとつである。そしてそれはル・コルビュジエのほとんどすべてのデザインに見ることができる。インテリア・ランドスケープともいうべきものは外周部に配置されている。隣接するリビングエリアと同じ水平窓があって，そのテラスから本当の外部のランドスケープを眺めることができる。ル・コルビュジエの屋外庭園は，庭園でもインテリアでもない。それ自体の高い空間性によって，それは完全に独特の空間になっている。こ

643
644

こではプラントボックスも庭園というものをうまくイメージしている。それはフラワーポットというには大きく，花壇とも違う。ふつう建築家は，プラントボックスを図面の空白を埋め，建物の空虚な部分を満たすものとしてしか考えていないが，ル・コルビュジエはスケッチでは，そんな建築家よりははるかにバラエティに富んだ植栽を描いている。サヴォア邸では，プラントボックスはまさに温室栽培もできそうな苗木畑のようであり，あたかも植物を育てるのに特別知識のある住み手によって使われるもののように見える。こんな想像はプラントボックスにスカイライトを加えることによってさらに強められ，この全く関係ない2つの要素の使用によって特異なデザインが生まれている。

　テラスのスカイライトをこんなふうに縁どれば，傷つきにくくなり，邪魔にもなりにくい。下から見上げていると，被さってくる縁によって，上にテラスがあるなと思わせる。四角い空をもの寂しく見上げるだけの普通のスカイライトとは違って，ル・コルビュジエの縁で縁どられたスカイライトは，外の眺めをより具体的に見せている。時にはテラスの外で誰かが見下ろしているのや，植物の世話をしているのがちらちらと見えるのである。ル・コルビュジエが彼の傑作でよくやり，またここでも見せていることに，基本的には平凡な要素を，空間のもつ互恵関係の中に相補的に位置づけるということがある。

　ここでは要素が正しく構成されているからこそ，四角いトップライトからの光もその本来の抽象性を正しく示すことができているのである。ル・コルビュジエには，フォーマルな秩序とインフォーマルな応用とを区別する隔たりなどはないのである。彼は，いわゆる表現の構成と同じように，明らかに日常性の構成にも関心を寄せていた。全ての部品が集まってひとつの機械となるように，詩性を築くのは，1万もの小さなディテールの相互作用なのである。そしてそれこそ全くといえるほど，今日の建築家が成し遂げていないことではないか。あるいは，あまりにも多くの建築家が創造性に乏しいともいえようか。

645
646
647abc

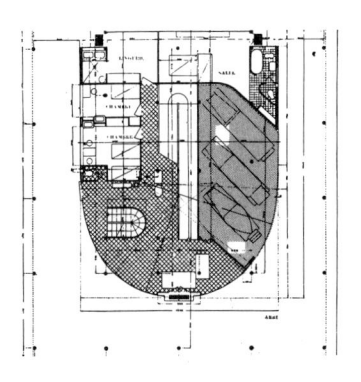

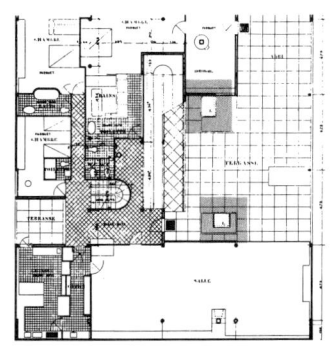

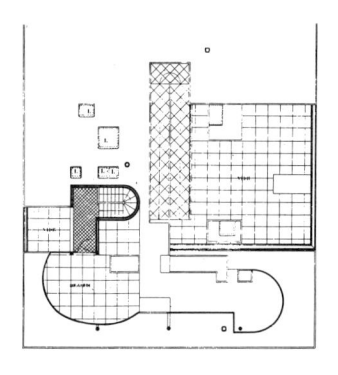

心を誘う形態　**229**

トンネル歩道, ジュネーブ, スイス, 1981／G. デコンブ（648-652）

　ジュネーブの近くのランシーでジョルジュ・デコンブが車道で隔てられた2つの公園を結ぶ地下の歩道を設計している。波形鉄板でつくられたトンネル本体が, 両端から露出して見えている。そしてそのトンネル内部には軽快な鉄製の橋があり, その下を一方の公園から他方へ, 一筋の小川が流れている。この橋はトンネル本体よりもずっと長く, その両端は車道から離れるように公園内に延ばされている。木々に囲まれた公園をつなぐ歩道を渡ってみると, 地下のトンネルを抜けるのはほんのわずかな時間に過ぎない。歩行者は, 波形鉄板でできた恐竜のようなその構造体から安全なある種の安心感をもてる程度の距離を確保して, 秘密めいた感じの踏音のする木のボードウォークの上を歩いて抜けていく。さらにこのトンネルのなかほどには, 上の車道の分離帯につながる穴（もっと本格的な地下通路にあるような）が開いている。トンネルそのものは長い通路の一部分に限定されていて, それは公園の散策路の間奏曲のような感じになっている。公園間の渡りを長く引き延ばすことによって, トンネルを短く感じさせている。普通はこの逆で, 2点間の最短を結ぶものになってしまうところであるが。

230　都市と建築のパブリックスペース

ロンシャン教会，フランス，1955／ル・コルビュジエ
（653，654）

　ロンシャンの教会は，表現主義の巨匠ル・コルビュジエによる表現主義的建築の例として位置づけられている。屋根は大きな水鉢のようで，教会でよく見るものに似ているが，それよりずっと有機的な形をした1本の雨水の吐水口がある。丘の上へと雨が去った後に，それは集めた雨水を流し出すが，恐ろしい程の力で雨水を噴出し，その落下する水流は吐水口の下にあるコンクリート製の水鉢のなかのピラミッド型の突起によって散らされる。

　以下は，1965年10月27日のル・コルビュジエの死に寄せて書かれたものからの抜粋である。

　「このひとりの芸術家の手掛けたものは，移りゆく変化そのものだった。ル・コルビュジエは形態のみにとらわれたことは決してなく，彼の目前に存在するメカニズムこそに常に関心を寄せていた。彼は河床をつくり替え，水の流れを変えたのだった。そこでは新しい流れの方向性が明示され，やがてそれは本当の水流となってゆく。水は束縛を逃れ，その本質により忠実なものとなり，またそれと同時にその流れる方向もまた，より明快で本質的なものとなってゆく。

　建物もこのように，その屋根を流れる水について何かを語りかけ，また水はその建物について何かを語るのであった。水とその水に覆われた表面とは，相手を語り合い自分を語ることによって，互いに互いを形作っていったのだ」

アルハンブラ宮殿，グラナダ，スペイン，14世紀
（655-657）

　石段の上に水を導き，1段ごとに幾本もの小滝となって流れ落ちる水路の連続をつくりだす，このアルハンブラのひと続きの階段は実に非凡なものである。そこでは，流れの音や水面に反射する光が，階段を下りてゆくというイメージを強調している。このひと続き

心を誘う形態　231

656 657
658

の階段の歩行者空間が，かくも特別なものに思えてしまうのは，多分そのイメージのせいだろう。ここでは階段の存在感だけでなく，巧妙に仕掛けられた水の存在感が大きい。普段なれ親しんでいるのと同じ水なのに，ここでは見逃せないものとなっている。平滑な大理石に刻み込まれた噴水のある小さな丸い水池は，舗装された所ならどこにでもつくれるようなものであるが，ここではその建築化を最小限に留めることによって，恒久化されたものとなっている。この暖かなアンダルシアの中庭では，大理石の次に最も豪華でかつ爽やかな材料である「水」を用いたプライマリーな建築がここにある。

モスク，コルドバ，スペイン，786-1009（658-659）
　コルドバのモスクの中庭は，舗装の丸い窪みに植えられているオレンジの木で覆われている。それらの窪みは連結され，効率のよい灌漑システムをつくっている。その大きな窪みで水を十分に吸収し，細い溝の部分は木から木への水の通路となっている。このデザインの美しさはその形がシンプルであるということだけではなく，機能を明確に示しているという事実から生まれている。ここでは形態は機能に従うのではなく，その形そのものが機能であるといえる。その丸い形は木々の形と見事に組み合って絵画的にも面白いデザインであるというだけではなく，四角い形よりもずっと水の流れに適切な形なのである（四角かったら掃除のしにくい隅もできてしまう）。

時間とか水とかについて，建築が多少語られることもあろうし，逆にそれらが建築を語ることもあろう。両者は相互に語りあうのである。物の仕組みを見せ，それらを表に打ち出すことによって，私たちの周りの世界は読み取られ，解読される。建築は自らを説明し明らかにするものでなければならない。実際には，これは簡略化と疎外化に対する闘いである。疎外化はすべての面で私たちにのしかかり，いっそう，私たちを環境に従わせようとしている。環境はさらに私たちにとって意味のないものとなり，制抑できないものになってきている。私たちはもっとも読み取りやすい形，すなわち最大の表現力を備える形態を目指さねばならない。

雨水とは，それが見えない所で配管で処理されたら，それは知らぬ間の出来事となり，せいぜい騒音をたてないように配慮されるだけの，抽象的なシステムにしか過ぎないものになってしまう。同じように，川の下のトンネルとは，入った途端に，向こう側から出ることばかりを思うような無作為なものになってしまう。逆に，橋を渡るということは常に自明の明るさをもつといえる。そこで橋の下を船が通りかかろうものなら，その二重の仕組みにも気が付くというものだ。形態が抽象的に簡略化されると，働きの仕組みが分かりにくくなってしまう。例えば，エレベーターのカゴのなかでは，自分がどこにいるのかは，パネルに点滅する数字だけがたよりだ。それも国によってグラウンドフロアをファーストフロアと読んだり，表通りに面する階の略号がまちまちである。すべては暗号解読にかかっているので，一般の人びとは，ただ待って，希望の所に着いたかどうか知る以外には，なすすべもない。

シンプルさを目指す努力の過程で，形態をより抽象化しようとする建築界の傾向には，表現力の喪失という危険性がつねに内在しているといえる。それは，見かけや全体の美的イメージのために，いとも簡単に犠牲となってしまいそうである。「レス・イズ・モア」という言葉に誘惑されれば，いとも簡単に，莫大な費用をかけて実に微々たることしかできないという結果に終わるのだ。何が基本として残るかはいろいろ意見もあるだろうが，シンプルさというものは単なる省略からは絶対に得られないものなのである。

「崇高と愚劣とは紙一重なのだ」

結果が単なる簡略化に終わろうと複雑になろうと，最大限の使い方が約束されるように，物の形に数多くの明瞭な意味を与えるように常に努力すべきである。そうすればそこに，最大限の可能性と体験とが提供されよう。20世紀における建築空間の拡大とは，用いられた資料とその構成が目に見える以上のものを示すということだ。複雑な課題ならば，そこには同時にいくつかの可能性が存在することになるが，それらはすべ

心を誘う形態　233

てプランのなかにさまざまな使い方として提示されねばならない。それらは，設計条件書に明確直截に記載された要望事項の裏に潜む，いっそう豊かで多彩な内容の，いわゆる大規模なプログラムを作成するのに役立つのである。

　さまざまな次元の体験ということがひとつの観点として設計に考慮されれば，より多くの連想が喚起され，さまざまな状況のなかで，より多くの人びとが，それぞれに個人的な感触というものをもてるようになるのである。

オルタの自邸，ブリュッセル，1896／V.オルタ
(660-664)
　オルタによって設計された他の多くの邸宅と同様に，この自分で住むためにつくった家（今はオルタ美

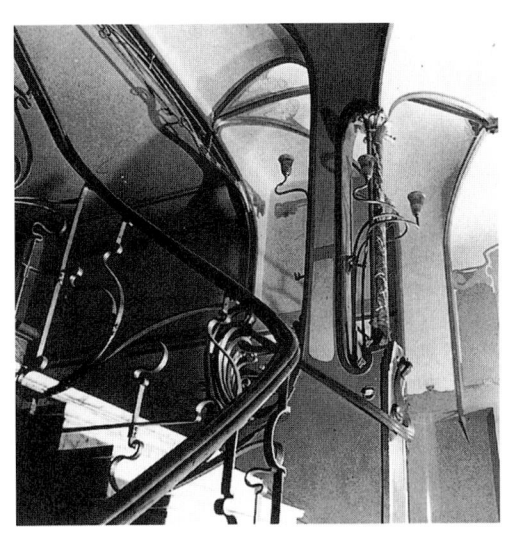

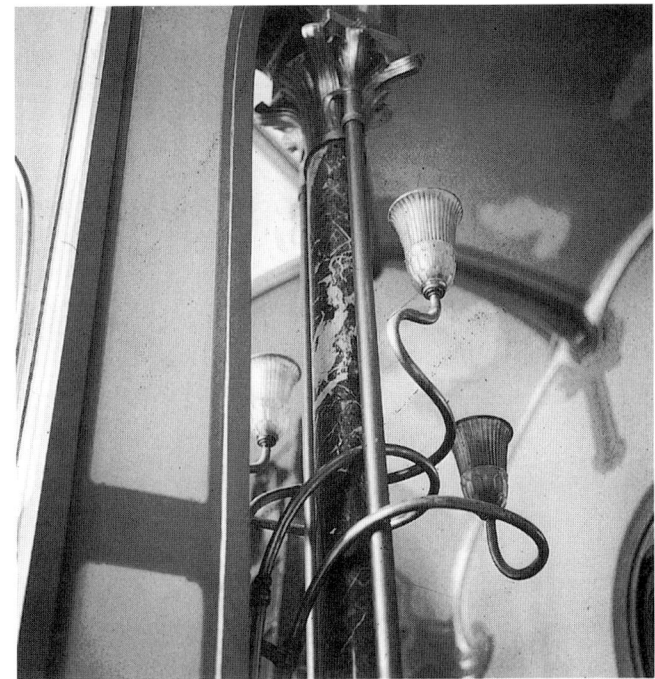

術館になっている）にも，すべての垂直の空間構造の中心となる中央階段がある。前後でレベル差をもつ2階のリビングはこの中央階段に開いていて，廊下によってではなく，この階段によって家のどこへでも行けるようになっている。この階段は，1階では幅広く，上に行くほど狭くなっている。上階の私的な部分ではそんなに幅もいらないだろうから，なかなか合理的である。この階段が家の上部に向かって開放的になっているので，トップライトの光を建物の深部にまで行き渡らせることにもなっている。この階段部分のプロポーションは，それぞれのフロアにいる人たちにこの建物の高さを気付かせ，建物全体に一貫性と調和を与えている。

今やどの部屋にも電気が来ており，その電線は壁のなかに隠されて，電気があるということは当然のこととされ，意識もされていない。暖房も，自動のものが普通になってきており，それが壊れたときにだけ，その存在に気づくような存在になりつつある。

オルタが自邸のホールのためにデザインした照明器具に関する最大の特徴とは，勿論「花」への類似性であろう。しかし彼自身にとっては，この植物的な形態は単なる装飾以上のものなのである。それは秘められているエネルギーを機能的に組織してみせる手法である。ここでは建物の構造体が，ガス灯と暖房の明快なシステムと一体化されている。一体化された要素はそれぞれが独自に機能しているのだが，全体のなかでもそれぞれの役目を果たしているように見えるのである。

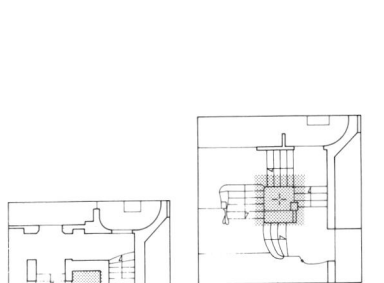

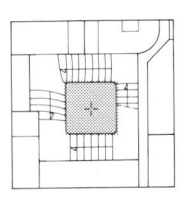

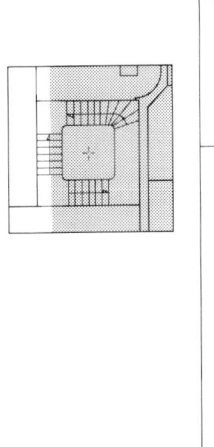

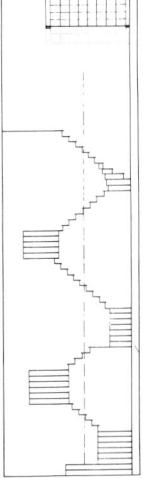

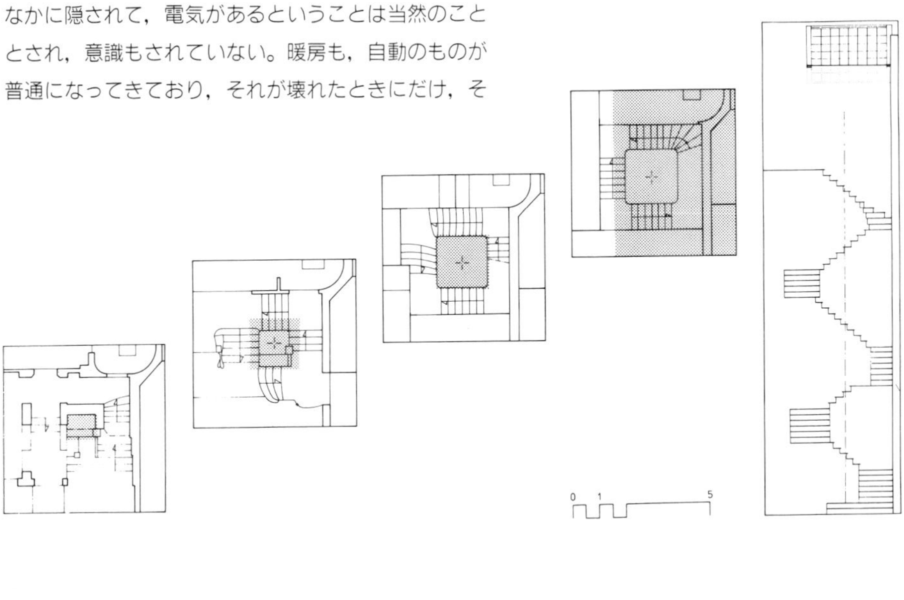

1. 金属表面の盲引込戸
2. 鋼製枠付ガラス引込戸
3. 木製溝枠

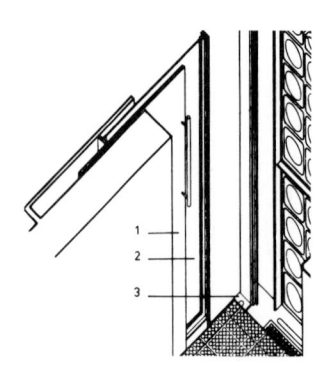

ガラスの家, パリ, 1928-32／P.シャロオ, B.ベイフゥト, L.ダルベ (665-677)

　この家の一番の特徴は外観ではない。中庭に密かに建っていて, 「ガラスの家」というものから期待されるものとはほど遠い。しかも, 外部からはその内部は全く見えない。ガラスブロックの大きな壁面は, あたかも窓のない壁のようで, 周囲の古い建物の中に溶け込んでいる。どうということのない外観だが, 唯一, この建物のガラスのファサードと周囲の建物の量感溢れる石積みとの素材の強烈なコントラストが, 外観の存在感をつくりあげている。しかし初めてこの家に入ったとき, 人はこのガラスの内側のスペースに対して, 畏敬の念に打たれるにちがいない。この家は実際は単一空間からなり, 明確な間仕切りのないアーティキュレーションされた空間がレベル差によって合流したり重なり合ったりして, それは私にとっても未体験の空間であった。現実の世界から, この宇宙船のような空間に入ると, 美しい曲面の金属パネルが不思議にも指一本で軽く動き, その次の隠されていた空間が開けるのである。石の壁にはめ込まれたドアフレームからスイングヒンジで可動する重い木製のドアによって, それぞれの部屋が仕切られているというのも尋常でない仕掛けである。

　更にまた2重のスライドドアは, 1枚は堅板で1枚は透明であり, 時と場合によって好きなように音と視界を遮ることができるようになっている。音響もよく隅々まで音が伝わり, ガラスブロックを透過した素晴らしい光は, 柔らかく清らかな間接照明の効果をもたらし, 実に平和で優雅な雰囲気を醸し出している。この建物は, 20世紀の新世界を描き出したピカソ, ブラック, レジェ, ドローネー, デュシャンたちの空間感覚を「建築に見た」最初のものである。ここには新時代への兆しがうかがえる。

　工業化社会を強く想起させるような, まさに機械そのもののような部品が普及し, 建物も部分的に, 自動車や飛行機の部品のように工場で生産され組み立てられるようになった。建築物がなぜ完成された部品によって組み立てられないかという命題はいつも繰り返されていたが, ガラスの家こそまさにそれに応えた事例である。上下にスライドする列車のような窓, 軽量な航空機のステップ, 窓の開閉構造をそのまま見せた歯車や車輪, 最小限の断面をどこまでも追い求める姿

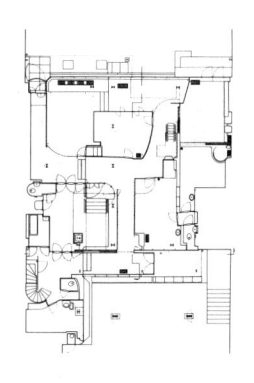

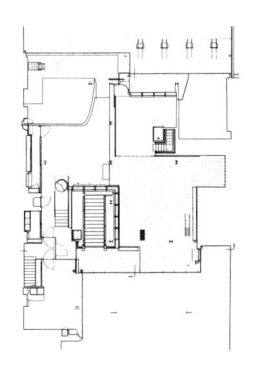

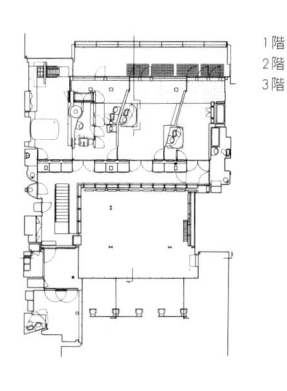

勢，すべてが全く新しい考え方に基づいて開発されている。この建物こそがプレファブの建築である。ほとんど手の届くところに来ていた豊かな解答が遂に実現したといえよう。

この家で設計され施工されている最小部材への技術は，ロールスロイスのように完璧で，50年経った今でもすべてが当時と変わりなく機能しているばかりか，未だに魅力を失っていない。そしてその良さとは，そのひとつひとつの美しさにあるばかりではなく，それが繰り返し使えるディテールであるというところにもある。

これは機能のための技術というよりは，技術のための形態である。今日の技術では，構成要素のそれぞれが，それが何であってなぜそうつくられたのかを理解させるような建築を創造し得るようにも思えてくる。それなのになぜ，今日の工業界はこのような技術的可能性にもっと注目しないのであろうか。表面的には工業的に見える建築物は少なくはないが，その結果は私たちの夢を壊し，工場生産の建築部品は本質的な意味では工業的であるとはとてもいえず，シャロオやイームズやピアノの感覚にははるかに及ばない。

建設産業では興味と実践とは必ずしも一致していない。建設産業は，くだらない駄作やわけの分からない古典主義の仮面を被ったコンクリート性のプレファブ製品——とにかく大量生産で粗悪な——を生産したりする。しかも非常に多くが粗悪なものであった。ガラスの家は違う。そこにはまだ夢があった。工業生産の新時代といえども建築の要素を，例えば電気製品と同

670abc

671 672

673

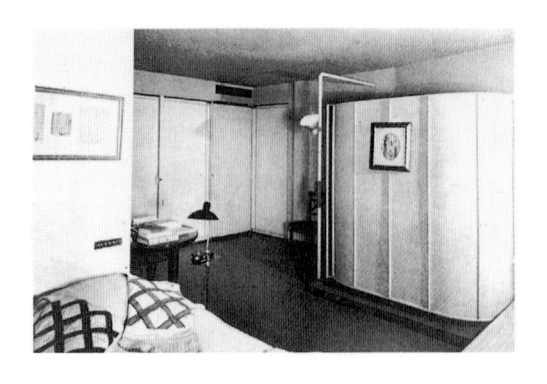

じ完全さでいかに生産するかなどという考えは未だなかった時代であった。

　この「ガラスの家」において，工場生産の理念が実践を伴っていないという指摘は誤りである。繰り返し生産できそうに見えるものでも，実際そうである必要はない。建築には，芸術のように理念と実践の食い違いを常に補う能力などは備わっていないように思われる。非常に稀に，建築はその逃れられない運命とやらをかわすのである。例えば，うわべの流行を追い求めたりすることなどから。そして建築とは，理念的であるには物質的であり過ぎるようでもある。現実に立ち向かうというよりその逆を行っている。芸術とは，それまでと全く違ったメカニズムや論点で，あるひとつの規範がなじみ深く分かりやすいものに置き換わったりするときに，語られるものなのである。この家を芸術作品に高めているのは，私たちが身の回りの世界を違った目で眺めることができるという点なのである。私たちの視野が変わってこそ，現実の世界を変えていけるのである。この「ガラスの家」はユニークな部品に溢れている。それは極めて繊細なバランスの上に，ある瞬間に一度だけ浮かぶような発想による，極めて手作りのものであり，要素自体よりもさまざまな要素間のつながりを強調していて，近代工業的というよりもむしろアールヌーヴォーに近いものである。例えば自立した垂直なパイプや柱に電線が内蔵され，それにスイッチがついているが，ばらばらに壁から引くのと違ってシステムが見えやすく分かりやすい。これが，オルタの精神である。ここにアールヌーヴォーの生んだ本当の機能主義が見られる。

　しかし，この家の空間性はオルタの設計による大邸宅には及ばない。そこではコンセプトとして，アジャスタブルな要素によって意のままに広げたりできるアーティキュレートされた空間があり，伝統的な形式である廊下もホールも階段もなくされており，それゆえにサービスする空間，される空間のハイアラーキーもなくなって，どの空間も生活の空間に変わっている。ダルザス一家がまだこの家に住んでいたときには，アニー・ダルザスの行き届いた手入れと建築に対する愛着によって，隅々までまさに大きな生活空間として使われれていた。完璧な金属の構造体をもつこの家は，筆舌に尽くしがたいある種の温かさを醸し出していた。最も素晴らしいのは，その雰囲気がこうした贅沢な環境にありがちな貴族主義的でこれみよがしのものでないことであった。エレガントで想像力の豊かな人たちによって，高価な芸術に対するのと同じ配慮が，惜しげもなく日常的・実用的なものにまでゆき渡っている。新しく，軽快で，透明な素晴らしい世界がここには実現されている。

建築の構成は，使う人たちにもそれが読み取れるものであってほしい。例えば，すべてをスタッコで覆ってしまうより，レンガ積みや梁，鉄骨柱やコンクリート，窓のまぐさなどを見せた方がよいと思う。少なくとも建物の内部構成の一部分を見えるように残しておくことも，満足のゆく住居をつくろうという努力を，人びとに認識してもらうためのひとつの工夫ではないだろうか。一般的に，実用品はどちらかというと直截で明快にデザインされている。それは今日重要であるようには，19世紀には全く認識されていなかった。19世紀では，技術は伝統的な手工芸にこそ立脚していたのである。今日では，建築も含め，環境からの疎外感というものが拡大している。自分たちの思うままに世の中が組織されるだろうという，単純な思い込みが誤りであることは，幾度となく証明されてきた。私たちは，何が起こっているかを，自分自身のために見ることを必要としているのである。

ファン・エートフェルデ邸，ブリュッセル，1898／V. オルタ（679, 680）

　ファン・エートフェルデ邸（現在はオフィスだが）にも見られるオルタ特有の柵は，一見したところ長く曲がりくねった蔦のような感じである。近くでよく見ると，この鉄細工は一本の棒が曲げられたものではなく，実に細かなたくさんの部品からできている。それらは完璧な均整をもつ曲線をつくりながら，すべて垂直な支柱に取り付けられているのである。取付け部分の各リベット穴の位置を正確に取ることで，鋲自体が全体構成の中で重要な要素となっている。この鉄細工は見方によって，植物のようにも，多くの部品からなるシステム的な構成物のようにも見えるが，とにかく繊細に形づくられ精密に取り付けられている。

カステル・ベランジェ，パリ，1896／H. ギマール（678）

　エクトル・ギマールは，パリの地下鉄の入口を彩る，植物を型取ったエレガントな鉄製の彫刻で特に有名だが，L形，T形の標準型鋼を使った細工でも卓越している。普通よくやるように必要な長さで単純に曲げるのではなく，それぞれの型鋼のもつ究極の性質にこそ彼は着目する。大量生産の標準材だから，型鋼はどれも同じ厚さであるが，その先端を金属細工のように仕上げているのである。つまり端部は手仕事なのだ。

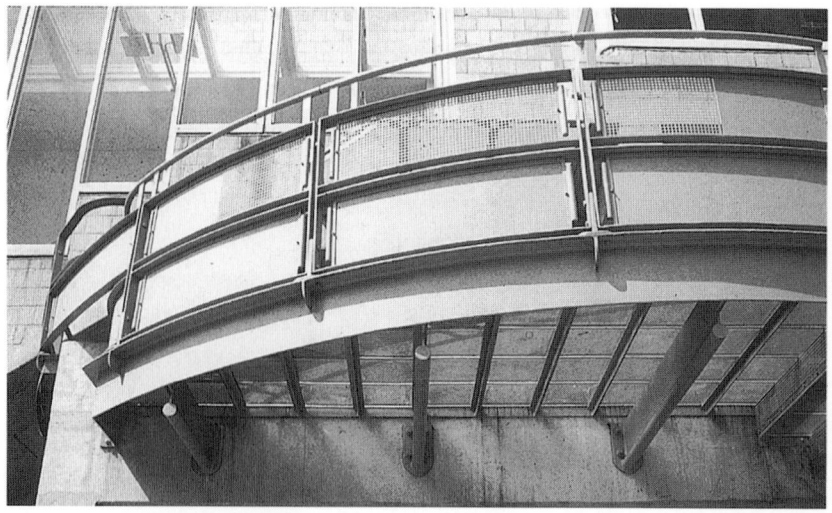

しかしいかに手を加えても，元は工業生産の部品であり，先端を湾曲させたりすることが逆に素材の基本的な特徴を強調している。この意図的な装飾によって，ひとつひとつの部材を独特なものとし，全体としてもストーリーを感じさせるものになっている。

アポロ・スクール，アムステルダム（681, 682）

　私たちは金属パイプを軽快に使うような手摺はつくらない。私たちは別々の要素を使い，部材そのものではなく，それらがつくりだす空間そのものを表現するような手摺をつくるように心掛けている。さまざまな部材が取り合うところに適当にクリアランスを残し，エッジが際立つように仕掛けている。

　建物の全体や部分が，何のためにどのように機能しているのかが示せれば，その建物は理解されやすいものとなる。それぞれの要素を，それ自体としても，あるいは他との関係においても明確にし，それぞれの要素が全体構成の一部分でありながらも，それ自体が自己充足的な全体でもあるような構築を，私たちは目指しているのである。

　すなわち，ディテールはある意味では最も重要な存在であり，建物の全体性と同じぐらいに重要な存在である。部分と全体とは互いに位置付けしあい，両方ともに同じような配慮を求めているのである。その考え方は，例えば手摺のデザインでも，そしてディテールがかなり明瞭に表現されるべきアーバン・デザインでも，同じものである。

　物の働きを示し，全体のなかでの各要素の機能を明らかにすることによって，身の回りの環境を織りなす現象をより深く認識した建築の構成が可能になる。

　もし，その物があたかも分解できるかのように見えれば，その物の働きは明快だといえる。この分離性や簡素化という表現は，オルタのアールヌーヴォーのデザイン，シャロオの建築，ベイフウトとダルベの美しいベルレ邸というような建築の特徴であるばかりでなく，ピアノ，ロジャース，フォスター，さらに彼らの流れをくむ人たちによる現代的構造主義の特徴でもある。そして勿論，ル・コルビュジエの晩年の作品，チューリッヒのハイディ・ウェーバー・ミュージアム（1963-67, 683-685）にも見られる特徴でもある。

　構成要素に独自性を与え，全体のなかで固有の機能を表現することで明確なアイデンティティを獲得する

IBM移動展示館,
パリ, 1982-84/
アトリエ・ピアノ

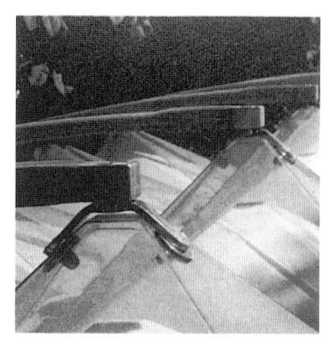

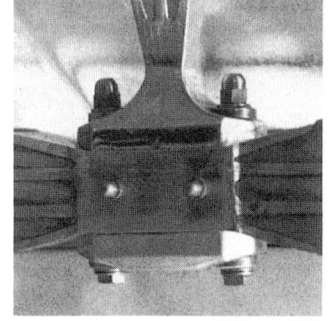

だけでなく，部材の接合部や交差の仕方に注目させる方法もある。そこでは，強調の力点が，オブジェそのものから，オブジェとオブジェの接合している部分へ，両者の関係付けへと転換しているのである。

　オルタやシャロオは，部分を全体と平等に扱っただけでなく，空間にも多大な関心を払い，それぞれ独自の手法で，素晴らしい革新的な空間メカニズムの展開に成功した。それには現代建築の巨匠やその信奉者たちも及ばないものがある。彼らは一世紀以上も前にアンリ・ラブルーストのような人が築いたのと基本的には同じ原理に基づく空間をすら，未だ成し遂げられないでいる。

686 688 690
687 689 691

684 685

ハイディ・ウェーバー・ミュージアム,
チューリッヒ, 1963-67/ル・コルビュジエ

心を誘う形態　241

な2列の円筒状のヴォールトが天井を形づくっている。

その繊細な鉄の装飾は，陰気な既存建物に対して新しく付け加えられたもののようで，細い柱には古典的なモチーフも見られるが，いずれにしても表面的な装飾の域を越えてはいない。湾曲した梁の植物を思わせる透し彫りも，鉄骨が本来は構造的目的で用いられているという事実を隠すには不十分であり，結果的にアールヌーヴォーの一事例に留まっているといえる。天井はその両端に優雅な円筒状のボールトをもつ2列の柱間によって構成されているが，空間は2つに区切られてはおらず，一体感を留めている。そのひとつの理由は，真ん中の支柱の列が端まで連続しておらず，建物の両端が開放されているためであろう。

聖ジュヌヴィエーヴ図書館, パリ, 1843-50／H. ラブルースト（692-699）

アンリ・ラブルーストは建築的表現をもつ鉄骨梁を架けた最初の建築技師である。鉄骨による架構はショッピングアーケード，温室，そして1808年のパリの証券取引所などで既に使われていて，天井採光の方法として広がり始めていたが，技術的側面から新しいタイプの空間を生む手法ではないかと考えられていた。壁はマッシヴなネオクラシカル・スタイルの壁に囲まれてはいるが，細長い矩形の読書室では，驚くほど華奢

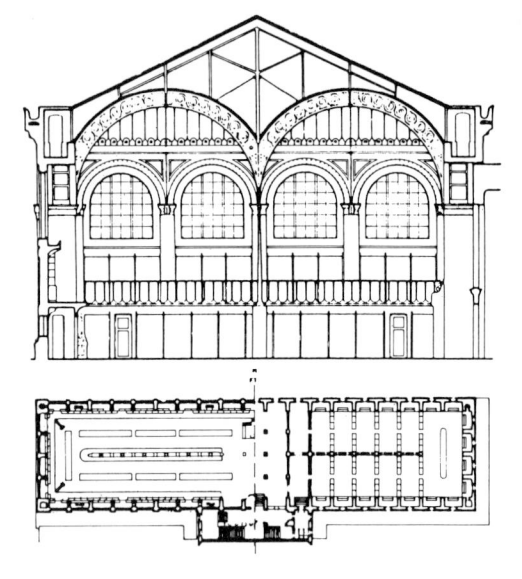

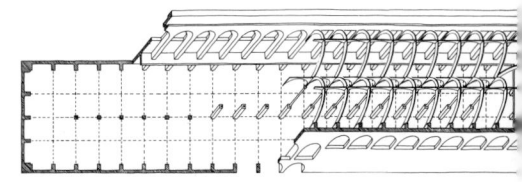

692
694
695
693 696

この建物は、幅より奥行きがずっと長いが、その長手と短手のファサードは同じように扱われている。アーティキュレーション、窓割、本棚の配置、そして四隅に斜めに設けられた階段といったように（その結果、空間の方向性は均一になっている）。この長手短手の同一性が、この図書館の空間を実にユニークなものにしている。2列のヴォールト天井がありながらも、空間が分割されないで残るということは実に驚くべきことである。

ここでラブルーストがこれを完成させた手法を見てみよう。もし鉄骨が全くの半円形だったらどうであろうか（実際そう見えないこともないが）。そうするとコーナーを回り込ませることができず、この流れるような空間の連続性は表現できなかったにちがいない。しかし彼はここに4分の1の円を用いた。それが必要なところには半円を、四隅では適切な角度で4分の1の円を補足スパンとして取り付け、このような自然で流麗な変化を可能にしたのであった。たった2種類の基本的要素をうまく取り合わせる彼の手法は大変に巧みであり、意図したかどうかは別にして、ほとんど革新的であり、同一性をもつ部材を開放的に扱う彼の手法は、次の世紀に来る展開を予測させるものであった。

彼は要素を組み合わせ、見事に統一された空間を形成したのだが、彼の場合は、創造としての芸術と、芸術を創造するということは不可分のことでもあった。彼の作品は、単に彼が有能な建築家だったことを示すだけでなく、空間に関して彼が「心に描いたことを表現し得る」能力の持ち主であったことを示している。

697

698 699

心を誘う形態 **243**

equivalence
6 両義性

　ある状況では二次的な要素であるものが，別の状況では主要な要素になり得るとき，言い換えれば，その要素がそれぞれの状況に応じることができるとき，その要素のなかには価値の重みづけによるハイアラーキーは存在していないといえよう。また例えば，建築の技術的な構成において，ある要素もしくは組織が多様な状況でさまざまな機能を果たせるとき，そこにはもはや一様の価値というものは存在していないといえよう。さまざまな要素が，その使われ方によって全体のなかで主要な機能を果たし，中心的な存在になり得るとき，まさにそこには両義性が存在しているといえる。逆に，主要な要素と副次的要素とが明確な場合は，変わりようのない価値のハイアラーキーしか存在せず，それはひとつの解釈という結果しか生み出さない。例えば，厳格なシンメトリーでは，視覚的な右半分と左半分の同質性ということしか表現されないのである。

　しかし仮に，それぞれの要素に独自の価値が，他のどの要素に対しても，それ以上でも以下でもないという，すべての要素が全く対等であるという原則から出発すれば，それは基本的に違った構成の設計を導くことになろう。それは各要素がそれ自体でも他との関係においても最大限に機能するように，すべての要素の間に適切なバランスをつくりあげるという問題になるであろう。

オープン・エア・スクール，アムステルダム，
1930／J. ダウカー（700-704）
　ダウカーは，建物によって視界の大部分を隠された敷地にのみ，この外気学校（Open Air School）を建てる許可を得ることができたという話がある。それは近隣の富裕階級の環境との大きな衝突を避けるためであった。ダウカー自身がその囲い込まれた敷地についてどう感じていたとしても，このガラスの建物が全く開放的な場所にあったとしたら，実際とても傷つけられやすいものであることにはちがいなかろう（交通騒音でさえ，その時代ではまだ問題ではなかった）。周囲のがっしりとした街区によるその保護的な囲いが，この建物の開放性を強調する一方，この建物は小さな庭とバルコニーのある取り散らかした裏側にも近く，それがこの小さなガラスの宮殿の格式ばらない雰囲気に結び付いて，近隣社会での生活というものを感じさせている。

　さまざまに異なる表通り側とコートヤードとを備えた街区形式の都市計画は，明らかに，形式的な住居の正面と，それよりもずっと気軽な裏面という結果を生んだ。しかしここでは，内と外との一種の逆転が生じている。なぜなら，遊び場や出入口をもつ学校の風景が——それは格式ばらないものだが——囲まれた場所の中に正面性をつくっているからである。この囲われた場所の相対化によって，その状況は事実，オープンプランに近いものとなっている。この建物で注意を引くのは，一見不条理に付け加えられた右側の体育館で

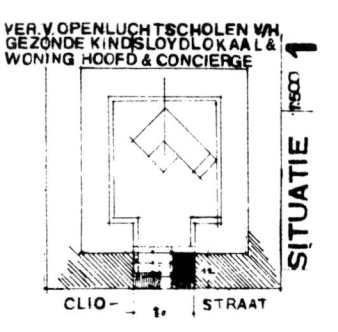

あり，もしそれがなければ全く対称をなす主要な配置計画にマッチしていないということである。それは，コンクリートのフレームワークが建物全体に一貫した輪郭を与えている，この主張の強い明快な構造においては，全く驚くべきことである。ダウカーのような建築家の場合には，その細部を気遣い，熟考した解決案の基となる理念や思想を検討することに特に興味があるのであろう。そういう思考過程を分析する試みの方がその結果より先行するのであろう。

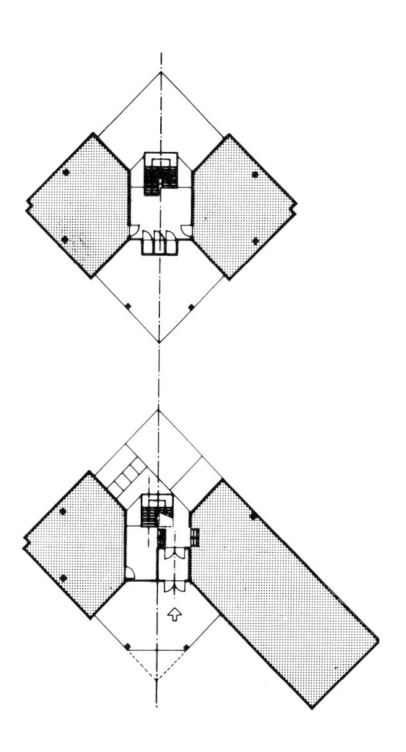

この計画には7つの教室が求められていた。それは2室や3室というようにはくくれないのであって，7室という部屋の数が，全体計画の対称性に少なからず影響を与えたのだった。この建物は各階ごとに2つの教室を配置し，ひとつの屋外の教室を共用しながら，階段吹抜を中心に構成されている。ひとつだけ残ってしまった教室は1階に，上階の片側と同じように配置されており，1階の余った片方の部分が体育館にあてられている。

1階の教室の床は高く設定されているが，それにはいくつかの理由があった。まず，体育館に必要な高さを2階の床の高さがフラットに決まっているなかで確保すること。さらに，1階の教室では，直面する校庭で他のクラスの子供たちが遊んでいると，教室での作業の妨げになりやすいということがあった。この状況はレベル差を設えることによって大いに改善された。教室で座っている子供たちは，校庭で遊んでいる子供たちより高い位置にあるのである。しかしエントランスに注目すると，そこにはもっとすごい仕掛けがあるのである。

実際の正式なエントランスは，ナーサリースクールのある小さなゲートハウスの下にある。ひとたび子供

たちがコートヤードである校庭に入れば，そこは既に内部的な感覚の場所なのである。したがって出入口はもう既にあるのだし，それ以上に建物へのエントランスを強調する必要がないのであった（もともとダウカーはエントランスを強調する必要性などは感じない人ではあった）。それでもなお，完全にシンメトリカルな2本の柱を両側にもつこのロッジアのようなポーチを，クラシカルな意味で「アプローチ」と呼ぶことができよう。また，この解決は非常に「普通」でもあり，かなり途方もないものでもある。というのは，正面の扉が，なんということか建物の軸線から右にオフセットして設けられているのである。近づいてみると，教室の前の踊り場から主階段に至るには，数段上がることが必要なことが分かる。通風ドアともなっている正面の扉を右に動かすことは全く論理的ではないか。特にロッジア（例えばエントランスの2本の柱の間の空間）にいるときなど，実際にこの正面の扉が軸線の真ん中にあろうがわずかにオフセットしていようが，全く意識されないのだ。しかしダウカー以外の人びとにとっては，この解決はとにかく不明瞭なものではあろう。細心の注意をもってシンメトリーな設計を進めていれば，それに逆らって便利な扉を設けようなどとするのは，誰にとってもかなり特殊なことであるにはちがいない。ポイントは，ダウカーが，与えられた環境そのものではなく，使い勝手や視線や動線などに対して最大限の可能性を生みだす構成を得るように，与えられた環境を注意深く推量したということである。一貫したシンメトリーという形式的秩序の上に，さらに各部分が最大限に個々であるとともに全体の一部分であるということを優先的に仕組んだのだった。このダウカーの学校の事例は直接的にも間接的にも，次に続く事例に示されたさまざまな解決への鍵となるものである。

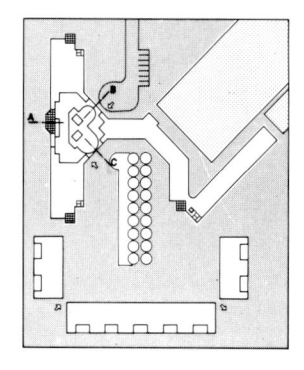

705
706
707 708

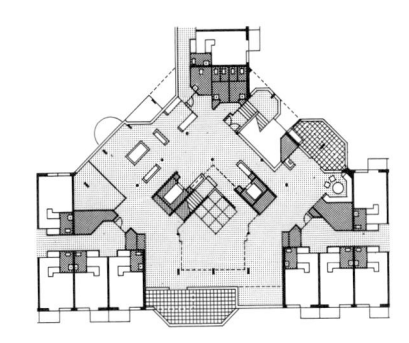

デ・オーファーロープ，老人ホーム（705-711）

　アルメーアにあるこの老人ホームはニュータウンの余ったような場所に立地している。一方向は駐車場に隣接し，もう一方向は，拠点になりそうな目標物が何もない都市の郊外へと，自由に広がっていく。したがって，外に面するすべての壁面は正面性をつくる役割を担うことになった。つまり，荷捌口などのような裏口をもつような建物にはなり得ないという状況であった（厨房用の荷捌口はある棟の末端に配されている）。それどころか，どこにも単独の主玄関口というようなものがない。ここでは，動くことが不自由な居住者が外に出られる屋根のある中庭に面して，歩行者のための出入口が設けてあり，他のところには車が着ける出入口が設置されている。

　どの方向からアプローチしても，他よりも高い中心部の周囲にさまざまな棟が寄り添うような形に，建物は対称形の構成をもつように見える。この設計での対称性とは，対称にするべき明らかな軸が存在したわけではなく，また対称にしたいという意図があらかじめ存在したというわけでもない。そしてここでは，対称性はそんなに強い規定とはなっていない。ここでは，対称性が崩れているところはどこでも機能的な構成に貢献しているのであり，ここでは豊富な原則があり，システムにうまく乗らないからといって与条件を犠牲にしてまで譲歩しているようなところは，ないのである。結果として，さまざまな偶発的な「ずれ」が生じて，それらは主要なアウトラインに勝るとも劣らず，全体像を決定するものとなっている。この数え切れない例のひとつは，西側ファサードの中間部分である。中央ホールに十分な眺望を与えるためにそこにベイをつくりバルコニーを設けることが適切であると考えられた。そこには理論上，完全な対称を保つ方法は2つあった。すなわちバルコニーの両側にそれぞれ等しくベイを設ける方法と，ベイを真ん中につくりその両側にバルコニーを設ける方法とである。しかしいずれの解答も，バルコニーやベイの機能を最大限に発揮するものではないように思われた。さらに，非対称の配置の方が，このベイの空間を全体施設の空間構成にはるかにうまく関連づけられる。全体構成上の都合によって，小さすぎるバルコニーやベイを設計する代わりに，それぞれが本来の性質をきちんともつことになったのだった。それ以上に，そのバルコニーの広さを利用して，その一部にガラスのオーニングを設けることができ，開放的な所でも囲われた所でも，好きな所を選んで座ることができるようになったのであった。

■様式から始めようとするときには，すべての要素を形成し尽くそうとすることは避けるべきである。もしそうすれば，要素をその全体性に従属させるだけの結果になり，個々の価値が全体の秩序で左右されることになってしまう。そうではなく，それぞれに独立した要素から出発し，それぞれの要素がその独自性の故に全体に貢献するようにしてこそ，それぞれの要素がその大小や軽重に関わりなく，全体のなかでその役割に見合う適切な位置を得るという秩序が創造できるのである。

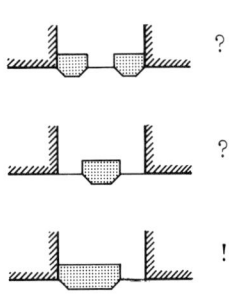

ヴィラ・ロトンダ, ヴィチェンツァ, イタリア, 1570／A.パラディオ（712-722）

　パラディオのヴィラ・ロトンダは広く建築家に賞賛されている。その簡素で明快な平面と立面の純粋さが，この建物を完全な建築として，あるいは神のような完全性を反映する建築として，比類なきものに高めている。この建物は教会として，学校として，または家としても利用されそうであり，さまざまな目的に沿うような性格を示すこの基本的な平面形は，ひとつのアーキタイプ（原型）であるともいえよう。特に独創的なのは，シンメトリーな全体配置がそれぞれの正面をもつ4つのロッジアをつくりだしている方法であ

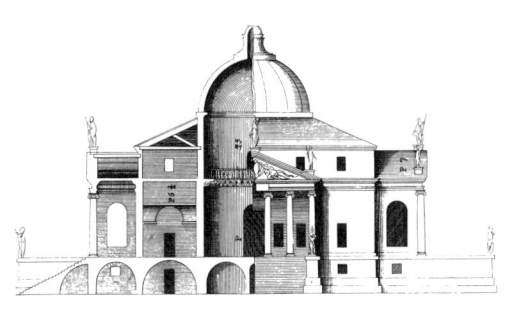

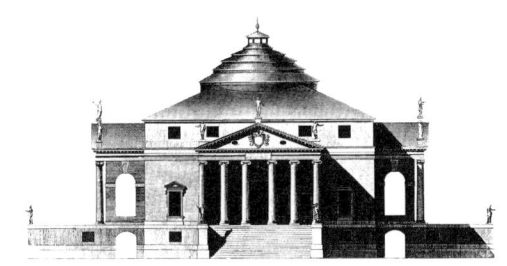

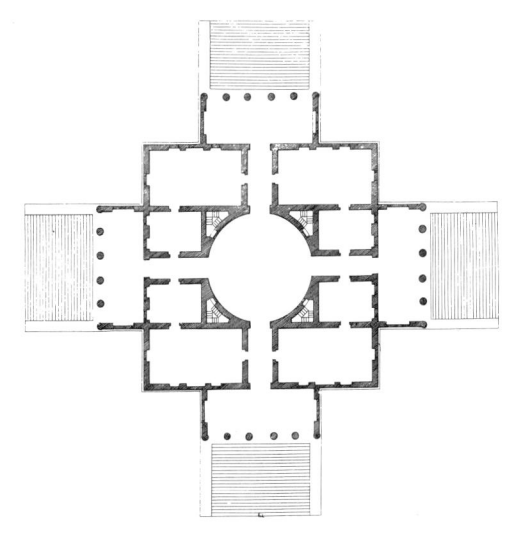

る。実際そこには，正面も裏面も側面も存在しない。少なくとも外観ではすべての面が同じである。しかし

建物の内部では状況は異なる。実に感嘆すべきことなのだが，4つのロッジアでは，それぞれ全く異なる体験

715 716
717 718
719 720
721 722

心を誘う形態　249

をすることができるのだ。季節によって，あるいは1日のうちの時刻によって，どのロッジアにいようかと迷うことになるのである。日差しがそれぞれの面に違った影響を与えるだけでなく，視界もまた完全に異なっている。このヴィラに向かってくる並木道，庭園，ヴィラに付属する農場，そしてその向こうの丘という具合に……。

このように，このポツンと建っているヴィラがその特徴を最も示すのはアーバン・コンテクスト（都市的な文脈）なのである。外部からは建物の全体性が見てとれる。しかし空間感覚の多様性を存分に味わうことができるのは，その内部なのである。数え切れないほどの建築史家たちがこの特別なヴィラについて研究を重ねてきた。しかしパラディオ自身が語っていることはさらに興味深い。パラディオ自身の主な関心事は，明らかにすべての方向へ開いている素晴らしい景色であった。それゆえ，外側から建物を見ただけでは十分ではなく，内側から周囲を見渡したときにこそ，その本当の良さが分かるのである。

残念ながら，この建物は公開されていないので，もしそれを感じたいなら，このヴィラのほとんどの内部と周辺を映像化しているジョセフ・ロージーの映画『ドン・ジョバンニ』を見るのがよい。

「多くの尊敬すべきヴィチェンツァの紳士の1人にパオロ・アメリコという聖職者がおり，ピオ4世・5世という2人の主教に仕え，その美徳によって一家全員ともどもローマ市民に列せられた。名誉欲もなしに幾年も旅をし，その親族がすべて死んだ後，この紳士は故郷へ戻り，町から1/4マイルも離れていない丘の上の旧家屋のひとつに休養のため退いた。その家屋は次のような創意によって建てられたものだった。私が村落の中にそれを建てることを正しいとは思わなかったのは，いつ大都市に発達するかもしれない町というものに近づき過ぎているからである。そうして選んだ敷地は至極心地よく愉快な場所である。それは小高い丘の上にあり，往来がしやすく，一方は船も通れるバッキリオーネの川面に面し，他方はとても壮大な劇場のようにも見える心地よい高台によって囲まれている。すべてが耕され，素晴らしい果物や実に繊細なワインにも富んでいる。そしてその上に，大変に美しい眺望をさまざまに楽しむことができる。あるものは限られ，あるものは開け，あるものは地平線に消えていく。そこに四方に面してロッジアがある。ロッジアとホールの床下は家族の利便に供する部屋となっている。ホールは中心にあり円形で上から採光されている。分割された小さな部屋もある。大きな部屋（そのヴォールトは初期の構法によるものだが）には，ホールの周囲を歩ける約4.7mの幅の場所がある。ロッジアの階段を支持している基礎の先端の所にはロレンツォ・ヴィチェンティーノたちの手による素晴らしい彫像が置かれている」

（アンドレア・パラディオ／建築四書，ベニス1570）

ハイアラーキー

人や物事はそれぞれ違っていて，それでいて平等なのである。一方より他方に重きを置くという価値の見い出し方は，そのときの状況や，そのときそれが示す価値の高さによって変わるものなのである。さまざまな外的要因によって，その状況もまた変わるのだ（例えば，砂漠とオランダとでは水の重要性が違うというように）。人や物が同等とみなされないとき，すなわち不平等に扱われがちになる。その不平等さが重要度で測られるとき，ハイアラーキーが生まれる。両義性とは，異なった人や物を同等に評価しつつ，かつ不平等にはならない価値のシステムを示す。

次のJ.ハーディの事例によって理解を深めよう。

幾冊かの本をその価値に応じて等級付けしようとするとき，最も価値の高い本を上に，低い本を下にして積み上げる。そうすると，その列はハイアラーキーを示す。さて，こんどはそのままの順序で横にしてみると，その本の列は，その区分けは全くそのままでありながらも同質のものに見えるだろう。違いというものは依然そこに存在している。しかしそこでは順序とは，優先を示すのではなく，ある種の違いを示すものに過ぎない。本は著者，寸法，刊行年月日などによって分類される。しかし山のように積み重ねられたその途端に，そこには頂部と底部にあるという違いが生じてしまう。ハイアラーキーはいったん生じてしまうと，永続的に存在しがちな傾向をもっている。一見した感じでは，ハイアラーキーはその本来の目的と要求に関するかぎり，そんなに悪いものかと思う向きもあろうが，不平等な要求は直ちに不平等な状況を生み，それはいとも簡単に人びとの間に不平等をはびこらせるのである。

それは，自己的な基準でのみ思考し，その自己的な基準を多様な状況に関連させられないときに，特に起こりがちである。設計しているときには，構成要素の重要度による等級付けは，架構の主要材と補助材，幹

コロンビア大学，
ニューヨーク

線道路のネットワークとそれ以下の道路などと，大いに活用されている。このような順序が単に質の違いを示している範囲であれば問題ない。それがものを並置するというより，上下を付けるようになったときに，特に注意が必要となってくるのである。

　空間的に不平等であるという状況の初歩的な例は，工場における職長の位置であろう。一段と高いところに小さなオフィスを構えて，すべての行為に目を光らせている。しかしもし彼が，例えば質疑をとりかわすために働いている人と同じ床レベルに留まるなど，人びととより多くの接触の機会をもっていれば，仕事の進捗状況をもっとよく把握し得るのである。担当者意識に人を追いつめてはならない。そうでないと，人より高い地位，空間的には他人より高い場所を求めるようになる。言い換えれば，組織のなかの地位的な優越さを過度に強調しないということだ。物理的に高い地位にいる人びとは，つねにそうでない人びとより有利な立地にいるのである。単に平均より背が高いというだけで有利なのだ。2段ベッドの上と下の選択でさえ，背の高い方がいつも下段を取ってしまう。日常の会話でもそうだ，見上げたり見下ろしたりという具合に。こういう表現の中にはハイアラーキー的な含蓄があり，建築でも，それと同じような空間的な前提条件に直接に関係してくる。他の高い配置が，船の操舵室や劇場の演劇指導者席の場合のように，本当に機能的かどうかをいつも考えてみる必要がある。そして他よりも決定権をもつ人たちが，そういう理由だけで，空間構成の上で職場を支配しないように留意しなくてはならない。オフィスビルでは，管理職や部門長は，そこが機能的にふさわしいかどうかにはかかわらず，すぐに最も見栄えのよい部屋を求めたがる。

　セントラール・ビヘーアのオフィスでは，上級職が意図的に，外部の眺望という点では好ましいとはいえない内部側の，「ワーク・アイランド」を占めている。働く場としての「質」の一般的基準が実現化されたのだった。それは会社の序列を後押しするような空間構成などではなく，逆にそれを和らげる効果をもつといえる。セントラール・ビヘーアのオフィスが完成して幾年間かは，伝統的な階級関係を復元しようとする傾向が広く見受けられたが，しかし経営者たちは同じオフィスに留まり，そして下級職の人たちの領域にはその流れは及ばなかった。

　似たような例は，都市計画のスケールでも見受けられる。より高価な住居の敷地を，より人目を引く位置にもってきて，高級と低廉とを区別するという傾向である。より高級な住居により大きい魅力を与えるということが，廉価な住宅の犠牲によってなされるわけではないので，この傾向がそんなに悪いということはない。しかしそれがいたずらに両者の隔たりを招いている。例えば，高級な住宅群が集合住宅の敷地の縁をすべて占有し，真ん中に建て込んでいる廉価な住宅群の眺望を奪っている事例がみられる。近隣住区の立地が，眺めがよいとか心地よい風景とか，好ましいものであればあるだけ，建築家も「何かしよう」という気持が湧くものだ。しかしだからといって，あの長く大きな集合住宅の建物をどう処理できるというのだろう。例えば建物や街路を処理するスペースがどこに残っているというのだろう。美しい場所ですら，そこに家が建てば建つほど，眺望が妨げられる住居が増え，よい目に遭う住人とそうでない住人との格差も広がるのである。

　計画案ができたら，空間的条件が平等に行き渡っているか，社会的に納得のいかないことを無意識にせよ故意的にせよ空間に表現していないか，と自問してみる必要がある。たとえ建築が，社会的なハイアラーキーにはたいした影響を及ぼさないとしても，ハイアラーキーを避けて，それを是正する空間構成の提案を試みた方がよい。建築には，政治的意味あいはどれぐらいあるのだろうか。全体主義的建築とか民主主義的建築とかいうものは存在するだろうか。あるいはそんな考えは，単なる個人的な感覚による空想であり，一般的な妥当性などはないことなのであろうか。超大なス

723

心を誘う形態　251

ケールで人間を圧倒して,人間を小さく見せるような
建物を経験してみたいという誘惑は,誰にでもある。
そして事実,すべての全体主義体制は,恐懼を抱かせ
るようなスケールが大好きなのだ。それは,全体主義
体制による建物が,古いよく知られた建築様式の拡大
版であることを知るとき,はっきりと認識される。し
かし巨大な建物のすべてが,必ずしも圧迫感を与えて
いるわけではない。事実,多くの中世の城のような近
づき難い建物が,必ずしも抑圧的であるわけではな
い。これは,住人は友好的なのだが,彼らの祖先が外
敵から身を守らねばならなかったのだろう。ところで,背景の状況が逆転することによって,建築は別の
意味をもつ。ちょうど格式ある壮麗な階段が,形式ば
らない親近感に満ちた正面観覧席に変化するように。
さらに建築に何が可能で何が不可能かは,ある形態や
視覚的な建築要素から連想されるものに基づくことが
多い。例えば,古典主義には権威的な体制を連想させ
るものがある。古典主義には特に彼らの求める魅力が
潜んでいて,彼らの目的に合致する何かがあって,好
まれたのだった。だがそう単純にいかないことには,
気さくで権威的な装いの全くない古典派の建築も存在
しているのである。そのほんの一例として,パリのパ
レ・ロワイアル,バースのロイヤル・クレッセンツ,
そしてベルリンのクライン・グリーニケ城などがあ
る。古典派のデザインには,民主主義を意図するにち
がいない表現のものもある。例えば,ナンシーのパ
レ・スタニスラスとパレ・キャリエールなどである。
ある環境が権威的かそれとも寛容的なものかを明快に
区分するひとつの観点は,視覚的な焦点を選択する自
由がどれほどあるかということである。つまり視線が

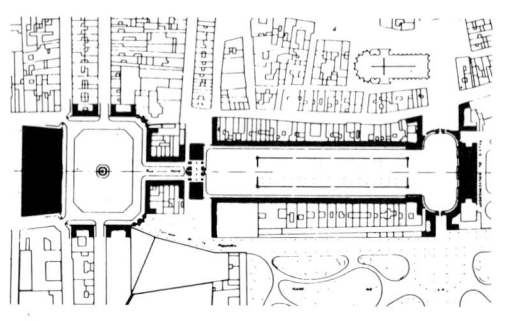

724 727
725 728
726 729

スタニスラス広場とキャリエール広場,ナンシー　1751-55／H.E.エレ

ロイヤル・クレッセンツ,バース,1767-74／J.ウッド,J.ナッシュ

252　都市と建築のパブリックスペース

強制的にある一点へ集約させられてしまうか，あるいはそれを無視することもできて，個人の好みで視点を変えられるか，ということである。この最も初歩的な事例は，丸テーブルと角テーブルの違いであろう。丸テーブルは着席者の全員に等しい条件を与える。上座下座に関する空間的な示唆は存在しない。一方，角テーブルでは状況は全く異なる。このような場所性の差別化が問題を生じさせるというのは，普通ではないが，あるときには首領の椅子盗りに発展したりしているようだ。だからといって角テーブルを止めることにはならないのだが，しばしば事の起りというのはこんな些細なことから始まるものではある。例えばオフィスビルでは，部屋の広さはその部屋の主人がその組織でどれぐらい偉いかを示す。そこでは機能は無視されている。というのは，管理職とは机を斜めに置くこと

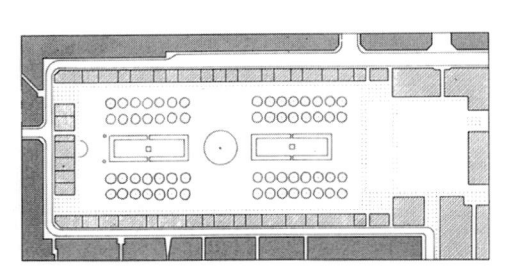

クライン・グリーニケ城，ベルリン，1826／K. シンケル

を許された数少ない人たちなのだから……。たとえ建築それ自体が権力の乱用で批難されるということはないにしても，首領盗りが蔓延するような空間をつくってしまわぬように，用心するのが賢明ということはありそうだ。

733
730
731
732

　空間構成の乱用の最も極端な例は，ヒットラーが天井の高い長細い部屋の奥のいちだんと高い舞台の机にいつも座っていたことだろう。来客はつねに見下され，相当な距離を歩かなければならなかった。そこでは来客は，自信を失い自分自身を小さく感じてしまう。それがヒットラーの計算づくの効果だった。空間の用法を誤った事例は他にもいくらでもある。いつも計画的というわけではないが，しかしそこには先見性が不足しているようだ。全く無知な機能的な解決は権力の行使を誘い，それを繰り返すものとなってしまう。多くの図書館では書架が星型に配列されていて，その真ん中にいる司書からは一目ですべてが見えるようになっているが，それは刑務所と同じなのだ。そして重要とされる公共的建物の前面に，いつも付けられているあの小さなバルコニーこそ，建物の正面性としては彫刻的な楽しさはあるが，集められた聴衆に「上意下達」をする目的にしか，実際役立たないのである。

パレ・ロワイアル，パリ，1780／J. V. ルイ

モスク，コルドバ，スペイン 786-1009（734-740）

8世紀につくられたこのモスクは数種類の建築部材が組み合わせられているだけで，約135×135mの大きなホールを形作っている。キリスト教会とは違って，モスクは基本的には聖域の一部であり，壁で囲まれ柱で満たされた矩形の平面形をしている。それはあたかも石化した木々のつくりだす森のようで，そこにはヴォールトやキューポラもある。メッカへの方角こそ回教では最も重要なことであるが，それがこの建物には見受けられない。ここでは，その明快な物理的な構造的な読取りは別として，空間的な方向性を表現する軸というものがない。モスクでは共同の祈りが行われ，ソロモンの説教もあるが，しかし大部分の人びとは個人個人で祈りを捧げている。コルドバのモスクの広大なホールの空間は，礼拝に訪れる巨大な群衆を収容するのである。彼らにとって，空間におけるただひとつの寄りどころは，唯一もたれかかれる無柱の柱である。そこには座席はなく，誰もが床に座るのである。このモスクは大きな屋根の架かった公共的な広場の役割もしている。人びとは祈りの他に，一時の安らぎや涼を求めてやってくる。この森林のような柱列は明快なひとつの焦点をつくらずに，空間を分節しその輪郭を描く。この空間では，焦点はさまざまに移動するのだ。しかし，イスラムの強い宗教的な教えによるもの

16世紀以前と以後

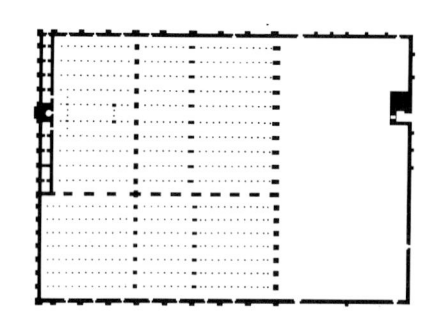

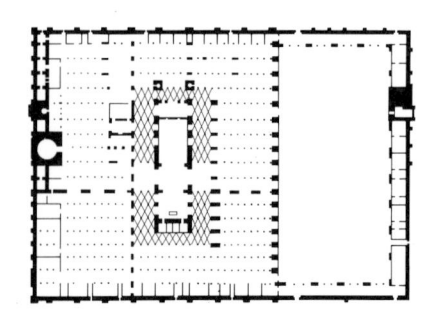

734 735
736 737

254 都市と建築のパブリックスペース

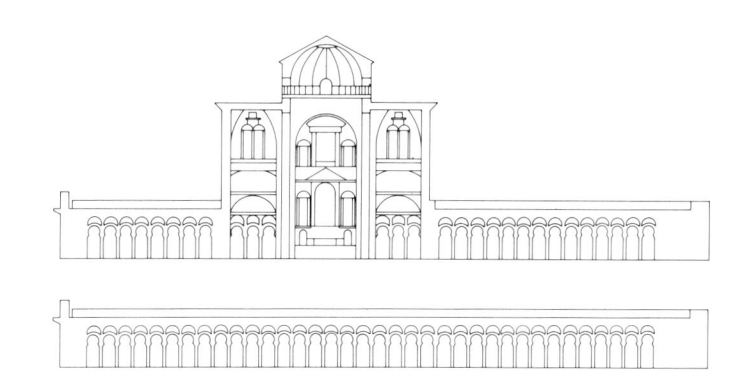

か，このコルドバのモスクの空間は来訪者に対して何も押し付けがましいところがない。目的にかかわらずあらゆる人びとの集団を歓迎しているかのようだ。それは16世紀まで，キリスト教会を建てるスペースをつくるために，巨大なホールがモスクの心臓部に切り込むまで，続いたのだった。この世界でも独得の建物がどれほど回復不可能な損失を受けるかを認識した人からの猛烈な反対にもかかわらず，教会は滞りなく完成した。モスクに中心をつくってしまうことになったこの悲惨な出来事は，その新しい構造体の高さと中心的な位置とによって，無慈悲に全体を支配する要素となっている。賑やかに明るい光をその高窓から採光して注目を引く教会部分が，繊細なアーティキュレーションとやわらかな光とに包まれた古い部分を，全く圧倒してしまっているのである。建物のどこにいようと，今や建物の主要な部分となってしまったものの影響から逃れることはできない。絶対的な同等性が空間を規定することこそ，この建物のオリジナリティであったのに，今や空間的なハイアラーキーが避け難く，取りかえしがつかないほどに形成されてしまっている。

オリジナルの空間では，明白な意識の中心性がなかったので，逆に中心は，状況によって，人びとの人数によって，どこにでも，どんな大きさででも存在し得た。特別な指示や使い勝手を示さなくとも，その空間は（礼拝堂というよりは屋根の架かった市場のように）どんな形の行為に対しても開放され，また十分にそれに満足することができたのであった。それゆえこの空間こそ，イスタンブールの大きな無柱のモスクとは違って，屋根のある公共空間の原型を示すものだといえよう。

738 739

740

心を誘う形態　**255**

B.ペルッツィの大聖堂 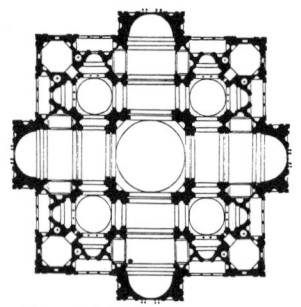　　　　ブラマンテの大聖堂 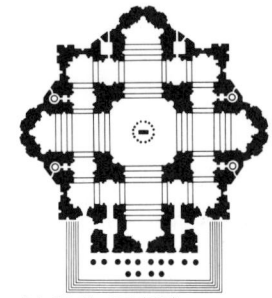　　　　ミケランジェロの大聖堂

サンピエトロ大聖堂，ローマ（741-752）

　サンピエトロの歴史から2, 3の時期を選び比較することは，まさにこの建物がハイアラーキーの力強い象徴であることからして，それぞれに関わった建築家の姿勢や理念を詳しく知る手助けとなろう。この命題について歴史は多くを語らなくとも，平面それ自体が，それを建築家の意識の表出と捉えれば，それらを設計した人たちの観点や感情について語り始めるのである。

　ペルッツィの平面はその豊かさにおいて卓越したものだと思う。それは概念計画を示す平面であるから，ダイアグラム以上のものもないだろうが，原形としてみると，教会としてばかりか，他のさまざまな用途にも適用され得るものである。例えば，学校として考えてみよう。そう思うと，塔の部分にはそれぞれの教室が固有の領域をつくる一方，全体としての空間は，その時々の他人との親しさや関係の深さに従って，それに最も適当な空間を得る機会を生徒に提供するものとなっているではないか。中心に近づくほど，より開放的で，共同の活動の機会を増やすことになる。平面は場所の連続として構成されている。それぞれの場所は，その周囲との関係において中心を形成しているが，そこには支配関係というものは存在していない。

　中間にある空間は，それゆえ最も重要なものというものではないが，中心を囲む位置にあり，中心に通じるホールとなっている。この平面は空間構成における同質性の原則の完璧な事例なのである。ここでは更にその空間の非凡な質によって，各々の部分がそれぞれ個々のものとして読み取れるのである。そして開放的な構成であるが故に，その解釈は周辺へ影響を及ぼし，逆に周辺から影響されるのである。

　このようにポリバランスとは，その原理において反ハイアラーキーである。さらに敷衍すれば，それは意見や選択の自由の空間的モデルであるということができる。そこでは全体のもつ「透明性」によって，さまざまな意見が相互に影響し合い，決して一方が他方を支配するということがない。プロポーション，アーティキュレーション，空間の開放性と閉鎖性，それらは相互に関係しあい，壁面の凹凸，方向性，エントランスやそれらの位置などがすべて組み合わさって空間構成を築く。そしてそれが，平面が支配的な方向性をもつか，同質性の方向性をもつかを決定づける。こうして空間的な関連性が人間の関連性に影響を与えるのだ。ブラマンテとペルッツィそしてミケランジェロのそれぞれの平面におけるもうひとつの顕著な違いは，そのアクセシビリティの原則の違いに見出される。ペルッツィとブラマンテの平面では，平面構成もさることながら一貫した対称性が，すべての側面に数カ所におよぶエントランスを与えている。ブラマンテの平面にいたっては，全部で12ものエントランスと軸線を備えている。ミケランジェロの平面は，列柱や階段によ

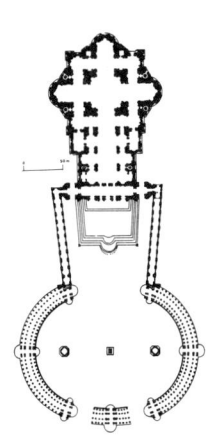

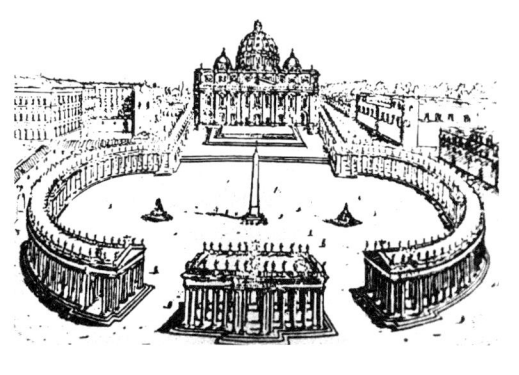

っていちだんと強調された，ただひとつのエントランスをもっている。彼の内部空間は依然として対称だが，外観では明らかにこのエントランスの側面を強調している。一方向だけから出入りするということは，必然的に内部空間にある方向性を導入し，あたかも使い勝手によってその対称形が裏切られるという具合に，その重心的位置に偏りを生じるのである。ブラマンテの多くのエントランスはさまざまな空間の独自性や等質性の創出に役立っており，さまざまな方向から人びとが訪れることを歓迎しているかのようだ。

ミケランジェロは，教会全体がひとつの空間に集約するように，単位空間のプロポーションを変更している。もし，中心に注意の焦点をもってくるという彼の狙いが不十分であったとしても，ただ1カ所のエントランスの設定はそれを十分に補うものとなっている。ひとつの側面が明らかにファサードになるということは，他の面に側面と裏面をつくることになる。そして後年それに沿ってマデルノが教会を増築することになる主要な軸は，すでにミケランジェロの平面に示されていた。つねに教会という建物で顕著に示されてきたヒエラルキー的な思考，すなわち中央集中化を図る空間的な解釈というものは，取り返しがつかないほどに建物の構成に導入されている。

一方，ミケランジェロの，4つの側面の内部空間にそれぞれ等しい空間量を与えるという，多少こじつけ的な試みは，このハイアラーキーに対するひとつの抵抗であったかもしれない。マデルノは，少しもそれを不都合に感じなかったようだ。彼の外陣の拡張は，この建物のどこにいようが，ミケランジェロの平面の中心に意識が向いてしまうほどの，空間的な主軸をつくりだした。教会堂はこうして真の中心となり，意識が最後に集中するポイントとなっている。今や誰もがそこを知っており，明快さと秩序はその建築の中に絶対的に浸透して，権力への服従を示しているのである。

サンピエトロ広場，
1935年以前の状況

745 747
746
748

サンピエトロ広場，
1935年以降の状況

心を誘う形態

サンピエトロ広場,
エッチング／
G.B.ピラネージ

心の位置にある。

　半楕円の中心は，それぞれ中心軸の外に位置している。そしてそのなかでも，噴水と柱廊との中間の場所が，最も内部空間の感覚が強い所である。ところで，現在のサンピエトロは，ベルニーニが計画していた文脈からすると，その一部が剥ぎ取られたものなのである。親密なルスティックーチ広場に代わって，広場の前面には間延びした空間が，くつろいだ雰囲気で広場に向いている。ベルニーニの平面では，そこには，広場の囲い込みを増大させるだけでなく，中心軸の軸上でなくその両側に正式なエントランスを設けることになるはずであった建物が，最終的に建設されることになっていた。

　ベルニーニの本当のオリジナルの対位法は，暴力的なアプローチを阻止する方法を教えてくれている。その精巧な建築的コンセプトからは，かくあらねばならぬという目的を一貫してもちつづけることで，個々の部分でもその目的が理解されるようになるための，適切な姿勢と感覚をベルニーニが備えていたことが理解される。4重の柱列をもつ回廊は，ただの仕切りではな

　ベルニーニが，すでにマデルノによって完成されていた教会に対面して後になってから築いた広場は，都市計画の1つの過程ではなく，対位をなすものでもある。環状を描く柱廊によって囲まれたその空間は，教会に対して，いわば音楽でいう対位法になっている。教会と直接につながっておらず，ゲートにもなっていないということによって，楕円の部分の独立性がいちだんと強調されている。楕円を教会に連結する中間の位置に，少し窪んで台形をした前庭の部分がある。この窪みは確かに，教会のファサードを威風堂々と前面に押し出すものではなく，ベルニーニの計画の楕円部分のもつ遠近感を云々する方面からは，時折非難のでるところでもある。しかしそこは逆遠近法になっており，実際には距離感を増大していて，教会から望むと楕円の部分の独立性を増大させているのである。敷地の制約にもかかわらず，非常に幅広いマデルノの教会の正面性からして，また楕円部分と連結する必要性からして，私には，台形の部分が遠近感を失わせるものとは思われない。ベルニーニの教会に対する目的が何であったにせよ，彼のお陰で，教会はその平和の殿堂にもかかわらず，奥に引っ込んでいるというわけである。

　柱廊はそれ自身でひとつの空間をつくりだしている。ここに集まる人びとが，教会の前に，あるいは反対側に，さらには教会に背を向けたりしながら三三五五としていられるのは，この柱廊の包容力の大きさによるものといえよう。それはこの柱廊の論理的帰結であるといってもよい。広場は教会の主要軸に載っているのだが，それは何の影響も与えていない。既存のオベリスクによって示されるその図形上の中心が，これはベルニーニによって計算されていたことだが，教会の軸線上にあることぐらいである。しかしながら，それぞれの半楕円はそれ自体の幾何学的な中心をもっている。さらに2つの噴水もまた，柱廊によって囲まれた楕円の弦の線上に近い位置にあるにもかかわらず，重

749

750

く，どっしりとした建物であり，ふたつの楕円の広場に壁で囲まれた効果を十分に与える視覚的な境界を形成している。その柱廊から外を透かしてみると，未だに残っている近隣の家々が見える。一方は形式ばらずに未舗装で，一方は全く彫刻的な形態でと，それぞれの論理によって形成された2つの世界が重なり合って，ひとつのコントラストをつくりだしている。更にそれは，中間領域の美しい空間を生み出している。4列の柱のある回廊を楕円の中心から眺めると，それはあたかも連結器のようであり，壁はその囲いの機能を失わずに透明性を獲得している。これらのすべてはベルニーニの意図的な所産であろうか。もしそうだとしても，それが何だというのだろう。彼自身の手による驚くべき解決は機能している，しかしそれはそれだけのことなのだ。

もし現存すれば教会との対位をいっそう鮮明にしたであろう。しかしそれを壊すのは更に大変なことであった最終の柱廊を別にしても，教会とベルニーニの広場との間には，3世紀近くもの間，建築的均衡といえるものが存在した。もちろん教会の力をいっそう壮大に表現することを望んでいた人たちは，それを開放的にすることをいつも狙っていたし，街路のグリッドもまたそれを助長したのであった。しかし「スピナ」を取り壊す指示を1934年に個人的に与えたのはムッソリーニその人だった。この名高い近隣「スピナ」は，建築家パチェンティーニとスパッカレッリによって，面白くもないコンソラツィオーネ通りに置き換えられたのだった。かくしてファシズムと教会とは都市計画の分野において関連づけられた。それらの社会的意図を正確に表現することは私には難しい。ミケランジェロのたったひとつのメインエントランスに源を発する軸線が，たちまち推定され都市のスケールにまで拡大された。こうしてこの教会の場所は視覚的な意味で，都市計画の文脈を支配してゆくことになったのであった。

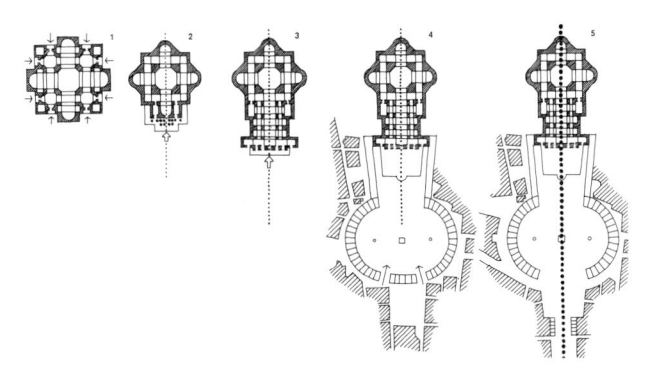

ベルニーニの広場は，単に教会に対する壮麗な対位法であっただけではなく，世界で最初の，建物によって形作られたのではない公共的広場であった。それは実際，それ自体で堂々としており，柱廊は双方向の透視性を備えながらも力強いものである。建物の残りの空間とは違って，建築物から実際の都市空間へと強調の力点が変わったために，ここでは広場そのものが意識の中心となっている。

それはあたかも全く新しい都市空間を創造するという視座で，周辺環境の不規則な輪郭のなかに，建築家が意図的に楕円形をした領域を設計したかのように見える。それによって，さまざまな形や寸法をした残りの空間がいろいろな所に生まれてきている。

優美な幾何学デザインの大きな楕円形の形態と，歴史的に発展してきた周辺の都市模様とのコントラストは，オベリスクと噴水をもった広場が建てられたときには，実に壮観なものであったにちがいない。そのときそこは，町のなかで，連続して舗装され適切に雨水排水が図られた唯一の場所であったのである。

左から右へ
1. ブラマンテ
2. ミケランジェロ
3. マデルノ
4. ベルニーニ
5. パチェンティーニとスパッカレッリ

751

752

心を誘う形態 **259**

建物の正面と裏

　サンピエトロ大聖堂とベルニーニの広場が形作られていくさまざまな段階を紹介した事例は，感銘的なものを創造するために，あるいは人間と事物とに質的な関係を築くために，如何に建築家が空間を利用するものであったかを示しているといえる。また，建築家という立場が如何に問題に満ちたものであったかということも思い知らされる。建築家は発想を実現するためにいつも多額の資金を必要としていて，ほとんど必ずといってよいぐらい，最後には譲歩せざるを得ないのであった。建築家はいつも卑屈な役割に甘んじ，ほとんどいつも支配者のために働き，その結果，大きな共同社会体のためにではなく，少数の人たちの手の中の道具として使われざるを得ないのであった。

　歴史を通して建築家は，ピラミッドや寺院や教会や宮殿といった建設を主とし，市井の人びとのための共同住宅などには皆無といえるほど携わってはいなかった。概して建築家はとっぴなものにのみ関心を寄せていた。実際の日常生活を考えねばならない稀な機会もなくはなかったが，それはほとんど，特別に偉大に見えなければならない建物の外観に関してのことであった。

　建築の歴史とは，ファサードの歴史なのだ。建築には裏側などというものは，あってはならないものであったかのようだ。建築家は常に格式の高い秩序を追求していた。日常生活のどさくさを，いわばそれは硬貨の裏面なのだが，それを無視するふうだった。そして，今世紀を通して公共住宅の設計が建築の主要分野になった今日でさえ，未だにその風潮は変わらず残っている。偉大な建築と，そうでない建築との間には，まだ相当な開きがあるのだ。

「家族の幸福」，ヤン・ステーン (1625-79)

753

754　755

「田舎の家」，ピーター・デ・ホーホ (1629-84)

「ゴッホの部屋から見た大工の仕事場」，ヴィンセント・ファン・ゴッホ (1853-90)

オランダの画家たち

　オランダ絵画の主題の多くが，全く普通の人びとの，全く日常的な状況であるという事実は特に注目に値しよう。主題が日常を越えるような意味をもつときでさえ——そういう状況をつくりだすのは絵画の他にはないのだが——毎日の状況というものに立脚した気高い主題を描こうとする傾向にある。神に関するテーマや，迷える民衆や神職者たちをいかに神がうまく操っているかなどというテーマには，オランダの画家たちは大きな興味を示してはこなかった。オランダ絵画の非常に多くが，ファン・ゴッホの「馬鈴薯を食べる人びと」やヤン・ステーンのインテリアにあるような家庭の風景であり，それは場面の背後にある生活というものをのぞき見せる。オランダの絵画には気さくな状況で人びとが描かれている。たとえ，主人と使用人，男や女，路上生活者や音楽家，子供やペットが同

「デルフトの小路」，
ヨハネス・フェルメール
(1632-75)

時に登場するとしても，その描かれ方からすると，その時代には存在していた社会的地位というものも，そんなに洗練されたものであったという印象は受けないのである。いずれにせよ，偉大な芸術家であるほど，そのようなことには興味を示してはいないのである。一方，彼らの鋭いプロポーションのセンスは，実際にそこで起こっている事実を描きだすことに彼らの興味を向けたのだった。もうひとりの芸術家ピーター・デ・ホーホは——家の外へ一歩出たところ——すなわち裏庭の気さくな事象へと彼の注意を向けている（ファン・ゴッホもそうだった）。オランダの最も有名な絵画「夜警」でさえ，民兵の忍耐や勇気ばかりが強調されているのではなく，そこには子供や犬が走り回っている明るい光景も描かれている。すべての象徴的な意味性は，これらの第二義的な事物によるものなのである。そしてこの第二義性が，描かれているものの「気さくさ」を減じてはいない。そして次に有名な絵画，フェルメールの「デルフトの小路」には，表も裏も描かれている。その場所はよくあるような通りに面する裏庭で，掃除，裁縫，そして画面を明らかに支配している実はミルクを注いでいるような女性など，働き者のごくふつうの婦人たちが描かれている。世界の一流の美術館から偉大な作品として尊ばれ，オランダが絵画の国と呼ばれる源となっているようなオランダの名画は，形式とか非形式とかいう区別を全く否定しているようだ。

17世紀のオランダの画家は，等質性の原則がいかにオランダという国の伝統のなかに深く根ざしてきたか，ということを表現している。疑いもなく，この伝統によってこそ，「強いて印象づけようとも，圧迫しようともしないオランダの建築」というものが発展し得たのだ。その建築とはハイアラーキーのない空間構成をもち，人びとや物の使い勝手という観点に対する地道な配慮を怠らないというものだ。建築の世界が，公共住宅の建設に関して考え始めたのは20世紀になってからであり，形式ばった外観というものから住まうことの根源へと，その視点を最初に変えたのはオランダだったということは驚くにあたらない。それは平面構成，アクセスのしやすさ，そして都市的な文脈への結合などであった。機能を一次的，二次的などと固定されたハイアラーキーに位置づけてしまう，いわば形式的な秩序では，全体構成のなかでの役割とか感謝のされ方とか，いいかえれば個人的な視点とか有利な方向へと機能の順序が置き換えられてしまう，そんな全体相互関係へと注意が向いてしまうのである。

756 757

758

「夜警」，レンブラント・ファン・レイン
(1606-69)

心を誘う形態 261

ル・コルビュジエ，形式と非形式

20世紀の優れた建築家であるル・コルビュジエよりうまく，形式的な要求と日常生活とのギャップを埋めることに成功した者はいない。彼は過去から形態を引用することは全くせずに，多くの旅行で訪れたクラシカルなモニュメントだけでなく，プリミティブな農家や，そして特に新技術が提示するものから，彼の形式的な言語を得たのだった。彼は客船，飛行機，列車，ギリシアやローマの様式の柱，ヴォールト，石の厚い壁，そして穏やかな日干しレンガづくりのすまいなどを，それぞれの要素が独自には感じられないが，しかしそれを味わえるようにして，ひとつの建築にしてしまうのである。

彼のキッチンはいろいろな無差別な場所と歴史的な時代，豊かさと貧しさ，都会と田舎などという香りで満ち溢れている。彼のインスピレーションは世界中のすべてのものから，そして特に彼の直接の周辺環境から湧いてくる。そして彼は，多くの普通の建築家が避けるものをよく受け入れていた。彼の数多い透視図のなかから，その1枚を少し注意深く見てみよう（それ

らはしばしばドラフトマンによって建築的な枠組みが描かれ、それに彼自身が手を加えたものである)。そこには毎日の生活を演出する多様なものが見てとれる。それらはほとんどの建築家からはブルジョア的であるとして拒絶されるようなものだったが、ひとたび建物が完成すれば毎日の生活の現実となるものであり、彼はそれをよく理解していた。ル・コルビュジエが「住むための機械」と言ったとき、彼は完全無欠とか自動化とかについて言及したのではなく、住宅はどのように実際に機能するのか、そしてどのようにそれを念頭において設計すべきかについて述べていたのであった。ル・コルビュジエの晩年の作品(第2次世界大戦以降)や特にインドに設計した建物では、先例のない彫刻的な形態を第一義に強調したあまり、人びととはむしろ補助的な位置となってしまっているように見える。彼は自らが都市計画をした新しい首都パンジャブのチャンディガールの政府庁舎に意識を集中している。この新しい行政庁舎は、悲劇的に貧困なその亜大陸を新しい現代的な州に発展させるために、希望と楽天という表現を与えようとするものだった。それはこの建築が、陰うつな状況から人びとを解放するという夢であった。

ル・コルビェジエが一瞬の間につくったそのモニュメンタルな彫刻的な形態は、荘厳であり、また幻想的でもある。しかしそれは、その街の人びとのためというよりも、むしろ建築家のためではなかったか。選挙民のためよりも、権力のためではなかったか。その答えは、半々だ。最初に見たときにはそうも思うが、しかしここで驚くべきことは、彼がその落し穴を避けることにも成功している、ということである。そのようなものを見たこともない建築家たちには、この新しい形態の世界は、全く新奇なものと映った。しかし、そういう独創性にもかかわらず、人造の岩のような大きな粗めのコンクリートは風景に溶け込むかのように周辺に適合しており、その意味ではこの作品は地域の住民の人びとにも親しみやすいものをもっている。粗い打ち放しのコンクリートについていえば、どれでもがみな同じような近代建築の備える軽やかさや滑らかさとは全く異なるものだが、地域住民の伝統的な家々からは、それほどかけ離れたものではない。ル・コルビュジエの建物をして環境を支配させているのは、その膨大なヴォリュームであって、建築側に潜む権力への嗜好などのためでは決してないのである。そこには古典的な形態と思われるものはなく、また権力の行使を連想させるようなどのような形態も存在していない。

これらの建物には、リムジンに乗るよりロバに乗って近づいた方がよい。そして、彼らが高価な衣を着ているか、みすぼらしいものを纏っているかにかかわらず、人びとは同じ内面と外面を見せている。ここでは明らかに何かが少し違うのだ。

761

762

チャンディガール議事堂，インド，1962／ル・コルビュジエ（761，762）

　議員室を囲むメインホールはカテドラルのように大きく，見たこともないような高い柱で満たされていて，その空間はそこに幾千年もの間存在し続けているような感じを与えてくれる。それは市場や礼拝や大きな祭典にも，そのまま使えそうだ。長い期間にわたってどんな種類のイベントにも使えそうな感じの場所である。ル・コルビュジエのこれらの後期の設計は，全く簡単に変えることができるような空間が特徴的で，建物のアイデンティティに貢献するものを失わずに，誰もが好きなことができるような感覚があるのである。もっともそれはル・コルビュジエの意図には反するだろうが，この特性が建物を救うかもしれない。ある日，建物は未だに美しく，しかし年老いて衰えたとき，本質的に住むことに適したランドスケープとして……。

貯水池，スルカイ，インド，1446-51（763）

　この大きな貯水池は，同じようなものがインドのアーメダバッドの周囲にはたくさんあるのだが，王室の休養の地として，また水不足の時期のために，その貯水池として計画されたものである。インドでは人びとは毎日，体を洗ったり，自分の着る明るい色をした長い布を乾かしたりするために水際に群がる。その周囲の広大な段状は，水のレベルにかかわらずいつでも簡単に水面に近付きやすくするためのもので，一方段々についている分節はひとりひとりの区画，つまり仮設的な縄張りをつくりだしているのである。

大きく堂々とした形態が，大勢の人びとの日常生活を包容する空間をいかに提供し得るものかを，建築的ともいえる環境の事例で示せば，何といってもそれはこのインドの大階段である。この大階段では，(建築家がご熱心な)格式の高い秩序と，(建築家に侮どられている)日常生活の形式ばらない居住生活との間に，手の打ちようのない深い溝がある理由などは，どこにも存在しないのだということが明らかである。そんな溝というのは，そういう建築家自身が無資格だからこそなくならないのである。堂々とした大きな表現というものは，日常生活を排除するものではなく，逆にその堂々とした大きさにちょっとでも触れれば，日常性は非日常的なものに変わり得るというものである。建築家は非日常的なものに関わらねばならぬかのように思っているが，それは誤りである。日常性のレベルにまで非日常性を引き下げるのではなく，日常性を非日常性として描くのである。そこでは，特定の集団でなく，すべての人びとのために役立つ環境の創造に必要な，非常に多くの次元の質の獲得を常に目指すことが仕事となる。建築はすべての人びとに等しく寛大で，その心を誘うものであるべきなのである。その設計が，ある集団の人びとにもそれ以外の人びとにも，同じように親近感のもてるものであり，同時に他のどんな文化的背景からも理解し得るものであったとき，その建物は人びとを魅了するものというように表現されることであろう。建築家は医者に似て，その思考の上で価値に差別や偏見をもつ余地はないのである。すべての価値に等しく注意を向け，誰もが少しでも心地よく感じるために，つくろうとするものをただ素直に直視するだけなのである。

763

著者経歴
作品
参考文献

年譜

1932	オランダ，アスムテルダムに生まれる。
1958	オランダのデルフト工科大学を卒業。
1958	自らの建築設計事務所を開設。
1959-1969	オランダの建築雑誌「フォーラム」の編集を，アルド・ファン・アイク，バケマらと行う。
1965-1969	アムステルダムの建築アカデミーで講演を行う。
1970-	デルフト工科大学（現デルフト大学）の名誉教授となる。
1979	1979年度メルケルバッハ賞の審査員となる。
1986-	スイス，ジュネーブ大学の教授となる。
1990	アムステルダムのベルラーヘ・インスティテュートの会長となる。

客員教授歴

1966-1967, 1970, 1977, 1980	アメリカ，ケンブリッジのマサチューセッツ工科大学
1968	アメリカ，ニューヨークのコロンビア大学
1969-1971, 1974	カナダ，トロント大学
1978	アメリカ，ニューオーリンズのツーレイン大学
1979	アメリカ，ケンブリッジのハーヴァード大学
1981	アメリカ，ペンシルバニア大学
1982-1986	スイス，ジュネーブ大学
1987	アメリカの多数の大学

受賞

1968	ヴィースパー通りの学生会館でアムステルダム市建築賞を受ける。
1974	セントラール・ビヘーアでエターニート賞を受ける。
1974	一連の作品にフリッツ・シューマッハー賞を受ける。
1980	フレーデンブルフ音楽センターでA.J.ファン・エック賞とエターニート賞（佳作）を受ける。
1985	アポロ・スクールでアムステルダム市建築賞のメルケルバッハ賞を受ける。
1985	西ベルリンのエスプラナード・フィルムセンターの設計競技において最優秀賞を受ける。
1988	デ・エーフェナール小学校でメルケルバッハ賞を受ける。
1989	優れた業績に対しリチャード・ノイトラ賞を受ける。
1989	ベルリンのリマ集合住宅が西ベルリン建築賞を受ける。
1991	すべての業績に対し，ヨーロッパ建築賞を受ける。

作品

竣工作品

1962-1964	リン・メイ洗濯工場増築，アムステルダム
1959-1966	学生会館，アムステルダム
1960-1966	モンテッソーリ・スクール，デルフト
1967	住宅改築，ラーレン
1968-1970	モンテッソーリ・スクール増改築，デルフト
1969-1970	ディアホーン集合住宅（実験住宅），デルフト
1968-1972	セントラール・ビヘーア，オフィスビル，アペルドールン
1964-1974	デ・ドリー・ホーフェン，老人ホーム，アムステルダム
1972-1974	デ・スハーレム近隣センター，デーフェンター
1973-1978	フレーデンブルフ音楽センター，ユトレヒト
1978-1980	集合住宅，ウェストブルウーク
1977-1981	モンテッソーリ・スクール再増築，デルフト
1980-1982	フレーデンブルフ広場（一部）デザイン，ユトレヒト
1978-1982	ハールレム・ハウトタウンネン集合住宅，アムステルダム
1979-1982	ドキュメンタ・ウルバナ集合住宅，カッセル
1980-1983	アポロ・スクール，アムステルダム
1980-1984	デ・オーファーローブ，老人ホーム，アルメーア
1982-1986	リマ集合住宅，ベルリン
1984-1986	デ・エーフェナール幼稚園・小学校，アムステルダム
1986-1989	ヘット・ヘイン集合住宅，アメルスフォールト
1988-1989	エルデンハウト・ベントフェルト幼稚園・小学校増築，エルデンハウト
1989-1990	アルメーア集合住宅
1979-1990	厚生省庁舎，ハーグ

計画中および建設中の作品

Esplanade Film Centre, Berlin (Germany)
Floating 'water houses', experimental housing project Zuiderpolder, Haarlem
Theatercentrum Spui, The Hague
Koningscarré, housing project, Haarlem
Amsterdamse Buurt, housing project, Haarlem
Maagjesbolwerk, urban design, Zwolle
Jegerkwartier, urban design, Maastricht
Merwestein Noord, urban design, Dordrecht
Extension for the office building Centraal Beheer, Apeldoorn
Study of extension for the Music Centre Vredenburg, Utrecht
Office building, Benelux Merkenbureau, The Hague
Elementary school, Almere
Parkwijk, housing project, Almere
Media Park Köln, housing projects, Cologne (Germany)
Office Block, Media Park Köln, urban design, Cologne (Germany)
St. Jansstraat, Library and Cultural Centre, Breda

実現されなかった作品

1968	Houses type Monogoon
1969	Town planning for an extension of Deventer, Steenbrugge; 122
1971	Memorandum of objectives and criteria for renewal of the old city centre of Groningen, in co-operation with De Boer, Lambooij, Goudappel and others
1974	City centre plan for Eindhoven, with Van den Broek and Bakema
1975	Houses/shops/parking near Musis Sacrum (Theatre) as well as renewal of Musis Sacrum, Arnhem Town planning consultant for the University of Groningen Proposal for a university library, involving a 19th century church, Groningen
1976	Institute for Ecological Research, Heteren
1977	Town planning Schouwburgplein (Theatre square), Rotterdam
1978	Library, Loenen a/d Vecht
1979	Extension 'NV Linmij', Amsterdam-Sloterdijk
1980	Building upon Forum area, The Hague Housing project, Berlin-Spandau (Germany)
1984	Extension Academy for the Arts 'Sint Joost', Breda

コンペの応募作

1964	Church, Driebergen
1966	Town-hall, Valkenswaard
1967	Town-hall, Amsterdam
1970	Town planning Nieuwmarkt, Amsterdam
1980	Town planning Römerberg, Frankfurt a.M. (Germany)
1982	Crèche, West-Berlin (Germany)
1983	Town planning Cologne/Mülheim-Nord (Germany) Office building Friedrich Ebert Stiftung, Bonn (Germany) Office building Grüner & Jahr, Hamburg (Germany)
1985	Office building Stadtwerke, Frankfurt a.M. (Germany) Film centre (academy/museum/library, etc), West-Berlin (Germany) Extension town-hall, Saint-Denis (France)

参考文献

ヘルツベルハー自身による著作

1986	Town planning Bicocca-Pirelli, Milan (Italy) Museum for paintings (Gemäldegalerie), West-Berlin (Germany)
1988	Housing project, Maastricht
	Office building for Schering, West-Berlin (Germany)
1989	Building for national library 'Bibliothèque de France', Paris (France)
	Cultural centre with concert building 'Kulturzentrum am See' Luzern (Switzerland)
1990	Agency for the Nederlandse Bank, Wassenaar
	Office building for the Benelux Merkenbureau, The Hague
	Urban design competition for a suburb of Grenoble (France)
	Housing and kindergarten, project for the Media Park Köln, Cologne (Germany)
1991	Office Block for the Media Park Köln, Cologne (Germany)
	Office Block Richti Areal Wallisellen, Zürich (Switzerland)

'Weten en geweten', Forum 1960/61 nº. 2, 46-49
'Verschraalde helderheid', Forum 1960/61 nº. 4, 143-144
'Naar een verticale woonbuurt', Forum 1960/61 nº. 8, 264-273
'Flexibility and polivalency' Ekistics 1963 april, 238-239 **[1]**
Bouwkundig Weekblad 1965 nº. 20 **[2]**
'Some notes on two works by Schindler', Domus 1967 nº. 9, 2
'Form and program are reciprocally evocative' Forum 1967 nº. 7 (article originally written in 1963) **[3]**
'Identity', Forum 1967 nº. 7 (article originally written in 1966) **[3a]**
'Form und Programm rufen sich gegenseitig auf', Werk 1968 nº. 3, 200-201
'Looking for the beach under the pavement', RIBA Journal 1971 nº. 2
'Huiswerk voor meer herbergzame vorm', Forum 1973 nº. 3, 12-13 **[4]**
'De te hoog gegrepen doelstelling', Wonen-TABK 1974 nº. 14, 7-9
'Strukturalismus-Ideologie', Bauen + Wohnen 1976 nº. 1, 21-24
'El deber para hoy: hacer formas más hospitalarias', Summarios 1978 nº. 18, 322
Wonen -TABK 1979, nº. 24 **[5]**
'Un insegnamento da San Pietro', Spazio e Società 1981 nº. 11, 76-83 **[6]**
'De traditie van het nieuwe bouwen en de nieuwe mooiigheid' in: Haagsma, I., H. de Haan, Wie is er bang voor nieuwbouw?, Amsterdam 1980, 149-154 **[7]**
'Ruimte maken, ruimte laten', Studium Generale Vrije Universiteit Amsterdam. Wonen tussen utopie en werkelijkheid, Nijkerk 1980, 28-37
'Shaping the Environment', in: Mikellides, B. (ed), Architecture for People, London 1980, 38-40
'Motivering van het minderheidsstandpunt', Wonen-TABK 1980 nº. 4, 2-3
'La tradizione domestica dell'architettura "eroica" olandese', Spazio e Società 1981 nº. 13, 78-85
Het openbare rijk , Technical University Delft 1982
'Het twintigste-eeuwse mechanisme en de architectuur van Aldo van Eyck', Wonen-TABK 1982 nº. 2, 10-19 **[8]**
'Einladende Architektur', Stadt 1982 nº. 6, 40-43
'De schetsboeken van Le Corbusier', Wonen-TABK 1982 nº. 21, 24-27
Stairs, Technical University Delft 1987 (first year seminar notes) **[9]**
'Montessori en Ruimte', Montessori Mededelingen 1983 nº. 2, 16-21
Forum 1983 nº. 3 **[10]**
'Une ruehabitation à Amsterdam', L'Architecture d'Aujourd'hui 1983 nº. 225, 56-63
'Le Royaume Public' and "Montagnes dehors montagnes dedans" in: Johan van der Keuken, Brussels 1983, 88-118
'Una strada da vivere. Houses and streets make each other', Spazio e Società 1983 nº. 23, 20-33
'Ruimte maken, ruimte laten , Technical University Delft 1984
'Over bouwkunde, als uitdrukking van denkbeelden'. De Gids 1984 8/9/10, 810-814.
'L'espace de la Maison de Verre', L'Architecture d'Aujourd'hui 1984 nº. 236, 86-90
'Building Order', Via 7 1984, Cambridge **[11]**
Indesem 85, Right Size or Right Size, Technical University Delft 1985, 46-57

'Stadtverwandlungen', *Materialien* 1985 nº. 2 (Reader of the Hochschule der Künst-Berlin), 40-51

Biennale de Paris, Architecture 1985, Luik/Brussels 1985, 30-35 (exhibition catalogue)

'Architectuur en constructieve vrijheid', *Architectuur/Bouwen* 1985 nº. 9, 33-37 **[12]**

'Schelp en kristal' in: Strauven, F., *Het Burgerweeshuis van Aldo van Eyck*, Amsterdam 1987, 3

'Henry Labrouste. La réalisation de l'art', *Techniques & Architecture* 1987/88 nº. 375, 33

'The space mechanism of the twentieth century of formal order and daily life; front sides and backsides', in: *Modernity and Popular Culture* (Alvar Aalto Symposium), Helsinki 1988, 37-46

Lecture in: *Indesem 87*, Technical University Delft 1988, 186-201

Uitnodigende Vorm , Delft Technical University 1988

'Das Schröder-Haus in Utrecht', *Archithese* 1988 nº. 5, 76-78

'Het St. -Pietersplein in Rome. Het plein als bouwwerk', *Bouw* 1989 nº. 12, 20-21

Lecture in: *Indesem 1990*, Technical University Delft 1990

Hoe modern is de Nederlandse architectuur, Rotterdam 1990, 60-65

図版の版権者あるいは提供者

All photographs by Herman Hertzberger except:
R. Bolle-Reddat; 653
Hein de Bouter; 347
Burggraaff; 641
Richard Bryand; 525
Martin Charles; 587, 602, 616
Georges Descombes; 469, 648, 649, 650, 651, 652
Willem Diepraam; 30, 31, 75, 76, 95, 138, 139, 140, 423, 432, 434, 437, 445, 448, 453, 462, 478, 479, 527, 538, 539, 584
Aldo van Eyck; 316, 319, 321
Dolf Floors; 580
Reinhard Friedrich; 297, 298
P.H. Goede; 315, 320
Werner Haas; 51
Jan Hammer; 145, 146
Akelei Hertzberger; 85, 86
Veroon Hertzberger; 719, 720, 721, 722
Johan van der Keuken; 15, 16, 17, 18, 19, 21, 22, 39, 44, 141, 207, 394, 395, 396, 397, 401, 404, 405, 406, 409, 414, 417, 449, 461, 465, 491, 535, 546, 594, 600, 623, 624
Klaus Kinold; 388, 483, 493, 499, 526
Michel Kort; 737
Bruno Krupp; 37
J. Kurtz; 203
Rudolf Menke; 429
Roberto Pane; 713
Louis van Paridon; 110
Marion Post Wolcott; 505
Uwe Rau; 84, 576
Renandeau; 389
Ronald Roozen; 599
H. Stegeman; 430, 431
H. Tukker; 642
Jan Versnel; 323, 324, 325, 326, 329
Ger van der Vlugt; 61, 62, 66, 88, 89, 100, 102, 103, 371, 387, 496, 578, 579, 619, 626, 627, 705, 706, 707
Gordon Winter; 132
Cary Wolinsky; 467

訳者あとがき

本書『都市と建築のパブリックスペース——ヘルツベルハーの建築講義録』は、ヘルマン・ヘルツベルハーによる『LESSONS FOR STUDENTS IN ARCHITECTURE』の全訳である。邦訳出版するに際しては、原題だけでは本書の内容が分かりにくいとの編集サイドの指摘もあり、『都市と建築のパブリックスペース』と表題し、更に原題を併記することにした。なぜならば、本書では年少者のコミュニティから老人のコミュニティまで、住居から都市空間にいたるまで古今東西の幾多の空間が題材となっているが、それらは一貫して人間と人間とが共に生活する空間、という視点で論じられていると思うからである。

著者の作品は日本でもよく知られている。コンクリートのプレファブ・コンポーネントがグリッドパターンにのって縦横に展開していく氏のシステマティックな建築は大方の読者の脳裏に浮かぶことだろうし、自然な素材感に共感する一方で、その多少生真面目な構成に気づまりに思う向きもあるかもしれない。しかし本書の内容を氏の作品との関連で述べれば、本書はそんな外観上の印象ではなく、むしろインテリア——氏の作品のより本質的な部分と思われる内部空間が、何を目標とし、その特有の開放的で連続的な流れるような内部の空間構成が何に従ってまとめられているかを理解する手掛りになるものと思われる。

個々人の尊厳を理解しようとする温かい小さな眼差し。そこから一転して、出会いを促し人びとの係わり合いを濃密に演出しようとする積極的な表現への意思。そしてそれを急がずゆっくりと順々に仕立ててゆく婉曲さが勝ちとるリアリティ。そんな氏の建築家としての空間づくりの姿勢が、本書では太文字のテキストの部分に記述されている。

今日では現代建築の多くが、いわばメディア化されてしまっているかのように思われる。社会の建築家に対する要請は、人集めの話題づくりかとも思われ、それに対し建築家は刹那的で感覚的なイメージを強くして応えようとしている。それが単一で強烈なほど空間は明快であり、今日という時代でのパフォーマンスは高いとされているようだ。

そんな時代だからこそ、本書で氏が繰返し説く、建築家として社会に接する姿勢、問題意識のもちよう、利用者との対話、計画プログラムの耕し方、そしてプログラム—プランニング—空間構成という設計プロセスなどは建築家の所業の基本として再認識しておきたいものであり、その点、本書の役割も少なくないと思われる。

訳出に用いた原書は英語版であるが、著者の論点の背景にはヨーロッパの歴史と文化が深く息づいている。原書のなかのオランダ語、ドイツ語については日本大学工学部建築学科近江研究室の矢代真己氏に、イタリア語についてはストゥーディオ・ステラの小林裕美子氏に、フランス語についてはカジマデザインの由里知久氏の助言を得た。著者が言語学を引用する部分では昭和女子大学の吉成薫氏の助言を得た。また一部の訳出には、イリアの大野あけみ氏の指導を、また、カジマデザインの丹下義英氏、鈴木聡一郎氏、原田裕夫氏、末包伸吾氏（現・神戸大学建築学科）の協力をいただいた。諸兄のご厚意に深く感謝を表したいと思う。最後に本書の訳出の機会をいただき適切なる助言と励ましをいただいた鹿島出版会編集部の吉田昌弘氏、そして製作の過程でお手数をおかけした同社の林工氏とに心から感謝を表する次第である。

1995年2月

森島清太

訳者紹介

森島清太（もりしませいた）
1949年茨城県日立市生まれ。1974年、早稲田大学大学院修士課程修了。鹿島建設建築設計本部。1984年、KII（米国鹿島建設）ニューヨーク設計部。1989年、鹿島設計エンジニアリング総事業本部。2005年、同建築設計本部本部次長。2008年没。

主な活動と作品

1972-1980年、「海外建築情報」（SD）共同執筆メンバー。1974-1984年、東京で建築設計（深田邸、日総第2ビル）。1984年、『現代建築を担う海外の建築家101人』（共編著、鹿島出版会）。1984-1988年、ニューヨークでインテリア＋建築設計（米国住友商事本社インテリア、テレハウス・アメリカ・コンピュータセンター）。1989-2007年、東京で地区計画、建築設計（虎ノ門4丁目開発計画、住銀リースビル、山九ビル、共同通信本社ビル、時事通信ビル）。1999-2000年、「オフィス建築の行方」（新建築）連載執筆。1999-2000年、東京理科大学工学部非常勤講師。2006年、『新・次世代ビルの条件』（共編著、鹿島出版会）。

本書は1995年に小社より刊行した同名書籍の新装版です。

都市と建築のパブリックスペース
ヘルツベルハーの建築講義録

発行	2011年6月10日　第1刷発行
	2025年4月10日　第2刷発行
訳者	森島清太
発行者	新妻 充
発行所	鹿島出版会
	〒104-0061　東京都中央区銀座6-17-1　銀座6丁目-SQUARE 7階
	電話 03-6264-2301　振替 00160-2-180883
印刷・製本	三美印刷

© Seita MORISHIMA, 2011, Printed in Japan
ISBN 978-4-306-04554-5 C3052

落丁・乱丁本はお取り替えいたします。
本書の無断複製（コピー）は著作権法上での例外を除き禁じられています。
また、代行業者等に依頼してスキャンやデジタル化することは、
たとえ個人や家庭内の利用を目的とする場合でも著作権違反です。
本書の内容に関するご意見・ご感想は下記までお寄せください。
URL: https://www.kajima-publishing.co.jp
e-mail: info@kajima-publishing.co.jp